コンパッション

慈悲心を持つ勇気が人生を変える

トゥプテン・ジンパ博士 著
東川恭子 訳

COM-PASSION

A FEARLESS HEART

How the Courage to be Compassionate Can Transform Our Lives

THUPTEN JINPA, PhD

OEJ Books

A FEARLESS HEART

How the Courage to Be Compassionate Can Transform Our Lives

by

Thupten Jinpa Langri

This edition published by arrangement with Avery, an imprint of Penguin Publishing Group, a division of Penguin Random House LLC., through Tuttle-Mori Agency, Inc.,Tokyo

チベット難民として味わった幾多の苦難に負けず
人は本質的に善良だと教えてくれた亡き両親に

目次

PART Ⅱ　意識《マインド》と心《ハート》の訓練

第六章　不自由からの解放：自己中心の牢獄から脱出する　*166*

第七章　「私が幸せでありますように」：自分自身をいたわる　*190*

まえがき

他を思いやる勇気が人生を変える

スタンフォード大学心理学者
スティーヴン・マーフィ重松
「スタンフォード大学　マインドフルネス教室」「スタンフォードの心理学授業 ハートフルネス」の著者

日本の読者の方々に向けて、本書をご紹介できることをうれしく思います。いま世界はどの時代にも増して、この素晴らしい本に書かれた学びの数々を必要としていると感じます。私たちには人生を変えるための勇気が備わっていて、それを可能にするのがコンパッションだとジンパは示しました。

コンパッションは、日本語で「慈悲」という仏教用語に訳され、一般的には「思いやり」と呼ばれます。Compassionという英単語の語源はラテン語で、「ともに苦しむ」という意味です。つまりこれは人や苦しみに対して示される「優しい」という言葉と同義語です。本書の副題にあるように、他を思いやるには勇気が必要です。「勇気」という言葉はラテン語では「心臓」を意味し、勇気は思考する脳ではなく感じる心から見出さなくてはならないということがわかります。

今日の世界は危険極まりなく、多くの人々は恐怖に囚われ、社会に背を向けて安全な場所へと逃げ込んでいます。しかし他人との接触を避け、自室に引きこもっていては自分らしい生き方も愛も享受できません。ジンパの教えは私たちが怖れを直視し、乗り越えることを可能にし、もっと優しくなれるように導いてくれます。思いやりが生来備わっている、本来の自分自身に立ち返ることで、私たちは勇気をもって、怖れではなく愛を選択できるのです。

コンパッションの実践はたやすいものではなく、勇気が要るとジンパは説きます。他者が直面するトラブルや苦しみに自分の心を開くには、感じやすい心が必要です。他者の苦しみにかかわることで自分も傷つくことへの怖れを乗り越えなくてはなりません。コンパッションを示すには、自分や宇宙を信頼し、鎧《よろい》を脱ぎ捨てて相手のほうに歩み寄って行く勇気が不可欠です。

その一方でコンパッションは勇気を生みます。他者を思いやることで、人は怖れから解放され、勇敢になります。関心を自分の外に向けることで視野が拡がり、自分の悩みは相対的に小さくなり、しかもありふれた問題だと気づきます。怖れていた相手が自分と同じ人間で、敵ではないとわかった時、人は強くなるのです。

私の著書同様、ジンパの本書もマインドフルネスをベースとしていますが、これは幸福に至る道として広く知られるようになりました。この認識は宗教的・科学的根拠に裏付けられています。幸福を実現するにあたり、次に目指すべきはメンタルヘルス・教育・職業の各分野でコンパッションを中心に据えることだとジンパは提案します。

ジンパも私も目指すテーマは同じで、私が主唱する「ハートフルネス」とはマインドフルネスにコンパッションと責任を加えた、マインドフルネスの発展形です。ハートフルネスは、マインドフルネスで得られる個々人の幸福からより広い領域へと誘い、個人、組織、そして世界全体の変容を促すものです。

私たちが住む世界は今大きな危機に瀕していて、私たち自身とこの惑星を救う唯一の手段がコンパッションなのだと、ジンパと私は考えています。ジンパの幅広い知識は僧侶としての豊かな経歴のみならず、社会科学分野の高等教育の賜物です。ジンパは人々の日常に起きる苦境を乗り越え、よりよく生きるためのツールを、伝統仏教と最新の心理学の両方から提示します。コンパッションの実践により、それを受けた相手も私たち自身も幸せになれることを、宗教と科学がともに立証しています。

思いやりのある行動をする時、そこには目的が生まれます。それは私たちの重い心、そして私たちと触れ合った人々の心を軽くします。勇敢な心は、誰しもが等しく抱える弱さという真実、とりわけ世界中で猛威を振るった疫病蔓延のさなかにこそ痛感させられる、人の脆弱《ぜいじゃく》さを優しく受け止めます。それはこの惑星で人として生きることの苦難と喜びの両方に開かれた心を育て、この世界でコンパッションを実践する勇気を育みます。

最近日本で開催した私のワークショップで、ある参加者がこんな質問をしました。「僕は他人に対してコンパッションを感じません。どうすればもっとコンパッションを持てるでしょうか？」私はこう答えました——まず最初のステップとして、もっとコンパッションを持ちたいと願うことができれば上出来だ、と。そして次にマインドフルネスを学び、実践することで自らの心とのつながりを感じ、同時に他者とも深くつながっていることに気づくこと。彼自身が変容することで、自分と周りの人々に対するコンパッションが育っていくでしょう。

本書では、ジンパの16時間に及ぶインタラクティブなコース、「コンパッション育成トレーニング」のエクササイズや心理学研究のデータなどを通じて、包括的にコンパッションを育てる方法を提案しています。本書を読み誘導瞑想エクササイズを実施すれば、コース受講者が得るメリットのうちいくつかが得られるでしょう。本書にはまた、このコースを受講して人生が変わった人々の証言が書かれています。

文中に登場するジンパの祖母の話は私の祖母にとてもよく似ていて、特に心に残りました。彼の祖母はごく自然にあるがままの自分を受け入れ、純粋で自由な雰囲気を漂わせているとジンパは語ります。祖母の年齢ゆえの静謐《せいひつ》さや智慧は、未来のことばかり考えてほとんど今を生きていない、若く落ち着きのない、野心家の僧侶だった彼自身と好対照をなしています。彼は祖母の思いやりに触れ、自分自身と調和し、周りの人々に対して開かれた心を持つ人の究極の美しさに深い感銘を受けました。

別れの時、祖母はジンパの顔を両手で優しく包み、まっすぐ目を見て「親切で、幸せでいてね」と伝えます。それ以来彼は忠実にその教えを守って生きています。祖母は彼に、自分自身や周りの人々に親切でいることは私たちを幸せにすると教えました。コンパッションを啓蒙するジンパのライフワークは、彼の祖母にとってごく自然で当たり前のことを、私たちに伝えようとする試みと言えるでしょう。彼女は日常の中でコンパッションを体現しました。

『コンパッション』は、思いやりのある世界は私たち、つまりあなたや私から始まるということを教えています。ジンパや私の祖母の人生からもわかるように、コンパッションは偉業ではなく、ただ人間であることの証です。その気になれば、私たちの毎日は親切な行動によってコンパッションを示す機会であふれています。自分自身や他者、そして私たちを取り巻く世界に対して、コンパッションを体現することを選択しませんか？ジンパはその選択を、人間の存在にかかわる最も重要な精神的課題だと断言します。

本書はスピリチュアルであると同時に実践的な内容で、読者を思いやりのある生き方へと導くガイドブックになると確信しています。人は生まれながらにいたわり合う生き物で、コンパッションの種は私たち全員のなかにあるということを、ジンパが教えてくれました。彼は日々の暮らしの中で心を開き、公平で思いやりに満ちた社会を築くために、私たち一人ひとりができることを示しています。

ジンパのチベットの伝統のなかに、人生最後の日に自らの死とどう向き合うかを見れば、その人の精神の進化がわかる、という言い伝えがあります。人生は有限だと自覚することは、私たちの日々の行動をより勇敢に、思いやりを持って生きるのに役立つと私は考えます。他を思いやる勇気をもった人として生きたなら、きっと穏やかな心でこの世をあとにできるでしょう。今この瞬間から、私たちの存在の中心に愛を携えて生き始めるべきだとジンパは私たちを促します。始めるのにこれ以上ふさわしい時はありません。

はじめに

〝時機を得た考えほどパワフルなものはない〟
——ビクトル・ユーゴー

幼い頃、私はダライ・ラマ法王と手をつなぎ、わくわくしながら彼の足取りに追いつこうと懸命に歩いた日のことをよく覚えている。当時私は6歳くらいで、インド北部シムラーにあるチベットの子供たちのためのスターリング・キャッスル・ホームをダライ・ラマが訪問した時のことだった。そこには私を含め二〇〇人を超えるチベット難民の子供たちが住んでいた。このホームは、小さな丘の上の二つのイギリス植民地時代の建物の跡地に一九六二年、イギリスの慈善団体セーブ・ザ・チルドレンによって設立された。訪問に先駆け、私たち子供は歓迎のチベットの歌の練習に励み、大人たちは道路を掃いて、蓮の花、宝結び、宝瓶、向き合っている二尾の金色の魚、八つの輪止めの法輪、白い蓋、宝傘、そして法螺貝《ほらがい》というチベットの吉祥八文様《きっしょうはちもんよう》を石灰粉で描き、訪問の準備に忙しかった。ダライ・ラマ訪問の日、学校の周りにはインドの警察官がたくさん集まっていた。その朝、私は到着を待ちながら彼らとビー玉で遊んだことを覚えている。そしてついに到着すると、それは魔法の時間だった。この日のために作られた白漆喰の香炉からはもうもうと渦巻く煙が立ち上った。色とりどりの一張羅《いっちょうら》に身を包み、カタ（歓迎を表すチベットの伝統的な白いスカーフ）を握りしめ、学校へと続く道の両脇に並んで、声を限りに歓迎の歌を歌った。ダライ・ラマが学校内を巡るにあたり、一緒に歩く子供たちの一人として私も選ばれた。歩きながら私が「僕もお坊様になれますか？」と訊《たず》ねると、「よく勉強すれば、いつでも好きな時にお坊さんになれるよ」という答えが返ってきた。振り返ってみると、まだ幼いうちから僧侶に心惹かれた唯一の理由は、あのホームに二人の僧侶の教師がいたことだ。彼らはホームにいた大人たちの誰よりも親切で、誰よりも博学に見えた。いつでも幸せそうで穏やかで、時々輝いて見えた。私たち子供にとって一番大事だったのは、彼らが一番面白いお話をしてくれたことだ。

11歳の時、最初の機会が訪れた。それはチベットの新年の元日（その年は二月の終わり頃だった）のことで、私は父の反対を押し切って僧侶となり、僧院に入った。父は私が家族の稼《かせ》ぎ頭《がしら》になる機会を逃した――彼の世代の常識では、子供が学校を卒業して企業で働くことを望んでいた――と言って怒った。それからの一〇年近く、私はゾンカルチョーデ僧院内の小さなコミュニティの一員として暮らし、働き、瞑想し、詠唱《えいしょう》した。インド北部、ダラムサラの静かな緑の丘で、私は啓発を求めてやってきたヒッピーたちから初歩的な英語を学んだ。

特に仲良くなったのはジョンとラースで、ジョンはヒッピーではなかった。彼はアメリカ人の隠遁者《いんとんしゃ》で、尊敬するチベットの聖人の瞑想小屋のすぐ近くに綺麗《きれい》なバンガローを借りて一人で住んでいた。私は彼と週に一、二回会って話し、彼に十八世紀のインド仏教の古典である、チベットの経典を読んで聞かせた。ジョンは私にパンケーキとハムの味を教えてくれた。

ラースはデンマーク人で、僧院のすぐ近くに住んでいた。私はよく彼の家を訪ねては雑談し、ジャムを塗《ぬ》ったトーストをご馳走《ちそう》になった。

一九七二年の春、チベット再定住プログラム開始に伴い、僧院は灼熱《しゃくねつ》のインド南部に引っ越した。13歳となった私は僧院の同僚たちとともに森の開墾《かいこん》、溝堀《みぞほり》、トウモロコシ畑での労働などに参加した。定住計画の準備期間となった最初の二年間、私たちは日当0・75ルピー（約1・5セント）を支給された。

ゾンカルチョーデ僧院には教育と呼べるものがほとんどなく、若い僧侶が一般の学校に通うという慣習もなかった。インド南部に移住した当時、私は僧侶として必要な祈祷《きとう》文をすべて暗記し終わっていた。開拓の労働は四時に終わるので、その後の自由時間で英語の勉強を再開しようと考えた。周りには英会話ができる相手がいなかったため、コミック本を読むことにした。そしてある日安い中古のトランジスタラジオを手に入れてからは、イギリスのBBCワールド・サービスやアメリカのボイス・オブ・アメリカ（VOA）を毎日聞いた。当時VOAには「特別英語放送」というユニークな番組があり、番組MCが英語をゆっくりと二回ずつ話すという内容だった。英語がほとんどわからなかった私にとって、この番組は大いに役立った。

僧院の若手の中で唯一英語が話せて読める（当初は初歩的な語学力だったが）ということで、私は自己肯定感と、他者とは違う個性を感じるようになった。比喩《ひゆ》的にも現実にも、難民社会や僧院という小さなコミュニティの向こう側には世界があり、その世界にアクセスできるのは僧院の中で私ただ一人だった。英語力のお陰で私はラジオニュースでイギリス、アメリカ、ロシアなどの大国が織りなす世界情勢について学び、そこにはもちろん我が愛するチベットが中国共産党の手に堕《お》ちた悲劇の話もあった。

一九七六年頃、17、8歳で私の英語のカルマを変えた素晴らしい女性と出会った。バレンティナ・スタッシュローゼン博士はバンガロール（彼女の夫がここでマックス・ミューラー・スクールの代表をしていた）に住む、サンスクリット語と中国語の文献に精通したドイツ・インド研究者だった。スタッシュローゼン博士は私の英語の習熟に深い関心を寄せた。彼女は私が英文学に親しむ道を開き、ヘルマン・ヘッセ、アガサ・クリスティ、エドガー・スノーの『中国の赤い星』（筑摩叢書）、そして例文がたくさんついた英語辞書（これが一番役立った）などを送ってくれた。初めてナイフとフォークの使い方を覚えたのもスタッシュローゼン博士の自宅でのことだった。私たちの文通は、彼女が亡くなった一九八〇年まで続いた。彼女の親切がなかったら、私の英語力はあれから進歩することもなく、英語が切り拓《ひら》いた今の人生すらなかったことだろう。

トレバー・リンの『仏陀』も読んだ。革命家、哲学者、そしてスピリチュアルの師でもある仏陀の人生と教えについて英語で書かれた本だ。特にこの本を通じて、私は英語の感情に訴える力に深い感銘《かんめい》を受けた。チベット語で書かれたものでは決して感じなかった生命力と臨場感がそこにはあった。たとえるなら誰かがそばで話しているような感覚だ。（チベット語は話し言葉と書き言葉のギャップが大きい。）

ちょうどその頃、私の古典仏教研究に最も大きな影響を与えたチベットの師との出会いがあった。博学と詩作で知られるゼメイ・リンポチェは、私が知る限り最も優しい人物だ。彼は私の僧院からバスで一時間ほどのところにある別のチベット入植地で、静かな瞑想に明け暮れるセミリタイヤ生活を送っていた。彼はたくさんのチベット語の教科書を編纂《へんさん》していたため、リンポチェの名前は聞き及んでいた。そして実際に会って話すと、僧侶になりたかった頃の情熱が戻ってきた。初めて会った日からリンポチェは私の貪欲な知識欲に気づき、以来変わらず目をかけてくれた。こうして一九七八年の夏、私は小さな僧院を出て、同じインド南部だがバスで一〇～一二時間のところにあるガンデン修道院大学に入った。

一九八五年、私はインド北部ダラムサラを訪問した。ダライ・ラマ法王に遅れまいと必死に歩いた、あの子供時代の出来事から二〇年ぶりのことだった。たまたまダライ・ラマの英語通訳が講義初日に来られなくなったため、私は急遽《きゅうきょ》ピンチヒッターとしてダライ・ラマの教えを通訳するという名誉に預かった。数日後、ダライ・ラマが私に会いたいとのことで、オフィスから連絡があった。約束の時間に行くと、秘書がダライ・ラマのオフィスの建物内の謁見室《えっけん》に案内してくれた。建物の外観は緑のブリキの波板の屋根で、石と木でできたシンプルなコロニアル様式のバンガローだった。部屋に入ると、ダライ・ラマがこう言った。「君のことは知ってるよ。ガンデン僧院の優れた論客だってね。でも君が英語を話せるとは知らなかった。」私の通訳を聞いた英語圏の人々がダライ・ラマに、私の英語は聞きやすいと話したそうだ。ダライ・ラマ法王は、出張の際に彼の通訳として同行してもらえないか、と私に持ちかけた。私は涙があふれた。ダライ・ラマにこんなに近くでお仕えできる日が来るとは、夢の夢にも思ったことがなかったからだ。言うまでもなく、私は「それほどの名誉はありません」と快諾した。

インドで難民として育ったチベット人にとって、チベット人が神のように崇拝するダライ・ラマにお仕えすることとは、国外追放を経験した両親の世代が被った犠牲に敬意を示す手段でもあった。

かくして私はダライ・ラマの海外出張に同行し、マインド&ライフ・ダイアローグ(1)などの主要な科学集会を含む学際《がくさい》的な探求分野のイベントの英語圏の聴衆に向けた通訳や、出版プロジェクトのサポートをするようになった。私は一九八五年からダライ・ラマの筆頭通訳となり、現在までの約三〇年にわたり、類《たぐ》い稀《まれ》なコンパッション《慈悲の心》の主唱者にお仕えしてきた。

この仕事の初日から法王が明言していたのは、私を専任職員にしないということだった。私の僧侶としての教育や才能を台無しにしないためだと彼は言った。その代わり、自分の研究に集中し、学びに一生を捧げて独自の道を歩むようにと助言された。これほど慈しみ深い配慮はない。

時が経つにつれて、私は自分の運命とは古典的チベット仏教の伝統を現代の世界に伝える伝道師となることだと考えるようになった。僧院育ちにして英語と欧米文化に魅了された人格形成期を過ごすという不思議な経歴によって、そのような役割が醸成《じょうせい》された。当時、古典仏教の伝統的訓練を受けた人々の中で英語ができる人材は少なかった。英語力の向上に伴い、私が愛する二つの文化のインターフェイスという特別な役割に目覚めていった。

この役割をよりよく満たしたいという動機から、私はイギリスのケンブリッジ大学に進学し、新たな人生が始まった。たくさんの人々の親切のお陰で私はダライ・ラマに仕え、主要なチベット経典の英訳といった文化の橋渡しとしてのキャリアを築くという幸運に恵まれた。古典的チベット仏教の伝統と、現代社会の哲学や文化、科学の融合からきっと素晴らしいものが生まれるだろうという、私が初めに抱いた直感は、経験によって裏づけられた。本書もまた、異文化の解釈という大きなテーマの一環として生まれたものだ。

コンパッションは私の一生の関心事だ。幼少期の私は、他者から慈悲を受け取る側だった。一九六〇年代初頭、言葉も文化もわからない新しい土地で、親の世代が難民として適応するのに四苦八苦していた中、セーブ・ザ・チルドレン基金に寄付してくれた何千という一般英国市民のお陰で、私を含む何千というチベットの子供たちは安心して成長できる家が提供された。バレンティナ・スタッシュローゼン博士やゼメイ・リンポチェのような人々のお陰で、私は一般的でない教育にもがきながらも目的を見出すことができた。仕事としてダライ・ラマのすぐそばでお仕えしながら、私は慈悲心という、人の資質を心から信じて生きることの意味について、最前列で観察するという特権を享受《きょうじゅ》してきた。

今私には妻がいて、二人の未成年の娘もいる。北米の町に住み、インドのチベット寺院での暮らしとはかけ離れた生活をしている。ほとんどの人々同様、私も日常的に仕事、家族、人間関係のバランスを取り、生活費を稼ぎながら健全な精神を維持し、優先順位を守り、基本的に前向きに生きるという、目まぐるしい現代人のストレスの中で懸命に生きている。チベット仏教の伝統の教えの中には、現代人が日常的に直面する困難の解決策となるヒントがたくさんある。本書ではそれらの一部を紹介していきたい。

コンパッション《慈悲の心》とは何だろう? ほとんどの人はコンパッションを高く評価し、自分の人生にも社会にも重要だと考えている。コンパッションが人としての日常経験の一部であることも否定できない。大人は子供を愛し、世話をする。苦しんでいる人を見れば本能的にその人に心を寄せる。つらい時に誰かが手を差し伸べてくれれば感動する。慈悲心とは、良い人生を送ることと関係があるということにほとんどの人は同意するだろう。コンパッションが宗教的・人道的を問わず、すべての主要な伝統の道徳的指針に含まれているのは単なる偶然ではない。政争の場ですら、両陣営が慈悲の心の価値を強く掲《かか》げている。

　私たちはコンパッションについて意識・行動の両面で十分理解しているにもかかわらず、日々の暮らしや社会の中心に置くことができていない。現代の文化は親切心や慈悲心といった価値観とのつき合い方について混乱しているように見える。欧米の一般社会では、コンパッションとは何か、そしてどのように作用するかについての明確な定義や文化的枠組みが欠落している。ある人々にとってそれは宗教や道徳上の話であり、社会とは関係のない個人的志向の問題だ。またある人々にとっては、人には無私の精神など存在せず、他人の幸福を最大の関心事とするような慈悲の心があることも疑わしいという姿勢を持つ。ある著名な科学者がこんなことを言っていた。「利他主義者を引《ひ》っ掻《か》くと、偽善者の血が流れるだろう[2]。」この対極の頂点として、慈悲の精神を一般人には手の届かないレベルにまで高めた、マザー・テレサ、ネルソン・マンデラ、ダライ・ラマのような人々がいる。そうなると慈悲心とは偉人特有の資質として遠くから畏敬の念をもって眺めるものであり、私たちの日常には縁のないものとなる。

　コンパッションとは広義において、**他者が苦しんでいる時に私たちが寄せる関心の一種であり、その苦しみが取り除かれるべく行動したいと思う気持ちのこと**だ。慈悲を表す英語、コンパッションの語源はラテン語で、〝ともに苦しむ〟という意味だ。宗教史学者カレン・アームストロングによると、セム語族（アフロ・アジア語族に属する言語グループ）で慈悲を表すと、ヘブライ語ではラハマヌート、アラビア語ではラーマンとなり、語源を辿ると子宮を意味する[3]。これは慈悲の典型的表現として、母の子供に対する愛を想起させる。根底にあるのは、苦しみや悲しみなど、人が遭遇する避けられない現実に対する自然な反応だ。

慈悲は苦しみに対して怖れや反発ではなく、理解や忍耐、思いやりを示すという反応を起こす。慈悲は苦痛を伴う現実に対して私たちの心を開かせ、痛みの軽減を探ろうとする。慈悲は共感という感情と、思いやり、寛大さ、その他の利他的表現を体現する行動とを結びつける。

何らかの苦痛や窮状《きゅうじょう》に直面し、慈悲の心が起きると、瞬時に三つのことが起きる。①他者の苦痛や窮状を知覚する、②その苦痛や窮状に感情が動く。そして③本能的にその状況が改善されることを願う。慈悲は行動へとつながる。他者の状態に気づくと助けに行く、あるいは何か手を差し伸べたいと考える。今日では科学者が慈悲の神経生理学的根拠を探る研究を始め⑷、長い進化の過程を掘り起こそうとしている。

社会全体で、私たちは慈悲の本能が人の性質や行動の一部として果たす基本的役割を長らく無視してきた。そして競争と私欲という見地から人の行動を説明するという、よくあるストーリーを掲《かか》げてきた。自分たちのことを、そんな風に言い聞かせてきた。

そのようなストーリーは、往々にして自己達成的予言となる。私たちのストーリーが、人は本質的に利己的で攻撃的な生き物だと言えば、人は誰もが自分のために生きているとみなすようになる。「食うか食われるかの世界」にあって、他者は競争相手であり、敵対していると考えるほうが論理的に見えてくる。そうなると他者を見る目は、連帯感や絆《きずな》ではなく、不安や怖れ、疑惑に満ちたものになる。これとは対照的に、もし私たちを語るストーリーが、人とは生まれながらに慈悲心と親切心に恵まれた社会的動物であり、私たちの幸福は他者と分かちがたく絡《から》み合っていて、根底から支え合う存在だとするなら、私たちの世界の見方、そしてそこでの立ち居振る舞いはまったく違ったものになるだろう。その意味で、人が自分についてどう語るかは、極めて根源的なレベルで重要になる。

なぜ今、コンパッションなのか?

今日いくつかの潮流が合流し、コンパッションの時代の到来を想起させる。世界は狭くなり、限りある天然資源に反して人口は増加の一途《いっと》を辿り、環境問題は人類全体に影響し、人々、文化、宗教を隔《へだ》てる距離はテクノロジーや人口動態、世界経済によって縮まってきた今、私たちは喫緊《きっきん》の課題として共存と協力の精神を育成する必要性に迫られている。私たちは文字通り運命共同体だ。人類が一つの運命を共有しているという現実こそが、慈悲の本質と言える。たとえば、世界の人々が一斉に慈悲の心を自分たちの信条の根幹をなすものだと確信したら(5)、何百万という人々が一つになり、互いを尊重し合うためのゆるぎない共通基盤が醸成《じょうせい》されることだろう。ダライ・ラマとの一連の対話の中で、感情の科学者ポール・エクマンは、彼が言うところの「地球規模の慈悲心(6)」が、現代の世の中で最も問われている課題だというパワフルな主張をした。私たち一人ひとりが、そして地球市民全体として、自らに内在する慈悲心を真剣に体現できれば、より人道的な世界をつくるという夢も現実味を増してくる。

霊長類研究、子供の発達心理学、神経科学、新経済学など多様な分野の研究結果が示すのは、人は自分にしか興味のない好戦的な動物ではなく、協力的で他者への思いやりのある生き物だということだ。これには希望を抱かせる。さらに、最近の脳画像技術と脳の神経可塑性の発見（人の脳は環境や経験に反応して物理的変化を起こす）のお陰で、瞑想などの意識的なメンタル・トレーニングが脳に与える影響に科学者たちが気づき始めている。熟練した瞑想者の脳画像研究[7]を行った著名な心理学者・神経科学者リチャード・デビッドソンその他の研究者は、ニューロンのレベルで瞑想の効果を探求する道を開いた。このような科学の進化は瞑想科学と呼ばれるまったく新しい分野となり、瞑想のような習慣が健康、認知発達、感情制御、そしてもっと多くの効果を生み出すことについて研究が進んでいる。この新しい科学は、意識訓練により、文字通り脳を変えられることを示している。

数年前、ダライ・ラマのインドの自宅で行われたマインド&ライフ・ダイアローグのイベントの一つで、彼がそこにいた科学者に向かってこんなことを言ったのを覚えている。「君たち科学者は、人の意識の病理のマッピングには素晴らしい業績を上げた。しかし、人の意識のポジティブな側面、たとえば慈悲心といった資質について、ましてやそれを育てる可能性についてまったく何の実績も出していない。一方で瞑想の伝統は意識の訓練や、コンパッションのようなポジティブな資質を伸ばすテクニックを開発してきた。君たちの素晴らしいツールを駆使して、瞑想という習慣が持つ効果を研究してはどうだろう？　このような習慣の効果を科学的に解明できたら、もっと大きな世界に対して広めて行けるんだがね。スピリチュアルな修行としてではなく、健全な意識と感情のためのテクニックとしてね。」

これが予言的コメントだったことは、マインドフルネスの画期的なストーリーが示している。欧米でのマインドフルネスは仏教瞑想に端《たん》を発していて（特に二〇世紀初頭の旧ビルマ、現ミャンマーで一般人向けに作られた瞑想法）、ジャック・コーンフィールドやジョセフ・ゴールドスタインといったアメリカ人の先駆的仏教徒が東南アジアの僧院で数年間の修行をしたのち一九七〇年代にアメリカに持ち帰ったものだ。ビルマ・インド仏教の師であるS・N・ゴエンカや禅指導者ティク・ナット・ハーンもこの運動の立役者だ。一九七九年、マサチューセッツ大学医学部に、ジョン・カバット・ジンが慢性痛に悩む人々のために開発されたマインドフルネスの訓練(8)を使ったクリニックを開設した。このテクニックはMBSR『マインドフルネスをベースにしたストレス低減法』として知られるようになった。ここでの治療の成功について『マインドフルネス・ストレス低減法』（北大路書房）というCD付きの本を書いて治療プログラムと実践について紹介している。彼の二冊目の本『マインドフルネスを始めたいあなたへ』（星和書店）が出版された頃には臨床の現場がマインドフルネスを採用し、ストレス、慢性痛、注意欠陥障害など、多種多様な問題に対する治療効果を試し始めた。

ここ十年ほどの間で、米国国立衛生研究所（NIH）が出資するマインドフルネスを取り入れた研究プロジェクトが指数関数的に増加し、数千万ドルという規模の資金が投下されている。ダライ・ラマも一般社会向けに仏教を基本としたメンタル・トレーニングの習慣を推進していて、これもマインドフルネスのもたらすメリットへの関心を高めるのに大いに貢献している。今日マインドフルネスは治療、経営、リーダーシップ訓練、学校、競技スポーツなどの現場で生かされている。その主流としては「マインドフル育児」、「マインドフルリーダーシップ」、「マインドフルスクール」、「ストレス対策のマインドフルネス」などがある。アマゾンでマインドフルネスをキーワードに検索すると、三千冊以上の書籍がヒットする。

今やコンパッションが世界の次の大きな潮流となるための態勢が整った。人の性質や行動を理解する上で、慈悲心の占める位置を捉えなおす運動が科学分野で増加している。慈悲の訓練に基づくセラピーは、社会恐怖症から低すぎる自己肯定感まで、そしてPTSDから摂食障害まで多様な心身症の症状改善に効果を現している。教育者たちは、子供たちの社会・情緒・倫理面の成長の一環として親切心や慈悲心の教育を取り入れようと模索している。そんな中で、宗教色のないスタンダードな慈悲の訓練のためのプログラムを構築する機会が私に訪れた。こうして誕生したのが今日「コンパッション育成トレーニング」（CCT™）と呼ばれるプログラムだ。

スタンフォードの「コンパッション育成トレーニング」（CCT™）

CCT™の歴史は二〇〇七年冬、起業家精神旺盛な神経外科医ジム・ドティと出会ったときに始まった。ジムは、特に慈悲心などの利他的行動の背後にある動機を科学的に探るため、あらゆる分野の専門家が一堂に会するフォーラムをつくろうとしていた。彼は私に興味があるか、と訊ねた。もちろんだとも！ その結果生まれたのがスタンフォード大学慈悲利他研究教育センター（CCARE）であり、既存の科学の枠組みの中で正面からコンパッション研究を行えるようになった。私はスタンフォード大学の客員教授として、コンパッションを育成する訓練の開発に携わることになった。

CCTは八週間プログラムとしてスタートした。初歩的な心理学と誘導瞑想で人の思考、感情、行動の力学をよりよく理解する訓練で構成された、週に一回、二時間のインタラクティブなクラスだった。参加者はクラスがない日の宿題として、最初は一五分で、のちに三〇分の誘導瞑想の録音を聞く。さらには日常の中で、直前のクラスで学んだ課題を実践するという練習も行う。

「伝統仏教の技法からつくられた瞑想から仏教的要素を取り除いてしまったら、その瞑想にはどれほどの効果が残るだろう？」という疑問が浮かぶかもしれない。これに対する私の答えはシンプルだ。プロの通訳者として私は長い間ラルフ・ワルド・エマーソンの、多言語への翻訳が可能かどうかに関する言葉に感銘を受けてきた。彼の著作『Society and Solitude（社会と孤独）』の中で、彼は「どんな本であれ、真の洞察や人の情緒など、そこに書かれた善なるエッセンスは翻訳可能である」と書いている。[9] この原理は他言語への翻訳に限らず、人の置かれた状況に対する洞察を伝える際に使われるすべてのコミュニケーション手段にも言えることだと私は考える。伝統仏教の慈悲の訓練が基本的な部分においてよりよい人格形成に役立つのであれば、その伝統的手法は民族、宗教、文化を超えて私たち全員が理解可能な形に翻訳可能だ。つまり、根源的で、最善の真実は万人に当てはまるということだ。

初期のCCTは、スタンフォード大学の学部生と近隣住民向けに実施され、この経験をもとにプログラムの微調整を行った。たとえば、最初のプログラムでは瞑想の部分が多く、きちんと座り、静かに内省することに慣れていない人々にはあまり効果が上がらないことに気づいた。そういう人々向けには、より活動的でインタラクティブなエクササイズのほうが、主催者が育成したい精神・感情の状態を醸成しやすいことがわかった。そして瞑想以外のいくつかの技法を取り入れることにした。たとえば二人で向き合い、相手を批判することなく理解し、共感するエクササイズなどを行うと、クラスでのディスカッションは非常に有意義なものになった。

訓練をより包括的な内容にするため、私は三人の指導者の協力を仰いだ。スタンフォードの講師で、著名なヨガと瞑想の指導者ケリー・マクゴニガル、結婚・家族問題のセラピストで、マインドフルネスの正規指導者マーガレット・カレン、感情の研究者で瞑想指導者エリカ・ローゼンバーグ。これら三人の同僚たちはCCTの第一期シニア・インストラクターとなり、のちにモニカ・ハンソンとリア・ワイズが加わった。（リアはCCAREで慈悲教育の責任者でもあった。）チームとの協力のもと、ケリーとリアがCCTの包括的指導者育成コースを作り上げた。現在までに一〇〇名を超えるインストラクターがこのコースを指導している。彼らが担当するCCTは、スタンフォード大学の学部生からパロ・アルト、サンフランシスコ湾の近隣住民まで、がん患者支援ネットワークから退役軍人向けPTSD在宅治療センターまで、サンディエゴの大手民間ヘルスケア・グループからグーグルのエンジニア、スタンフォード・ビジネス・スクールの学生まで、多種多様な参加者が受講している。そこでの話を本書でいくつか紹介していきたい。関心のある読者向けに、本書で引用した科学研究などの出典を含む参考文献を本書の巻末に記した。

ダライ・ラマは以前こんなことを言った。良い食事と適度な運動が健康な身体には不可欠だと世界中の人々が知っているように、いつの日か、健全な精神と幸福な人生にはメンタルケアと訓練が不可欠だと世界が気づく日が来るだろうと。その日は、思うほど遠い先のことではないかもしれない。

本書について

私が言いたいのはこんなことだ。コンパッションは私たち人類の基本的な性質の根幹をなすものだ。私たちの中にある慈悲心を見出し、育み、自分自身や他者、周囲の世界とつながることは、個人としての幸福と社会の繁栄のカギとなる。私たち一人ひとりが日常の現実、そして共有する世界の中心に慈悲の心を置いて過ごすための手順を踏むことができる。そのためのステップごとのやり方を本書の第二部でご紹介しよう。

本書の目的は、おわかりのようにシンプルで野心的だ。コンパッションを、誰にでもわかる身近なものとして捉えなおし、個人・社会として取り入れたいこととして、義務感ではなく自然な欲求と位置づけることだ。慈悲の精神を、高邁《こうまい》な理想として見上げる存在から、人の日常のごちゃごちゃした現実の中に活きる力へと変えていきたい。本書では頭《マインド》と心《ハート》を効率よく訓練する方法を示し、慈悲の心を自らの基本姿勢とするための道筋をつける。この姿勢がより幸福で、ストレスが少なく、より充実した人生と、より平和で安泰な世界の礎《いしずえ》となる。

コンパッションのパラドックスは、コンパッションを行使する当人がその最大の受益者となることだ。第一部を読むとわかるように、コンパッションは私たちを幸福にしてくれる。その力は普段私たちの脳内を満たしている自分に対する落胆や後悔、不安といった想念のモードからもっと大きい関心へと開かせてくれる。予想するイメージにそぐわないかもしれないが、コンパッションは人を楽観的にする。関心の対象は苦痛でも、それは苦痛が終わること、そしてそのための行動を起こすという究極的にポジティブな、エネルギーがみなぎっている状態だからだ。コンパッションは習慣化した狭量な強迫観念を超越した目的意識をもたらす。それは人の心を軽くし、ストレスを和らげる。自分自身や他者に対する忍耐と理解を促す。怒りやその他の反射的感情の代わりとなる選択肢を与える。これは特にPTSDに悩む退役軍人に効果が認められている。コンパッションがあれば人はより孤独でなくなり、怖れが軽減される。またコンパッションを持った人々の親切が巡り巡って自分に返ってくる。

外来クリニックで働く32歳の内科医の女性がCCTに参加し、コンパッションがどんな風に役立ったかについてこう話した。

私が見る患者の数は時々一日三十五人にも及ぶため、個々の患者と心のつながりを感じなくなっていました。[10] 彼らは人というよりただの数字でした。私はまったく疲れ切っていて打ちのめされていました。医療に携《たずさ》わるのを辞めようかとも思っていました。CCTに参加して慈悲の訓練を始めると、いろんな変化が起こりました。私が変わったのです。診察室に入る前に三つの深呼吸をするようになり、心の中で診察が終わった患者について考えるのをやめました。するとどういうわけか、診察室にいる人物に集中できるようになりました。目の前にいる患者の苦痛に再び関心が向かうようになりました。もっと重要なのは、患者の処方箋を書くだけでなく、患者に対する気づかいを示せるようになりました。仕事は相変わらず忙しくやるべきことも多過ぎますが、以前のようなストレスを感じなくなりました。私の行動が再び意味を持ち始め、以前より調和がとれたように感じます。これからも医療と慈悲心の実践に励みます。

私たち人間は、慈悲の命ずるところから逃れられないという事実は祝福に値する。人は皆、誰かの助けを受けてこの世に誕生する。人が成長し、苦境を乗り越えて成人となれるのは、誰かに守られ、支えられたからにほかならない。自力で何でもできる壮年期ですら、他者の愛と協力の有無次第で幸福にも悲惨にもなり得る。それが人間というものだ。人はか弱く、それは天恵だ。コンパッションは、人であることの基本的真実を受け入れる。私たちは勇気を持って物事を直視し、慈悲の心でこの世界に存在し、この星に生きる人間であることの証《あかし》としての苦痛や喜びに対してハート全開で臨むよう、進化することができる。社会的・道徳的動物として、人は認められ、尊重されることを希求する。特に愛する人々にとって大切な存在でありたいと願う。人は自らの存在が何らかの目的のために生きているると考えたい。私たちは「意味を求める」動物だ。他者とのつながりを通して、人は他者にとってかけがえのない存在となり、他者の暮らしに喜びをもたらすことで自らの存在に意味が生まれる――こうして人は自らの命に価値と目的を見出す。これがコンパッションの持つパワーだ。

PART I

コンパッション《慈悲心》が大切な理由

第一章
幸せの隠し玉
コンパッション

"それひとつ持っていると、その外のすべての美徳も持つことになるものとは何だろう？ 慈悲《コンパッション》だ。"

——仏陀

"親切以上の知恵など存在しない。"

——ジャン・ジャック・ルソー（1712-1778）

私は9歳の時に母を亡くした。当時私はシムラーにあるチベット難民向けの全寮制の学校にいた。私の両親は、一九五九年にインドに亡命したダライ・ラマの後を追って国外脱出した大勢（八八万人以上）のチベット難民の中にいた。両親を含め、多くのチベット難民はインド北部の道路建設作業員宿舎で暮らすことになった。チベットが中華人民共和国に併合された時、インドはにわかに2,000マイル（約3,220キロメートル）以上に及ぶ国境の警備を強化しなくてはならなくなった。すると道路の新設が急務となった。チベットから来たばかりの難民たちは、この高地での道路建設という過酷な作業に恰好の労働力となった。両親は、標高6,500フィート（約1,980メートル）の絵画のように美しい避暑地シムラーの町から、チベット国境付近の山間部まで続く道路建設に携わった。過酷な肉体労働に加え、数か月ごとに道路が完成しては住居を移すという移動式宿舎で暮らし、ほとんどの時間を子供たちと離れていた。そんな境遇にもかかわらず、両親は私のために楽しい思い出を作ってくれた。あの数年間を思い出すと、今でも温かい、感謝の気持ちが湧いてくる。

後でわかったことだが、母の死因は完全に回避可能だった。道路建設宿舎で妹を出産した際の出血が、医療の不在と不衛生な環境により悪化した。母はその体調を顧みずシムラーからバスに六時間揺られて、ダラムサラのチベット医療クリニックに入院していた重病の父を見舞った。母はダラムサラに着いて数日後に亡くなった。当時弟はダラムサラのチベット子供村で暮らしていた。生まれたばかりの妹の面倒を見る人がいなかったので、妹もこの子供村に残された。私は緑のブリキ屋根のバンガローで、ベビーベッドが整然と並ぶ育児室を訪問した日のことを覚えている。妹は多くの孤児たちと一緒にいた。私はベランダの端で妹にあげるキャンディを手に持ったまま待った。そして世話係の女性が妹を連れて現れた。

その直後に父は全快し、僧侶となって僧院に入った。

叔父のペンパがいたことは幸運だった。母の兄弟であるペンパは、頬骨が出ていて痩身、高身長で膝が弱くかすかに足を引きずっていた。私の父は長い髪を二本の三つ編みに結い、頭に巻くという伝統的なヘアスタイルだったが、ペンパ叔父はモダンなショートヘアで、薄い口ひげを生やしていた。元僧侶の彼は教養があり、バスや電車に書かれた英語が読める程度の語学力もあった。自分を孤児のように感じていた頃、叔父は私を自分の子供のように扱ってくれた。彼の二人の娘たちは私と同じ全寮制の学校に行っていて、娘たちに会いに来るときや休暇に二人を連れて道路建設宿舎に行くときはいつも私も仲間に入れてくれた。一週間の滞在が終わるとき、彼は私たち三人にまったく同じ金額、2ルピー（約5セント）のお小遣いをくれた。叔父や両親が味わった初期のインド難民の苦難について、大人になってよりよく理解するにつれ、彼の慈悲心と親切心がことさらに有り難く感じられる。彼らは新しい国にやってきたよそ者で、インドのモンスーン気候による容赦ない雨にさらされた道路沿いのにわか作りのテントで暮らしていた。お金はほとんどなかったが、叔父はなけなしのお金を私に分け与えてくれた。ペンパ叔父は私の人生で最も大切な人々の一人となった。あれから私の人生は変遷し、彼に馴染みのある世界からかけ離れてしまったが、親交は彼が亡くなるまで続いた。

つながるために生まれた

アメリカの教育家でテレビのホスト、フレッド・ロジャースがかつてこう言った。「私が子供の頃怖いニュースを見ると母が決まってこう言った。『助けてくれる人を探してごらん。必ず助けてくれる人が現れるよ』と。」二〇一三年のボストンマラソン爆弾テロ事件で、テレビのニュースキャスターがこの話に言及し、こんな風に続けた。「そういう人々がボストンにもいました。傍観者の中から悍《おぞ》ましい現場に割って入り、犠牲者を助けようとしています。よく見れば、いつでも大なり小なり手を差し伸べる人々がいます。それは私たちが生まれながらに持っている本能です。」

ペンパ叔父は聖人ではない。他のすべての人々同様、彼も他人の痛みが分かり、他人に気づかう能力を持って生まれた人だった。マザー・テレサやダライ・ラマのように、並外れて大きな慈悲心を持った人々は私たちとは違う人種のように感じられるかもしれないが、彼らとて同じ人間だ。慈悲の本能とは、目の色の違いのような生得的なものというより新しい外国語のようなものだ。私たち全員がシェイクスピアのような言葉の達人にはなれないが、繰り返し言葉に触れ、訓練を積めば自分なりの達人になれる。マザー・テレサやダライ・ラマがコンパッションの達人になったのは、彼らが努力したからだ。コンパッションの種は私たち全員に備わっている。

しかも、追々わかってくるように、小さなコンパッションの行動はあなたが考えるよりずっと大きな影響を発揮する。

西洋社会では、啓蒙思想（訳注：一七世紀末にヨーロッパで起こり、一八世紀に全盛になった合理的思想）、とりわけダーウィンの進化論以来、人類という種の基本的性質は利己的で競争を好むものだという考え方が主流だった。ダーウィンの主張を熱心に広めたことからダーウィンの番犬《ブルドッグ》との異名を持つトマス・ハクスリーは、テニソンの有名なフレーズ「自然はその歯と爪を血で染める」[1]を引用した。ハクスリーは人の存在を「最も強く、速く、ずる賢いものが生き残り、戦い続ける」剣闘士《グラディエーター》のショーのように捉えた[2]。人は生来利己的だというこの前提に基づき、科学者や哲学者たちは人の行動の背後にある動機は利己心だけだとこぞって大々的に主張した。ある行動の動機として利己心が見えない時、特に科学の分野の人々は、それを不完全な行動と判断した。人は本質的に利他的な生き物かもしれないという主張は未熟な考えとして切り捨てられた。よく言えば、利他的行動は不合理で、そんなことをすると致命傷となりかねない。悪く言えば、利他主義者は偽善者か自己欺瞞《ぎまん》だとみなされた。

　この考えについて、私は軽く見積もってもずいぶんと自らに対して手厳しいものだとずっと思ってきた。私は若い僧侶だった人格形成期に古典仏教のものの見方を学んだ。それによると慈悲心

（や、その他のポジティブな資質）は人に内在すると捉え、それを親切な行動によって表現することはまったく自然なことだとみなしていた。生きる過程で私たちはよりよい性質を磨き、怒りや攻撃性、嫉妬、強欲などの破壊的な性質を抑制する訓練を積んでいるのだと学んだ。

そうそう、ケンブリッジ大学時代、仲間の学生たちと利他主義について語り合った時、こんなことがあった！カルカッタのスラムの生活困窮者に対する奉仕活動をしたマザー・テレサの話をしたら、誰かが「何か思惑があってのことだろう。でなければそんなことをするはずがない」と反論した。以来私は一生をかけて利己主義モデルの反対勢力を探し続けてきた。欧米でこの勢力の地位は向上している。彼らのことを本書のあちこちでご紹介できることをうれしく思う。その一人、アメリカの哲学者トマス・ネーゲルは、[3]利他主義は少なくとも概念として論理的一貫性がある、と主張した。心理学者ダニエル・バトソンは、[4]そのキャリアの大半を傾けて純粋に利他的な行動が存在することを証明した。どうやら私たち人類は、自らを正当に評価してこなかったようだ。挙句に自己達成的予言に基づき実現した利己主義に苦しんでいるようだ。

我は他者なり

今日、人の本質は利己的だという考えはシンプル過ぎるという見解が科学の分野でも広く認知されるようになっている。(5) 利己心に加え、人の行動を動機づける多様な性質として、私たちが持つ優しさや育みの本能の基本的な役割も科学的な評価に入れなくてはならない。人の進化の過程で、競争の傍らで協力もまた育ってきたことに私たちは気づいている。この科学重視の機運の中、共感の科学からある重要な研究が生まれた。人類発祥以前の類人猿から子供の発達心理学まで、神経科学から神経経済学（神経科学の手法で経済活動を解析する経済学の一分野）までが示すのは、人は共感を動機として行動するということだ。

共感とは何だろう？　共感とは、他者の感情を理解し、その経験を共有するという、私たちに自然に備わった能力のことだ。(6) つまりこれには二つの構成要素がある。誰かの気持ちに反応することと、その人が置かれた状況を理解することだ。気持ちに反応することとは、他者が経験していることと類似した自らの経験を想起するという共鳴反応、つまり他者とともにある、または他者に向かって動く感情という形をとる。それはたとえば他者が見舞われた不幸に対して悲しみを感じることなどを指し、他者の感情を受けたものではない。

共感という英単語 empathy は、一九〇九年に心理学者エドワード・B・ティッチナーが発音しにくいドイツ語の単語を訳す際に作った造語で、その概念は一九世紀に生まれたものだ。直訳すれば「誰かの感情を感じることができる」という意味で、このドイツ語は他者の感情に対する感受性を示している。言葉自体は新しいものの、その現象は古くから認知されてきた。共感の概念は、黄金律（他人にしてほしいと思うことを自ら他人にせよ）の神髄に根差し、ほぼすべての道徳や哲学、宗教的教義に共通するものだ。この法則を仏教の経典――「自らの身体を手本にせよ」「他者に危害を与えるなかれ」――に照らしてみると、共感とのつながりは一層明確になる。[7]

共感の概念は、宗教以外の文献にも存在する。[8] ジャン・ジャック・ルソーの小説風教育論『エミール』で、彼は「苦しんでいる人を背負うがごとく、自分という枠を出て苦しむ人と同化するには、哀れみの情を抱くには、どうすればいいだろう」と問いかける。スコットランドの哲学者デビッド・ヒュームは、他者の喜びや痛みをあたかも自分のことのように捉えて心が共振する自然な現象を、バイオリンの弦が他の弦の奏でる音に共振する現象になぞらえる。市場経済理論の立役者の一人アダム・スミスは、他人に心を寄せる想像力は実際のところ「他者の受難に対する仲間意識だ[9]」と言う。チャールズ・ダーウィンは、「社会的本能として備わった資質」と捉え、その社会的本能は「同胞の属する社会に喜びと思いやりを持ち、そのために多様な奉仕をする力」だと考えた。[10]

仏教の教えでも、違った視点から似たような表現をしている。文献には人が生まれ持っている共感の力は、他者とのつながりや帰属意識からくると書かれている。初期の仏教の経典にはこの帰属意識を他者の感覚に対する「明確な評価」と捉えるものや、「他者の認識」、「他者の価値を認める」などと書かれている。このように、人が共感する時、他者の感情をただ認識するだけでなく、それを尊重している。

脳内で、共感はいくつかの重要な系統にかかわっている。[11] 第一にして最も重要なのが大脳辺縁系で、ここは感情の信号を処理する役割で知られる部分だ。第二に、共感は愛着メカニズムの一部である神経ネットワーク（子供とその子にとって愛着の深い人物、たとえば母親との相互作用を司る）を活性化する。そして第三に、他者の苦しみの反応として共感が起きる時、それは科学者が言うところの**苦痛《ペイン》の土台《マトリックス》**（自分の苦痛の経験にかかわる部分）と関連している。脳画像分析によると、共感が脳の進化の過程で最も古い部分だけでなく、他者の視点を理解する能力を司る大脳新皮質のような新しい部分にもかかわっていることを示している。神経科学研究でも、少なくとも共感の経験に関する限り、知覚と姿勢にかかわる部分と、感情と動機にかかわる部分との間が密接につながっていることがわかっている。したがって、ある人物に対する知覚と姿勢を変える時、その人に対する感情も連動して変化するということだ。

研究が示す展望

気づかいや親切心は、人の成長過程のどの段階から始まるだろう？　この疑問に対し、フェリックス・ワーネケンとマイケル・トマセロという二人の心理学者が合同実験をした。彼らの実験とは、生後一四〜一八か月の乳児が純粋に協力的な行動を取るかどうかを調べるというものだった。[12]実験では、ある人がタオルを干そうとして誤って洗濯ばさみを落とし、自分では取ることができないという設定をつくった。実験のもう一つのシナリオでは、ある人が本棚に雑誌を入れたいが、両手がふさがっていて本棚の扉を開けられないという設定だ。両方の場合で、乳児たちは助けようと行動した。その後の研究でワーネケンとトマセロは、子供たちは助ける行為によって何らかの困難が生じても、また自分の遊びを中断してでも、助ける意志を示したことを発見した。

興味深いことに、助けたという行為に報酬を与えるのはよい成果につながらないことも分かった。ご褒美をもらった子供たちは、もらわなかった子供たちに比べ、その後助ける行為が減少した。生後六か月の子供ですら、助けを妨げるおもちゃより、助けになるおもちゃを好んだという結果もある[13]。ケンブリッジで利他心について議論した時に、この話を知っていたらよかったのに。

私自身、自分の子供たちを見ていて似たようなことに気づいたことがある。長女カンドが生後一五か月くらいの頃、私の義父が腰の手術を目前に控え、苦しんでいた。杖なしには歩けず、腰の痛みを和らげるためにしばしば横にならなくてはならなかった。カンドは祖父がベッドから立ち上がり、歩こうとするのに気づくたびに自分から杖を取って祖父に手渡していた。

これらすべての例が示すのは、こういうことだ。共感、慈悲、親切、そして利他的行動をする能力は、社会や文化に馴染む過程で習得するものではなく、先天的に備わっているものだということだ。それらの行為の対象としてふさわしい相手か、そうでないかを識別する方法は、ある程度成長してから社会化の過程で学んでいく。したがって、子供が本能的に持っている純粋な親切心に社会が悪影響を与えるというルソーの説はある意味正論だ。瞑想の科学のパイオニアとして知られるリチャード・デビッドソンは、人の生得的な慈悲の精神が言語能力と似ているとすれば、人格形成期に慈悲の精神（あるいは特定の言語）に触れる機会がなかった場合、その能力は残念ながら開発されず、表現されることもないだろうと主張する[14]。

コンパッションの恩恵

共感とは、他者に向かう（または他者とともにある）気持ちであり、他者の気持ちを理解することだ。誰かが苦しんでいる様子を見た時、人の心に湧き起こるコンパッションは共感から生まれるが、それにとどまらず、苦痛が取り除かれることを望み、そのために何かしようと考える。コンパッションとは共感という反応を超えた、よりパワフルな状態を指す。思いやりとは、利他心の基本形であり、助けるという行為を通じて慈悲心を表現するものだ。コンパッションとは、私たちが持つ共感という反応を、思いやりという行動によって表現することを可能にするものだ。

私たちは誰もが人生のどこかで思いやりの力、あるいは慈悲の体現を経験している。私がペンパ叔父から恩を受けたように、私たちは好意を受け取る側となったり、誰かに好意を与える側となったりもする。誰かに同意してほしいときに笑顔で応じるとかうなずくといったシンプルなことであれ、何か不満をぶちまけたい時に熱心に耳を傾けてくれる友人であれ、重大な局面で親身になってくれる指導者からの賢明なアドバイスであれ、意気消沈している時に優しく抱きしめてくれるパートナーや、本当につらいときに手を差し伸べてくれる人など、他者の思いやりの光に触れるとき、人は緊張が解け、認められ、尊重されたと感じる。ひとことで言えば、肯定されたと感じる。しかしあまりにも頻繁に、人は他者を思いやること、そして思いやりを受けた時に感謝することを忘れている。子を持つ親として、また高齢の親の面倒を見る子供として、患者の治療や世話をする医療機関の従事者として、生徒を導く教師として、他者を助ける行為は世界中どこにでもある日常的現実の一部だ。あまりにもありふれているため、それを当たり前のこととして考えがちだ。または、あるに越したことはないけれど、さして重要でないおまけのようなものだとか、時間とエネルギーが余っている時にやる贅沢だと捉えがちだが、実際のところ、私たちの健康や幸福、世界全体は、私たちが相互に思いやることなしには存続し得ない。

ほとんどの人は自分を慈悲深いと思っている。今この文章を読んでいるあなたも、コンパッションは自身のアイデンティティの重要な構成要素だと言うことだろう。そう言っておきながら、コンパッションについての考えはそこで止まっている人がほとんどだ。慈悲について掘り下げ、それを実践することにより習慣を変え、日常の原動力にしていかなければ、単なる反応として埋没していくだろう。挑発されたら怒るように、外界で起きたことに反応してコンパッションを感じる——大切な人の苦痛やニーズに対する、ときには見知らぬ人が陥った苦境に対する自動反応にとどまるだろう。このレベルにいる限り、コンパッションの持つ変容の力を引き出すことはできない。

思いやりを受け取る

あなたの人生の中で、あなたに思いやりをかけてくれた人物、あなたを喜びと感謝で満たしてくれた人物の思い出はありますか？ それは幼少期にあなたの長所を伸ばすよう、さりげなく導いてくれた学校の教師かもしれません。いつどんな時でもあなたの味方でいると約束してくれた忠実な親友かもしれません。あるいはあなたが安心して成長できるように盤石《ばんじゃく》な環境を整えてくれたご両親かもしれません。もし具体的に誰も思い浮かばなかったら、この質問を、ひと晩寝かせて考えてみましょう。

人生で一番苦しい時期に受けた思いやりは、どうして心に深く刻まれるのだろうか？ その単純な答えは、その行為が人の人間性の最も深い、つまり人間らしい部分（苦境にある時、思いやりや絆を渇望する）に触れるからだ。

他者の思いやりの恩恵は誰でも受けられるが、その度合いは人によって異なる。思いやりの恩恵を強く受け止める人ほど、慈悲の心を持っていると言えそうだ。ある科学者のグループがサンフランシスコ湾地域の五九人の女性を対象に研究を行った。参加者たちはまず、慈悲心のレベルを測定する質問票に記入してから、無作為に二つのグループに分けられた。一週間後、参加者たちは研究室に呼ばれ、三つのことをするよう求められた——二人の実験者の前でスピーチをする、面接を受ける、そして算数の問題を解く。各人は脳波図など身体機能を測定する機器につながれたまま、スピーチ内容について考えるための五分間が与えられる。三つのタスクをこなす間、第一グループでは、実験者の一人が参加者に対して「君は素晴らしいね」などとポジティブな言葉をかけたり、同意を示す笑顔やうなずき、ジェスチャーをする。一方で第二グループの実験者はポジティブな反応をまったく示さない。

結果は衝撃的なものだった。最初の質問票で慈悲レベルが高かった人で、第一グループでタスクを行った参加者は、他人の前でスピーチを行うという特にストレスがかかる行動の最中に、血圧低下、コルチゾール反応の減少、心拍変動の向上（どれも物理的健康、社会的快適さに影響する）が見られた。第二グループの参加者たちに比べ、この人々はより強く実験者に好意を持った。このような現象は、ポジティブ評価を受けた慈悲レベルの低い人々や、ポジティブ評価を受けなかった慈悲レベルの高い人々では起きなかった。この実験を要約すると、「慈悲レベルが高い人々は強いストレスにさらされている時に支援を受けると、その恩恵をより強く受け止める」ということだ。つまり、他者の思いやりの恩恵を受けるには、自分もまた思いやりの精神の持ち主である必要があるということだ[15]。

ヘルパーズ・ハイ

それは双方向に奏功する。慈悲の精神で誰かに親切な行為をすると、親切にした側もいい気分になる。それは人が他者とのつながり、そこから幸福を感じるという生来の欲求を満たすからだ。慈悲と思いやりは、自分の関心事という狭い領域から人を解放し、より大きなものの一部になった気持ちにさせてくれる。自分にばかり意識を向けて不安な日常を繰り返す人生に甘んじているのなら、慈悲の心は視野を狭くしている心のブラインドを外し、世界に目を向けるようにしてくれる。

そうであるなら、慈悲が脳内にポジティブな影響を与えることを科学者たちが発見したことは驚くにあたらない。困っている誰かが救われることを純粋に願って手を差し伸べる時、幸福感の現れであるエンドルフィンの脳内分泌が増える。この現象のことを**ヘルパーズ・ハイ**という。ある実験で参加者が指示に従って他者に進んで親切にすると、参加者の慈悲脳の報酬中枢が活性化する。ここはチョコレートなどのおいしいもののことを考えると活性化する部分と同じだ。したがって、ケンブリッジ大学時代の議論で下心を指摘した彼はある意味正しかった。彼が意図したような利己的な見返りではないが、マザー・テレサですら報酬を得ていたということだ。マザー・テレサが無私の奉仕から引き出した報酬は副産物であり、目的ではない。彼女の主たる動機は貧困者に支援と救いをもたらすことだった。これが慈悲行為に伴う嬉しい副産物だ。誰かのために動けば動くほど、自分にも多くの副産物が転がり込んでくる。

子供に関する研究がもう一つある。[16] 思いやりのある行動を促されると、彼ら自身の幸福度が増加し、その行動によって仲間からの承認も増加する――これは10代の子供にとっては大きな報酬だ。仲間の承認は、学校内のいじめを減らすためのカギとなる。

人が自分の幸せばかりに囚われるのをやめると、幸せ度が増すというパラドックスがある。触発されることではなく愛することにより、自分だけの狭い意識領域を超越し、最も深い至福体験がやってくる。たとえば私の長女の誕生が思い浮かぶ。ありふれた日常の中でも、人は自分がどれほど幸せかを忘れがちだ。（そしてその逆も言える。自我意識はことごとく幸福の障害となるため、人はそこから目を背けるためにアルコールやドラッグなどの助けを借りて、自己破壊の域に至るほどの逃避に走る。）

誰かに思いやりの心を抱く時、私たちが見る世界はポジティブな光で満たされている。常識で考えると、慈悲の心は苦しみに意識の焦点を合わせているため、世界は荒涼としたものと映り、私たちは厭世的《えんせい》になると思われる。しかし、私がかかわっているスタンフォード大学心理学研究所の研究によると、実際はその逆だ。[17] 実験では学部生を対象に人々の顔写真を見せ、その人々に対し、思いやりの心を抱くよう指示した。その後休憩をはさんで、学部生はモダンアートの作品を見て、それらの評価を行った。その際、アート作品の画像が出る前にほんの一瞬、先ほどの顔写真が映し出されるが、それは意識に残らないサブリミナルレベルの情報となる。学部生たちは、前段階で思いやりを感じた人々の顔の直後に登場したアート作品を、そうでない作品よりずっと好意的に評価した。思いやりの心を感じることと、世界をよりポジティブな視点で捉えることの間の相関関係は、慈悲深い人々が楽観主義的である傾向が強いことを裏づけている。

コンパッションが大きいほど目的意識が高い

慈悲《コンパッション》と思いやりの心を持つことの最大の特徴は、人生に目的を与えることだと私は考えている。誰かや何かの役に立つことに勝《まさ》る喜びはない。仕事でも家庭でも、誰かを助けて状況がよくなった時、私たちは自分が正しい方向に邁進していると感じ、効率よく確かな足取りで生きていると感じる。人生に目的意識を持つこととは、個人の幸福、ひいては長寿に欠かせない重要な要素の一つとなっている。コンパッションの訓練を含む、三か月にわたる瞑想の効果を測定する包括的研究[18]では、被験者のテロメア修復酵素、テロメラーゼに与える興味深い効果を発見した。テロメアとはDNA分子に尻尾のようについたひも状の物質で、複製を繰り返すと短くなるため、加齢と深いかかわりがある。驚くことに研究では、人生に高い目的意識を持つ被験者のテロメラーゼは増加していて、つまり加齢の過程を遅らせていることが分かった。高齢者によるボランティアを対象とした大規模研究でも、ボランティア活動が老化を遅らせることが分かっている。（ただしここでもその効果は純粋に他者を助けようという意志のもとに行動した人々に限定される。）

コンパッションが大きいほどストレスは少ない

コンパッションを持つとストレスが軽減されるとダライ・ラマはよく話している。コンパッションは自分や他者の弱さや苦痛といった不快な事実を認識することなので、信じがたいことかもしれないが、これも科学的に証明されている。幸福と同じように、ここにもトリックがある。コンパッションは自分を批判し、不安に陥ることで起きるストレスから人を解放してくれる。意識の焦点を自分という狭い関心（そしてそれに伴う重圧）から逸《そ》らし、他者への慈悲に向かう時、人の心は軽くなる。日常からストレス源がなくなったわけではないが、それが与える影響を受けにくくなる。ストレスが人を疲弊させるのは、それが人を滅入《めい》らせ、圧倒されることに恐怖を感じるからだ。その一方で、コンパッションは気持ちを明るくしてくれる。背負っている重荷がいくらか軽くなったように感じる。その重荷を広い視野で見るようになる。重荷を背負っているのは自分一人ではないと気づく。

コンパッションがストレスを和らげるもう一つの理由は、慈悲に伴う理解と忍耐によるものだ。慈悲の心で他者に接すると、他者をうっとうしく感じたり、反感を覚えることが少なくなる。とりわけ自分自身に対して慈悲の心を向けると、人は自分の感情に対して優しく、忍耐強くなる。それに対して厳しい自己批判や羞恥心、自らの不完全さを取り繕うなどといった行為は極めて強いストレスを生じる！　自分に嘘をつかず、自分を受け入れ、自分を思いやることをはっきり自覚できれば、他者から隠すべきことがなくなる。隠すものがない時、怖れるものも少なくなる。

　全米の大学院入試のための、ＧＲＥと呼ばれるテストの準備をしているハーバード大学の学生を対象に実施した研究[19]で、簡単な「再評価」（ストレス症状がポジティブに働くことを理解する――たとえば心拍数が上がると、能力が落ちるのではなく、向上するなど）を取り入れるだけでも試験を受けることへのストレスに変化が起きることが分かった。ストレス症状をポジティブなものとして再評価した学生たちは、ストレスのかかる活動終了後速やかに元の状態に戻ることができた。（後でわかったことだが、彼らはテストの成績もよかった。）実際自分に対する思いやりがないことは大きなストレスとなり、現代社会の風土病となっているため、これについて次の章で取り上げたい。

　最後に、これまで見てきたとおり、慈悲深い姿勢を持っていると、社会の協力を得やすくなる。これもまた長期的に負の影響を及ぼすストレス状態の緩衝材となることが証明されている。慈悲の心が持つ温かい感情は、オキシトシンというホルモン（授乳中の母親が分泌するホルモン）を分泌し、これは心臓血管系の炎症を鎮める効果があり、心臓病の治癒に不可欠のホルモンだ。Ｐ・１８２～１８３に書かれているように、他者の幸福への関心を育成することで迷走神経の調子を整え、強化できる。迷走神経は脳神経系の中で最も長く、心拍を整え、体内の炎症レベルを調節し、全般的な健康状態の指標となる神経だ。

孤独の解毒剤

コンパッションがよりよい人間関係に貢献することは明らかだ。思いやりは愛する人々との間の絆を強くする接着剤のように機能し、意見の相違や感情の乖離《かいり》から生じる亀裂や仲たがいから人々を守ってくれる。社会とのつながりは、人の免疫系を強化するという研究結果もある。社会とのつながりを形成・維持するためのカギとなる要素である思いやりは、私たちの免疫系を健全に保ってくれる。恋愛関係で言えば、思いやりのある人はより魅力的に見える。振り返れば、私が妻に惹かれた要素の一つには彼女の思いやりがあり、それに寛大な心と美しい笑顔が加わって恋に落ちた。

さらに言えば、コンパッションは苦痛の代表格とも言える孤独に敵対する。他者とのつながりを促進する慈悲の心は、人を孤立させる心の壁を溶かす。この副作用の持つ重要性は強調してもしきれない。最近シカゴ大学で、50歳以上の人々二千人余りを対象に六年間にわたり実施された研究によると、[20]極度の孤独感には肥満や高血圧の二倍の致死率があることが分かっている。自分を孤独だと感じている人の死亡リスクは、そうでない人より14％高かった。極度の孤独は喫煙より危険だと指摘する研究もある。科学者たちは孤独を、人の「社会的身体」が感じる苦痛の一種と捉え、健康に暮らすためには治療が必要だと指摘する。孤独な人々はたとえるなら魚の群れの端っこを泳いでいる、外敵に最も捕食されやすい立場にいる。そのような危機にさらされ、常に緊張を強いられる暮らしは、毎朝一日が始まる前から、逃げるか戦うかというストレスホルモン、コルチゾールが大量分泌される毎日だ。孤独な状態が長期間続くと、それは人のホルモンバランスや神経系にダメージを与える。

悲しいことに、孤独は現代の風土病になりつつある。それは個人の苦しみにもヘルスケアの出費にも如実に反映されることだろう。ある社会学研究では、約25％のアメリカ人が、安心して心を許せる人がいないと答えているという。[21] 二〇一二年にイギリスで実施された研究[22]でも、対象者の二割を超える人々が、ほぼいつでも孤独を感じると答え、このうちの4分の1が、この研究を実施した五年間でさらに孤独感を増したと言う。

今日の孤独の蔓延《まんえん》と、自己責任や個人主義的ライフスタイルを強調する現代文化は、どちらも社会のつながりを軽視するという特徴があり、相互に関係があることは疑いがない。フェイスブックのようなソーシャルネットワークの機会の隆盛は、孤独を深める現代文化の潮流をひっくり返せるだろうか？　これまでのところ、それを立証する研究結果は出ていない。結論を出すには時期尚早《しょうそう》ではあるが、私は否定的だ。効果があるどころか、人同士の触れ合いの機会が減少する中で、若い世代はＳＮＳによってますます孤独感をつのらせることだろう。

私は一度、ダライ・ラマが赤の他人を抱擁する様子を見たことがある。ダライ・ラマ法王はカリフォルニアのニューポート・ビーチで仏教と心理療法に関するセミナーをしていて、私は彼の通訳だった。ある日の午後、ダライ・ラマが滞在していた家の外に集まっていた小さな集団の中から、明らかに混乱した男性が法王に向かって何か叫んだ。法王は彼のほうに歩み寄り、人生の無意味さについてまくしたてる彼の話に熱心に耳を傾けた。それからダライ・ラマは、彼の人生に起きたいいことや、彼の愛する人々にとって彼の存在がどれほど重要か、そして彼自身が他者を助けることによってどれほど善行ができるかについて考えるよう促した。しかしどれも功を奏さなかった。そこでとうとう法王は話すのをやめ、その男性を包み込むように強く抱擁した。男性は声を上げて泣き出した後、気分が落ち着き安らかな表情になった。

数えきれないほどの研究結果が示すとおり、バーチャルでない社会のつながりが孤独の解毒剤となるのは驚くにはあたらない。他者に対して心を開き、他者を気づかい、他者の思いやりを受け入れる——私たちの精神の基軸である慈悲心を表現して生きる——ことにより、社会での強い絆が創り出される。私たちは他者とつながるためにこの世に生まれている。他者とのつながり、それも人類同胞だけでなく、他のすべての生きとし生けるものとのつながりを希う心は人の意識の根底にあり、幸福の質を決定づける。

思いやりは伝染する

孤独という風土病が蔓延《まんえん》する昨今で、最近分かったことのうち最も興味深いのは、思いやりが伝染するということだ。誰かの思いやりに触れると人はやさしくなる。人が他の人を助ける様子を見ることは気持ちのよいものだが、それにとどまらず見た人もまた他者を助けようと行動する。この現象を、「慈善行為について見聞きすると、人は利他的になる」というトマス・ジェファーソンの観察になぞらえ、「道徳心の高揚」と名づけた研究者もある。(23) 思いやりが波及する様子を想像してみてほしい。私たち一人ひとりを中心にして思いやりの輪が放射状に波及し、その影響を受けた一人ひとりが中心となり、また新たな輪を広げていく。そしてその影響を受けた一人ひとりがまた思いやりの輪を広げ、幾重にも輪が重なり合っていく……。

今度あなたが、誰かが他者を思いやる姿を見た時（たとえば誰かを気づかう、困っている人を助けるなど）、あなた自身が本能的にどんな反応をするか観察してみましょう。意識的に考えることなく、目には光が差したでしょうか？ 心が軽くなったでしょうか？ 口角が自然に上がり、優しい笑顔になったでしょうか？

ケンブリッジ大学、プリモス大学、カリフォルニア大学ロサンゼルス校の三人の科学者[24]が、巧妙な実験によってコンパッションが伝染する性質を立証した。研究では大学生を無作為に二つのグループに分け、第一グループはコメディや自然をテーマとするテレビ番組を、第二グループはオプラ・ウィンフリー・ショー（訳注：アメリカで約二十五年続いたトーク番組）の中から人助けに関する、気分が高揚する内容の番組を見た。この実験は記憶力を調べるためのものだと告げられた学生たちは、今見せられた番組内容に関してコンピュータで回答するよう求められた。それを開始するにあたり、主催者がコンピュータ・ファイルを開くことができないというフリをした。何度か開こうとしてみたが失敗し、主催者は学生たちにこのまま帰っていいと告げ、それでも約束した単位はもらえる旨を伝えた。帰ろうとする学生たちに向かって、主催者はふと思い出したかのように、別のプロジェクトのための質問票に回答してもらえないかと持ちかけた。質問票は退屈で回答には時間がかかり、報酬も約束されていなかった。

結果は衝撃的だった。人助けの映像を見た学生たちのほうが、そうでない学生たちより多く無報酬のプロジェクトに協力し、主催者を助けようとした。この学生たちのうち、オプラのショーを見たグループは、そうでないグループの二倍の時間を費やした。人の親切を見ると、人は慈悲深くなり、慈悲は未来の人助けを促す。

幸運なことに、人助けの機会は日常生活にあふれている。朝家を出る時、愛する家族に行ってきますのキスをする。バスに乗っている時に妊婦に席を譲る。運転している時、割り込んで来ようとする車を先に行かせる。同僚の話を親身になって聞く。その他空いた時間を寄付するボランティアや、収入の一部を寄付して誰かを支援することもできる。その気になりさえすれば、ほとんどの人にとって慈悲の機会は毎日たくさん訪れる。その習慣のない人は、練習によって身につけられる。やり方は第二部でご紹介したい。

世界のあちこちで、人々は思いやりを広めるべく団結している。ペイ・フォワード運動とは、恩を受けた際、その相手に返す代わりに、別の人に恩をリレーすることにより思いやりを広めていくという運動だ。思いやりをカリキュラムの一部にしている学校も少なくない。一九〇八年にイギリスの公共放送ＢＢＣが「差別のない思いやり」キャンペーンを実施し、今日では「差別のない思いやり」はよく使われる慣用句となっている。慈悲という概念が幸せの**秘訣**ではなく、広く愛される価値だったら、社会を束ねる原理だったら、変化の原動力だったら、どんなことが起きるだろう？

もう少しの辛抱

たいていの場合、身近な愛する人々は思いやりの最大の発信源であり、幸せの源となっている。そしてまったく同じ理由で、彼らによって傷つけられることが最も多い。愛する人々に対する慈悲の心は折に触れて自然に起きることだろう。しかしどんな時でも、とりわけ苦境に陥った時にこそ慈悲心を持ち続けるには、忍耐と献身が不可欠だ。家族との生活上、重要な事柄に対してついつい感情的になり、思いやりを表現するために必要な冷静さが失われてしまう。普段の落ち着きを失ったときでも、そんな自分を思いやり、赦《ゆる》すことが大切だ。（自分自身に対する思いやりについては次章で解説する。冷静さを維持するためのテクニックは第二部でご紹介する。）

身近な人間関係について覚えておきたい真実がある。それは痛みを伴うやり取りが容赦なく起きるのは、そもそも愛情があり、素の自分を見せてもかまわないという安心感があればこそだということ。双方がこのことを忘れずにいる限り、二人の関係の核心部分に思いやりが見つかるだろう。

私自身の人生を振り返ってみると、私が遭遇した最も厳しい局面の一つに、父とのやりとりがあった。私は11歳から20歳までの期間、父ゾンカー・チョーデと同じ名前の小さな僧院の一員だった。この僧院は、私が生まれたチベット西部の町ゾンカーにある僧院に因《ちな》んで名づけられたものだ。父はこの本家の僧院とその長い歴史に強い親しみを感じていた。私が僧院での訓練（主として礼拝用の文献や経典の暗記）を終え、英語を覚えたり、仏教と無関係の本を読むなど、僧院では不要の事柄に関心を持ち始めた頃から私の中で違和感が疼《うず》き始めた。私の知的好奇心が騒ぎ、意味も分からずお経を詠唱する毎日に居心地の悪さを感じるようになった。

仏門に入るという私の決意を受け入れた時から、父の意志は明確だった。それは私が最終的に経文の達人、儀式の達人となり、その小さな僧院の僧院長となることだった。私には別の考えがあり、その僧院に永久にとどまることは選択肢になかった。学歴もなかった父は私の知識欲をまったく理解せず、若気の至りで一時的に反抗しているだけだと考えた。父は私をわがままだと非難し、両親が家族のために耐え忍んだ苦難に対する感謝が足りないと糾弾《きゅうだん》した。仏教コミュニティから出ていくことは私の尊厳を汚し、みじめな人生になると彼は考えた。私は私で彼から心を閉ざしたため、二人の関係はますますぎくしゃくし、距離が開いていった。

私がゾンカー・チョーデ僧院を出て、インド南部の別の修道院大学に入った頃、私たちは頻繁に連絡を取り合うようになった。しかし父にとって私は落胆と困惑の対象だったことは明らかだった。父は私がゾンカー・チョーデの人々を裏切ったと思っていた。多くのアジア文化同様、チベット人にとって忠誠心は極めて重要な美徳だった。

しかし一九八五年に私がダライ・ラマ法王の英語通訳になった時、すべてが変わった。それ以来父は、私を決して間違ったことをしない奴だという目で見るようになった。父は私を理解できなかったこと、そして私がしてきた数々の「荒唐無稽《こうとうむけい》な」ことにこんな福音があったとは知らなかったと認めた。

父の最晩年の十年間は、パーキンソン病との闘いの日々だった。運動能力を維持するための強いドーパミン誘発剤の影響で彼の心配性な性格が悪化し、妄想や精神障害が頻発したことで死の恐怖が増幅した。幸運にも私は父のそばに寄り添い、仏教の教えや瞑想を通じて死の恐怖と折り合えるよう支えることができた。父は自らの人生をいい人生だったと捉え、子供たち（私、弟、妹）も皆それぞれ幸せな家庭を持ったことを喜び、穏やかにこの世を去った。正直言って、どこかで父との関係を切り捨て、縁を切ってもいいと思った時もあった。しかし父への、そして自分への思いやりから、私は踏みとどまった。

他者への思いやりの動機はどこにあるだろう？ そのような行為へと私たちを駆《か》り立てる原動力とは何だろう？ そしてその相手を気づかい、力を注ぐに足る人物だと思わせるものとは何だろう？

原動力とは明らかに私たちの本質の一部である、他者を気づかう慈悲の精神だ。他者からの気づかいや思いやりを必要とするという意味では弱い立場かもしれないが、他者のニーズ、苦痛、喜びとつながるという意味で、絆《きずな》を築く能力にもなる。最も基本的なところで私たちを他者と結びつけるのが、この気づかいの本能だ。実際他者に対して優しい思いやりの気持ちを感じる時、そして他者の痛みやニーズに共感する時、私たちは最も強く生きていることを実感する。エネルギーが増幅し、心臓が強く拍動し、身体を行動へと駆り立てる。慈悲のモードにある時、ある意味で私たちがこれまで築いてきた人の分類やレッテル貼りによって自分と他者を遠ざける障壁が消失し、人間らしさが露《あら》わになる。この基本的な立ち位置で、人は目の前にいる他者とつながる。この瞬間に大切なのは、目の前の人も自分と同じ人間であり、本能的に苦痛を避け、幸福を希《ねが》う存在なのだということだ。人種も宗教も文化的つながりも、もちろん性別も関係ない。他者のニーズに応えて動く時、それは純粋な思いやりの行動となる。

第二章

自己受容のカギ
自分に向けるコンパッション

〝人間性の奥底にある原理とは承認欲求だ。〟

——ウィリアム・ジェイムズ（一八四二―一九一〇）

〝知恵の根底にあるのは自らの意識を観察することだ。〟

——ゴンパワ（十一世紀）

人は他者の思いやりに引き寄せられ、本能的に相手のニーズに慈悲の心で応えようとする。自分と他者の間にある、この響き合う感受性は人であることとの真骨頂だ。この現実に照らすと、自分への思いやり（自分自身に対する気づかいや優しさをもつこと）とは呼吸のように自然なことであり、学んだり、考えたりすることなく誰でもできることだ。実際のところ、今日の競争社会において事態はいささか複雑になっている。

現代文化の影響から、自分自身に対する思いやりを持ちにくい人は少なくない。しかし科学研究畑からひっきりなしに届く情報によれば、そんな中でも実践している人々は多い。不安障害から燃え尽き症候群まで、人間関係のトラブルから動機の問題やカウチポテト問題まで、自分への思いやり（またはその欠如）があるかどうかで大きな違いが生まれる。自分への思いやりが欠けている時、人は自分を受け入れず、自分に寛容でなくなり、不親切になる。この欠如は日常のいろんな局面や人間関係、とりわけ親密な人々との関係に厄介な影響を及ぼす。自分への思いやりは、他者への思いやりに勝るとも劣らないほど自らの幸せに欠かせないにもかかわらず、多くの人々にとって逆立ちして歩くくらい縁遠く不快なものと捉えられている。自分を思いやる習慣がない人は、慣れるための練習が必要だ。

自分への思いやり《セルフコンパッション》とは異なるもの

本章のテーマは自分への思いやり《セルフコンパッション》で、その利点について解説していく。しかしこれについてあまりにも誤解が多いため、まずはそこを明らかにしていきたい。

自己中心的でなくなり、世界に目を向けるほど、幸せ度が増すことに変わりはないが、自分への思いやりと自己陶酔的自己愛とはまったくの別物だ。本当の意味で自分への思いやりのある人々は、自分自身を気づかいながら周囲の人々の気持ちやニーズにも気を配る。実際自分への思いやりがもたらす心身の健康のお陰で、他者に対してもっと気づかいができるようになる。一方で自己中心的な人は、自分だけの世界に没頭し過ぎて、他の人が入り込む余地がない。

自分への思いやりを自己憐憫《れんびん》と混同してはならない。自己憐憫とは自らを悩ます問題に囚われている状態で、自分を憐れみ、周りの世界のことをすっかり忘れている。自己憐憫は自己陶酔の一種で、自分への思いやりがある人は自分の抱える問題を多くの人々にも共通する経験として捉えている。自己憐憫に陥る人はズームレンズで見るように視野が狭くなるため、置かれた状況を過大評価し、些細な問題が途方もなく大きく耐えがたいものに見えてくる。これとは対照的に、自分への思いやりがある人は自分の直面する窮地や不快感を正しい尺度で捉えるため、より建設的な対策ができる。

自分への思いやりは自己満足とも違う。自分に対する最大の思いやりとは、フリトス（訳注：アメリカのジャンクフード、コーンチップのブランド名）をひと袋平らげることではなく、必要なものとほしいものを混同して不要品を購入することでもない。自分への思いやりとは「自分へのご褒美」として衝動的に欲求を満たすことではない。ただし熟慮の末、時折自覚をもって自分にご褒美を出すのはかまわない。同様に重要なのは、フリトスを食べたから、衝動買いをしたから、自分にご褒美を出したからと言って自分を責めることとも違うということだ。

最後に、自分への思いやりは自尊心とも異なる。自分への思いやりとは、自分の苦悩や失敗を理解し、親身な受容の態度で自らと向き合うことだ。自分への思いやりは、自分の苦悩や失敗を優しい気づかいと明晰な視点で捉えつつ、自らの心と身体を批判しないことだ。その一方で自尊心とは、自己評価に基づく自己愛だ。自分への思いやりによって自尊心が増すことはあるかもしれないが、その逆はない。

現代文明、特に北米の文化では子供の人格形成と精神衛生の観点から、自尊心の開発は聖杯（至高の目標）となっている。アメリカの学校には自尊心を引き上げるためのプログラムがある。親たちも、子供の自尊心について考えるのに早過ぎることはないという認識を持たされる。もちろん自尊心を持つこと自体に何ら問題があるわけではない。しかしほとんどの場合自尊心は達成という評価基準に直結していて、子供たちも含めて人は（自分や他者が）「成功」した分だけ自尊心を持つ価値があると思い込んでいる。こうして自尊心は現代の競争社会で歪められ、多くの人が他者との比較のみによって自らの価値判断をするようになった。

親として妻と私は時折、娘たちが学校の成績やスポーツ、音楽などで成果を上げると、彼女らの自尊心を高めようというこのパターンにはまりそうになる。しかしまったく違った文化の中で育った身として、私は自尊心がそのような条件づけによって定義されることの意味に懸念を感じる。私が子供の頃、自分の人としての価値は、何かが得意かそうでないかで決まるなどとはまったく考えなかった。子供ながらに、自分は完璧な人間で、個人としての人権は尊重されるものだと感じていた。それは恐らく、人は誰もが過去のカルマ（今世のこれまでと、過去世で起きたすべての出来事の結果生まれた状況のこと）によって形成されたユニークな資質を人類同胞の豊かなネットワークに生かすものだという、伝統仏教の教えの影響だったかもしれない。

これに似た懸念を示す科学者もいる。達成依存型の自尊心は、物事が思うように運ばなかった時、自分が能力不足であるとか失敗作だという考えに陥りやすいと研究者は指摘する。自尊心の追求は学びの（とりわけ失敗から学ぶ）機会を阻害するという証拠を挙げる研究者もいる。[1] たとえば勝つために走り、勝ったという快感に浸ることが、走ること自体がもたらす健康効果・ネガティブ感情の処理・心地よい外気を味わうといった目的より重要だと考えるように、何かをする目的が、それを達成して自分の存在価値のお墨付きを得ることだった場合、達成できなかった時にその経験をうまく処理できない。こうして当然ながら高い確率で失敗や落胆と向き合うことになり、その結果に脅威を感じる。そしてすべてうまくいっているというフリ（現実の否認）をするか、その反対の極みは自らを厳しく断罪することになる。

妻と私が抱いた疑問は、「自信や楽観主義など、高い自尊心に伴う利点を、自尊心の負の影響を受けることなく生かせないものだろうか？　自尊心と自分への思いやりは両立できないだろうか？」ということだった。答えはイエスだが条件がある。それは自尊心が目的としてではなく、副産物として得られた場合に限定される。自尊心の有効成分は**自分を好きでいる**ことであり、自分を完璧にしたり美化したり、まして宣伝することではない。自分が好きとは、自分自身に対しておおらかにゆったりと感じられることを示す。特に重要なのは、自分への思いやりに根差した自分への好意には傲慢さがないということだ。自分への思いやりは自分の価値を認めることと純粋な謙虚さを矛盾なく合体させる。

完璧主義につながる自尊心の問題点について、チベット人は印象的な言葉でこう要約する。「自分より上を羨《うらや》み、自分と同じものと張り合い、自分より下を蔑《さげす》む。」その根底にあるのは自らに対する不満と不幸だと彼らは主張する。

自分への思いやりを育てるにあたり、チベット人は世間的成功を物差しにせず、他者との比較もしない。その代わり自らの欠点や失敗を忍耐と理解と思いやりの目で受け止める。人類に共通する、より広い視点から自らの問題点を捉えようとする。したがって、自尊心と違って、自分への思いやりは他者とのつながりを強化し、彼らをよりポジティブに感じさせるものだ。そして最後に自分への思いやりは、人を自分に正直にさせる。自分を受け入れる姿勢を持つと、置かれた状態をより現実的に理解できるようになる。もし先の研究結果が何らかの真実を示すとすれば、私たちの自分を思いやる能力はかなり柔軟で、簡単に路線変更できるかもしれない。

ある40代の女性がスタンフォード大学のCCTコースを受けた(2)。彼女は脳梗塞の後遺症により身体の半分が麻痺していた。コースに参加する前まで、麻痺した部分に触ることができなかった。入浴の際にもその部分を湯船に入れられず、身体を洗うのに助けが必要だった。コースを通じて麻痺した身体に慈悲と思いやりの気持ちを向けたところ、それまでその部分に感じてきた嫌悪感を克服でき、全身での入浴ができるようになった。麻痺した身体に対する捉え方が変化したことにより、彼女の生活の質と幸福度は著しく向上したと話してくれた。

途上国育ちの素朴な人の目には、欧米人は自信にあふれ、効率よく、自分の人生をよくコントロールして楽しく暮らしているように見える。欧米の個人主義社会で多くの人々が面倒を見るべき対象は自分一人か、限られた家族の数人だ。家族の人数が少なく、年老いた両親は別居し、その多くが高齢者の施設にいる。この文化では娯楽《レジャー》が高く評価されている。休暇をとる慣習が確立している様子は、さながら中世の人々の宗教的巡礼の旅を彷彿《ほうふつ》させる。ざっくり言えば、現代人はセルフケアや、自らの人生の充足感や喜びの追求に執心《しゅうしん》しているように見える。しかし現実は見かけとは違うようだ。

周りを見渡すと、人々は自分に対するちょっとした違和感から自己嫌悪・強い憎悪に至るまで、自分への思いやりが欠落した人がそこらじゅうに存在する。いくつか例を挙げてみよう。うまくいかない理由が自分にあると考えて自分を責め、もっといい人生を送る資格がないと考えて機能不全の関係や虐待関係にとどまる人々。自らの身体が嫌いで鏡を遠ざけて、ダイエットで飢えに耐えたり、過食に走ったり、整形で身体に傷をつけて、本当の痛みの原因から目を逸らす人々。自分に起きていることを直視すると圧倒されてしまうため、自分への無関心を装う人々。人としての価値を働くことでしか認められず、睡眠・栄養・運動といった基本的ニーズを満たして自分をいたわることをせず、限界まで自分を追い込んで働く人々。自分に対する低い評価を簡単に受け入れるにもかかわらず、批判されるとそれを自己肯定によって調節する術を持たないため、ちょっとでも批判されるとすぐさま相手を激しく攻撃したり心を閉ざしたりする人々。物事がうまく運んでいるにもかかわらず、そんなはずがないと疑う人々。彼らは自分にはいいことが一つも起きないと信じ込んでいるため、いつか不運に見舞われるに違いないという恐怖とともに生きている。そして不安や焦《あせ》り、絶望を抱え、どうしたらいいかわからず途方に暮れ、そのすべてが自分のせいだと自責の念に苛《さいな》まれる人々がいる。

私が育った環境では、自分をいたわること（自分への思いやりの表現の一つ）は、人間に限らず生きとし生けるすべての存在に備わった本能だという考えを信じていた。たとえば伝統的仏教徒による慈悲の瞑想では、人は本能的に自分自身を大切にすることが前提にあり、その自然な感覚の対象を自分以外の身近な輪から少しずつ広げていく。大切な人々から面識のない人々へ、さらには「困難な」人々（自分と主義主張の合わない政治家、コミュニケーションが取れない思春期の子供など）、そして最終的に世界中のすべての人々、すべての生きとし生けるものへと対象を拡大していく。伝統的な考え方によると、自分への思いやりはスタート地点であり、そこから自分以外の存在に対するコンパッションと気づかいの精神を拡げることを習得していく。

自分への思いやりに関するこの伝統仏教の前提が、真っ向から現代人の認識と対峙《たいじ》したことがあった。一九八九年、カリフォルニアのニューポートビーチで行われた仏教と心理療法についての会議で、ダライ・ラマは初めて本格的に自己嫌悪の概念に直面した。(3) パネル・ディスカッションの場で、あるセラピストが彼の多くのクライアントの心の底には慢性的自己嫌悪があるという話をした。そして仏教的手法ではどのように修正するかを訊ねられたダライ・ラマは困惑した。法王はまず、概念のそもそもが矛盾しているのではないかと、こんな質問を投げかけた。仏教心理学が前提としているように、自己保存、自己管理、自己愛がすべての生き物に備わった基本的本能であるなら、どうして自分という存在を嫌うことがあり得るのだろうか？　人の自然な本能からどうして逸脱し、阻害されるのだろうか？　自己嫌悪とは、自分の外見が気に入らないとか、自分の築いた人生が不満だとか、単に自尊心が低いとかいった簡単な問題ではない。ダライ・ラマにとって自己嫌悪とは、自分対自分という関係の中核をなす、かなり重篤《じゅうとく》な問題ということのようだった。パネリストたちは法王に対して、自己嫌悪の概念はつじつまが合っているだけでなく、西洋社会にはありふれた心理学的現実だということを懸命に説明しなくてはならなかった。
仏教の掲げる前提が間違っているわけではない。実際ダライ・ラマは、自己嫌悪は自分をいたわろうとする本能に根差した問題だということを今では理解している。嫌悪するというのは自分のいたわり方の一形態だ。（いたわりがなければ嫌悪も生まれない。）自己嫌悪とは、自分をいたわろうとどれほど頑張っても、不完全な自分自身を受け入れ、赦すことができない状態を指す。自分への思いやりの訓練をすれば、自分を純粋に、やさしく、弱いところにも触れながらいたわろうとする自分自身とつながれるようになる。本能の息の根が止まっているわけではない。外界から攻撃を受けたと感じ、何層にも着た鎧《よろい》の下に隠れているだけだ。

西洋社会にかれこれ二〇年以上住んでみて、自分への思いやりの欠如が起こす問題はいろんな形で間近《まぢか》に目にする。しかしそれが人々に与える影響をつい軽視しがちになる。スタンフォードで最初にCCTプログラムを立ち上げた当初、伝統仏教方式で、自分への思いやりを起点として慈悲の対象を拡大していくという段階的進化の手法をとっていた。ところが学部生を対象にそのプログラムを試したところ、出発点であるはずの自分への思いやりが彼らにとって障害となることが判明した。多くの学生が自分のニーズについて考えることに違和感を感じると言った。なかには「私は幸せになれますか？」「安らぎと喜びを見つけられますか？」といった、自分への思いやり瞑想のフレーズに不快感を覚える学生もいた。私は起点を変えないとプログラムが行き詰まることに気がついた。

そして段階的進化の順序を変更することにした。

私は自分への思いやりの問題について、心理学者クリスティーン・ネフに相談した。彼女はこのテーマで秩序立った科学的アプローチの導入に貢献してくれた人物だ。自分への思いやりの心理学に関する画期的研究の一環として、ネフは自分への思いやりには三つの基本的要素（自分への親切、人間性の共有、そしてマインドフルネス）があるとし、それを測定する質問をつくった。(4) 自分への親切とは、自分の欠点や困難な部分に対して否定的な批判をするのではなく、親切に接し、理解を示し、受容することだと彼女は解説する。人間性の共有とは、個人的な問題や苦しみは人類全体に共通する経験だと捉えることだ。そしてマインドフルネスとは、苦痛を伴う体験を、必死に正そうとしたりせず、それと知った上で苦痛とともにある能力だという。

たとえば、以下の文章を読んでその通りだと、あるいは違うと感じますか？ どの程度？ 非常に強くイエス、どちらかと言えばイエス、またはまったくノーと思いますか？

自分の性格の嫌いな部分を理解し、辛抱強くつきあおうとする。（自分への親切）

困難に直面している時、自分に必要ないたわりや優しさを与えようとする。（自分への親切）

何かがうまくできないと感じる時、力不足は誰もが感じることだと自分に言い聞かせようとする。（人間性の共有）
物事が思うようにいかない時、それは私たち全員が経験する、人生の一面だと捉えようとする。（人間性の共有）
落ち込んだ時、自分の気持ちに好奇心とオープンな視点で向き合おうとする。（マインドフルネス）
重要なことで失敗した時、自分に起きているいろんなことの一部として捉えようとする。（マインドフルネス）

（ネフは自分への思いやり度のテストを以下のウェブサイトで無料公開している。
http://www.centerformsc.org/take-the-self-compassion-test.）

自分への思いやりの欠如は東洋と西洋の相違といった類いの問題ではないとネフは断言する。彼女の自分への思いやり度スケールは洋の東西を問わずたくさんの国々で活用され、この問題はアメリカ、カナダ、ヨーロッパ同様、アジアの多くの国々でも広くみられるようになった。アメリカ、台湾、タイを比較する研究(5)では、自分への思いやり度が最も高かったのはタイで、かなり離れた2位がアメリカ、3位が台湾という結果だった。ネフとそのグループは、タイが最も高かった理由は仏教文化が浸透しているからだと結論づけている。加えて、タイ人が共有する文化圏内で個人同士のつながりが親密なことも関係しているのではないかと私は考える。いずれにしても、問題は西洋のユダヤ・キリスト教の伝統と東洋のアジア文化の伝統という対比ではなく、近代化や現代文明のほうにあるようだ。

自分への思いやり不足の高い代償

現代文明が個人の自立性と基本的人権を推奨していることに疑いの余地はなく、それには周知の正当な理由がある。しかしそれには心理的代償が伴う。助け合いというつながりを断ち切り、共同体としての生き方から遠ざかるにつれ、自らの存在の意味を理解するという負担をそれぞれが単独で背負わなくてはならなくなる。自分の存在の意味を自分で創出しなくてはならないため、人は自分が何を成し遂げたかに固執し、それが自分のアイデンティティになっていく。従事する仕事内容によって人の存在価値を測るため、「何をしている人ですか?」という質問は単に「職業は何ですか?」ということよりずっと多くの意味合いを持つようになった。

私の妻は大半のチベット人と比較して私を「ワーカホリック」だと揶揄《やゆ》する。競争社会では効率重視に走るのはある程度避けられないが、限度を超えていることがあまりにも多い。韓国には、真夜中を優に超える時間までやっている放課後学習教室があるという恐ろしいニュースを読んだことがある。(6) 生徒たちの精神衛生を問題視した政府機関は、放課後学習教室の夜十時以降の営業を禁止することを検討しているとの話だった。効率への強迫観念は鈍感さやせっかちさにつながり、ひいては他者が自分の望む基準を満たしていないと見るや、相手を見下す態度にもつながる。

自分への思いやりの欠如は、自分自身を厳しく批判するという形で顕《あらわ》れる。多くの人々が、自分は出来損《できそこ》ないだから自分に厳しくして高水準の要求をしないと人々に認めてもらえず、愛される価値もないと考えている。耳を傾けてみると、頭の中でひっきりなしにあれやこれやと自分を否定する声が聞こえはしないだろうか？「本当に幸せになってもいいの？」「どうしてこんなにいいことが自分に起きるんだろう？」「自分は愛される価値があるだろうか？」心の声は疑問を投げかけるのではなく、お前には価値がない、と断言するかもしれない。何かいいことが起きると、心の奥底で私たちはそんないいことを受け取るのにふさわしいだろうかと疑問を感じる。後になってその代償を払わされることになるのではないかと怖れる。ちょっとでも手を離すと人生が制御不能に陥り、何か悪いことが起き、自己嫌悪に陥るのではないかと恐怖におののく。自分自身にやさしく親切にして手綱を緩めると、何ひとつ達成できないのではないかと不安になる。こうして人はぴしぴしと自らを鞭《むち》打ち続ける。厳しい自己批判の声と絶えず格闘しながら生きていくのは骨が折れる。

デューク大学とウェイクフォレスト大学の学部生を対象に実施した研究(7)では、自分への思いやり度と逆境体験への反応の仕方には衝撃的な相関関係があることが分かった。自分への思いやり度の低い学生は、何かツイテないことが起きると「自分は落伍者だ」、「自分の人生は滅茶苦茶だ」などと考える傾向があった。学業、スポーツ、あるいは社会活動の中で失敗した経験について訊ねると、これらの学生は、「つくづく自分は出来ない奴だ」、「死ねたらいいのに」などと感じていた。また仲間から客観的な指摘を受けると、怒ったり自己防衛的になる傾向が強かった。

さらに悪いことに、被験者の学生たちに短いスピーチ（ストレスを誘発するための標準的テスト）をさせると、自分への思いやり度の低い聴衆は、高い学生によるスピーチに比べ、低い学生のスピーチを厳しく評価した。ここに悪循環が生じる構図が見えてくる。聴衆はスピーカーが醸《かも》す自分への思いやりの低さというエネルギーを感知する⇩聴衆の低い評価⇩スピーカーをますます不安にさせる、といった具合だ。

親として妻と私は娘たちに対し、自分に厳しくし過ぎる二つのよくあるパターンを見逃さないようにした。一つは何かつらいことがあった時に一般化する傾向だ。つまりある特定の状況下で起きた失敗や落胆を、普遍的事実として捉えること。たとえば友達と仲たがいをした時、すぐに「自分には何か問題がある」とか、「もう二度と友達はできない」などと考えがちだ。娘たちがそんな風に受け止めているのを見つけると、私と妻は個別の案件として考えるよう助言した。一回起きただけの出来事として捉えれば、問題は扱いやすくなる。私と妻はまた、娘たちがたとえば客観的事実として「この宿題は苦手だ」、「恥ずかしい経験をした」などという場合に「私は馬鹿だ」、「私は負け犬」、「私って最低」などと個人的に受け止め、概括《がいかつ》化したネガティブ評価をする時も見逃さないよう留意した。娘たちが自分を辛らつに批判するような言葉を、冗談にも言わないようにと注意した。（長い年月を西洋社会で過ごしていても、娘たちはよく聞き捨てならない言葉を言う。）読者諸氏が親であってもなくても、自分への思いやりについて考える時、親として我が子を見るような視点が目安となるだろう。

自分への思いやりがなければ他者への思いやりも持てないと主張する人々がいるが、私はそうは思わない。特に困っている人々への思いやりは、人に備わった自然な本能だ。思いやりにあふれ、利他的でありながら自分自身には容赦ない態度をとる人々がいる――この人々は自分にするような厳しい態度を決して他者に向けることはしない。子供や病人などの世話をする人々が自分の管理下にある他者を献身的に世話しながら、自分自身に必要なケアをないがしろにするというあべこべのケースはあまりにも多い。また、社会的正義のために働く人が勇敢に弱者を守りながら、私生活では怒りっぽく冷徹、短気な性格で、家族から忌み嫌われていることもある。自己放棄《セルフネグレクト》は、他者の問題を解決するほうが自分の問題の解決よりずっと簡単な時、逃避の一形態として起きる。しかしこれが長期にわたると健康に悪影響を及ぼし、病的ですらある（心理学者はこれを**病的利他主義者**と呼んでいる）[8]。他者の世話をする人がその仕事に人生を賭け、対象となる人の自己実現を自分の生きる目的とみなすようになると、両者の関係は息苦しいものになっていく。自分のニーズを満たすことを長い間怠ると、感情が疲れ果ててしまい、枯渇感、消耗感に苛まれることになる。これはヘルスケアやソーシャルワークの現場で働く人々に共通する問題であると同時に、他者に共感しやすく社会的正義感の強い人々にも頻繁に起こる。この感情面の燃え尽き症候群を放置すると、彼らが世話をする対象者に対する恨みを抱くようになり、利用された、あるいは虐待されたと感じることすらある。それはこの上なく悲しいことだ。

自分への思いやり《セルフコンパッション》のメリット

エネルギーをチャージする

自分への思いやりを育てることを、自らの中にある親切心やコンパッションの泉を活性化することだと考えるのが私は好きだ。現代風に言えば、親切心やコンパッションのバッテリーをチャージすることで、他者に対し、より多く親切な行動ができるようになるということだ。自分への思いやりの泉が活性化すると、大きなショックやとてつもなくつらいことが起きたときでも、燃え尽き症候群、厭世《えんせい》主義、絶望から自分を守ることができる。

現実的なゴール設定をする

社会や特定の人の期待や希望に合わせるのではなく、自分の心からの欲求や幸せに照準を合わせると、自分にとって有意義で実現可能なゴール設定が可能になる。さらにゴール達成の意義が自分にとって大切であるほど達成へのモチベーションやコミットメントが高くなる。

経験から学ぶ

自分への思いやりがあると、人は挫折経験をしても、自己批判や敗北感に囚《とら》われにくくなる。自分への思いやりは、落胆や敗北が避けられない時、それと折り合う道を開き、落胆や敗北とは無縁の人生を築こうとする不毛な努力から自身を解放してくれる。自らの過ちに対する耐性ができると、過ちを直視しやすくなり、そこから学べるようになる。こうして人生のバージョンアップに向けて進んでいくことを、自分への思いやりが後押ししてくれる。自分への思いやりがあると、困難な局面で粘り強くなる。自分への思いやりによって開かれる世界の理解や受容、そして正しい尺度で物事を評価する視点は、それ自体がある種の叡智と言えるだろう。

孤独からの解放

クリスティーン・ネフのスケールが示すように、自分への思いやりは自らが抱える問題や窮状を、人類の普遍的課題という大きな視点から理解するのを助けてくれる。「なぜ自分がこんな目に?」という反応は「誰もが経験することだ」という捉え方に置き換えられる。

「親切で、幸せでいてね」

一九八一年、私が22歳の時、中国の対チベット政策の施行に伴い母方の祖母が叔母二人、叔父とともにネパールのカトマンズに行けることになった。当時祖母はすでに80代後半だった。私の母がもう何年も前に亡くなったことを知らず、祖母は私の母と叔父ペンパ（一九五九年にインドに亡命した祖母の二人の子供たち）に、祖母とその家族に会いにカトマンズに来るようにとのメッセージを送ってきた。叔父が私に、母の三人の子供の長男として同行するように言った時、私は断った。

僧院大学での勉強を中断し、会ったこともない親戚に会うために南インドからはるばるカトマンズまで旅をするなんて、論外だった。叔父がひとり旅立って数日経った頃、その時たまたまネパールにいた私の僧院の教師ゼメイ・リンポチェから厳しい内容の電報が届いた。（当時インドで電話が使えるのはお金持ちだけだった。）リンポチェからの電報はこんな内容だった。「スグニコイ。バカナコトヲスルナ。イマソボニアワナイトイッショウコウカイスルゾ。シュッパツカクニンサレタシ。」私は結局行くことになったが、渋々の出発だった。

こうして祖母と会ったことで、私が初めに拒絶したことがどれほど慈悲に欠けていたかを思い知らされることになった。私は「効率」（この場合僧院大学での勉強）という名の強迫観念に囚われ、自分にしか関心が向いていなかったため、人生に開かれた幸運から心を閉ざしていた。そしてそこには傲慢さもあった。家族との面会、そして一人娘である私の母が亡くなったと知らされることが祖母にとってどんな意味を持つか、私にはまったく考えが及ばなかった。

後になって思うと、カトマンズへの旅は私の人生で最も印象深い経験の一つになった。南インドからカトマンズへの旅は、まず三日間かけてインドネパール国境に一番近い町まで汽車で行き、そこから一日中バスに揺られてヒマラヤ地方の極めて印象深い風景の中を旅した。それは若い頃に味わった最も内省的な旅となった。

祖母の名前はチベット語でモモラと言うが、彼女は典型的なチベット遊牧民の顔立ちで、笑顔が自然にこぼれてくるような人だった。顔だけ見ると、推定年齢は60代から90代までの間に見えた。額の皺は深く、高地の太陽にさらされ続けた肌はこわばっていた。伝統的なチベットのチュパに身を包み、カラフルな格子縞のエプロンをして、トルコ石を埋め込んだ金のイヤリングをしていた。私の母同様、祖母も髪を二本の三つ編みに結い、その先端を赤とターコイズのタッセルで止めて頭に巻きつけていた。こめかみには、片頭痛予防と思しき医療用パッチが貼られていた。しかし彼女を一番強く印象づけたのは目だった。

祖母とその家族が待つ部屋に入った途端、騒動が起きた。最年長の祖母を筆頭に、部屋にいた全員が私に駆け寄り、抱きしめようとした。全員が声を上げて泣いた。一度も会ったことがなかったにもかかわらず、私も長い間の別離と、母がいないことに対する一族全体の心の痛みを感じた。部屋には私の母を除き、祖母の子供たち全員がそろっていた。一同が落ち着きを取り戻すと、そこに長い静寂が訪れた。それは不思議なほど安らかで癒やされる時間だった。

やさしく慈悲深い祖母のもとで、叔父や叔母とのやり取りを見て過ごした一週間は、私にとってかけがえのない時間だった。祖母はごく自然な安心感を自分と周囲に放ち、彼女の周りにはピュアで自由な空気があった。年を重ねて身につけた賢さかもしれないが、私の人生とは対照的な彼女の人生がもたらした、深い叡智からくる静謐《せいひつ》さだと感じた。どちらも同じチベット人でありながら、私たちの人生はまったく異なっていた。祖母には教育も教養もなく、私はチベットの高度な弁論の伝統で知られる仏教思想の大学の学生で、英語が堪能だったお陰で広い世界にアクセスもできた。それでも祖母は私を気の毒だと感じた。それは彼女の眼差しから明らかだった。当時の私は落ち着きのない野心的僧侶で、いつでも未来ばかり見ていてほとんど今という時間を生きていなかった。祖母の慈悲深さに触れ、自分の今のありように完全に満足していて、今目の前にいる周囲の人々に心を開放している姿の奥深い美しさに触れ、私は教育を身につけ、成果や効率、進化に心を奪われてきた過程でいったい何を見失ったのだろうか、と考え始めた。これについてはこれからも自問が続くことだろう。

お別れの時が来て、祖母はチベットの伝統的習慣に基づき額同士をくっつける挨拶をした。私の顔を両手で挟み、祖母は私の目をまっすぐ見てこう言った。「親切で、幸せでいてね。」この時以来、私は可能な限りこの言葉に従って生きてきた。時の経過とともに、これは慈悲についてのことだとわかってきた。そうするべきだからという理由で、何とか親切な人になるように、また幸せでいるよう努めるという話ではない。自分自身や周囲に対して親切でいることにより、人は自ら幸せになるということだ。私はそれが家族の義務だから、そして教師に行けと言われたからカトマンズに行った。あの旅が自分への親切の行使だったとはついぞ気づかなかった。しかし祖母に会ってから、ものの見方が変化した。ある意味で、慈悲の育成プログラムは祖母にとっては極めて自然なことを、他の人々向けに体系化し、「翻訳」したものと言えるかもしれない。

結びつきという原点

人に自然に備わっている自分への思いやりの度合いが人それぞれであることに疑いの余地はない。どんな両親のもとで育ったか、そして恐らく遺伝的要素など、様々な変数が絡《から》んでいることだろう。しかしそれを見分ける二つの（自分の意志で変えられる）カギは、自分自身をどう定義し、他者とどの程度つながりを感じるか、という物差しだ。当然ながら、個としての分離感が強いほど他者とのつながりは弱くなる。そして他者とのつながりの感覚が薄いほど、自分自身とのつながりも弱くなるというパラドックスがある。最終的に自分自身の気持ちやニーズ、喜びとも乖離《かいり》していきかねない。

二〇〇八年に起きた経済危機で職を失った人々のうちで、自分には仕事しかないというほど強く仕事によって自分自身を定義していた人々は、たとえば父親（研究対象は全員男性だった）、夫、友人、コミュニティの一員など、仕事以外にも様々なアイデンティティを持つ人々に比べ、失職によるダメージが大きいことを示した研究報告があった。（こうしてみるとそれほどパラドックスに見えない。）仕事以外にも多方面の人々とつながりがある人々は、複数のアイデンティティのうちの一つが吹っ飛んでも（それが仕事のように重要な一つでも）、それ以外の足場が彼らの存在価値を守るため、何とか生活を続けていける。当然ながら、その足場があることでより楽観的な展望や建設的な姿勢を持つことができるため、新しい機会が訪れた時に、より効率よく行動できる。これとは対照的に、仕事のみで自分のアイデンティティを築いていた人々は自信喪失、苦渋観、自己価値の低下などを経験することが多かった。仕事以外の足場を持つ人々も孤独を感じたかもしれないが、彼らには配偶者、子供、友人など、孤独を共有し、彼らの苦痛に心を痛めてくれる人々がいた。

文化心理学者によると、私たちの自我意識、そして外界とどのようにつきあうかは文化によってつくられるという。(9) もちろんどの人にも複数の自我の次元があるが、大きく二つの基本的パターンに類型化できる――独立した自我と、共存する自我だ。専門家によると、人として最も望ましいのは、これら二つのバランスが取れていることだ。別の研究では、共存する自我の比重が独立した自我より大きいほう、単純より複雑なほう、固定的より流動的なほうが、打たれ強く幸福感が大きく、心理的により健康だという。いずれの場合でも、他者との結びつきは人として重要な要素だ。心理学者が、生命維持や安全確保といった基本的ニーズの次に重要なニーズとして、社会的つながり（他者との慈愛に満ちた結びつきに対する主観的認識）を挙げているのも不思議はない。

ある意味、自分への思いやりが持つ難しさは単純明快だ。それは自分自身の経験をいたわり、その経験を理解し、受容し、思いやりを持って対応するよう求める。自分にとって大切な、愛する人の苦しみやニーズに触れる時、人はごく自然に思いやりある接し方をする。自分への思いやりもそれだけのことで、謎めいたことなど何もない。もし他の人より自分への思いやりが少ないと感じたら、育成のための練習を始めるといい。本書第二部では、スタンフォード・プログラムで実施している、自分自身や周囲の人々への思いやりを深めるための意識とハートの訓練法をご紹介する。

第三章
怖れから勇気へ
抵抗を乗り越える

〝過去へのこだわりを手放しなさい。後悔の念と未来への固執をもたらすから。未来への固執を手放しなさい。希望と怖れを増長するから。〟

——ヤンゴンパ（一二一三—一二五八）

〝勇気とは恐怖の不在ではなく、それに打ち勝つことだと私は学んだ。〟

——ネルソン・マンデラ（一九一八—二〇一三）

自分の弱さを痛感する時、人は他者の思いやりを最も必要とする。しかし、そういう時に他者に助けてほしいと言い出すのが苦手な人が多いこともまた事実だ。助けが最も必要な時、人は怖れや自己防衛能力、そしてプライドに負ける。その時、人は他者の思いやりやサポートの恩恵から自らを遮断するだけでなく、自分自身が持っているやさしく、賢く、思いやりのある性質の発露もブロックしている。

コンパッションという勇気

私が僧侶としての生活に別れを告げる決心をしたのは36歳の時だった。その頃までに私はチベット仏教組織が誇る存在となり、私が所属していたガンデン・シャルト僧院では特にそのような扱いを受けていた。私はダライ・ラマの英語通訳者で、多くの学生を擁する僧院大学の仏教思想研究者でもあり、古めかしい僧侶の暮らしと現代知識が葛藤なく共存できることを体現した「生き証人」のような立場だった。私の僧侶人生は11歳から二〇年以上続き、僧院は我が家であり、同僚の僧侶たちが私の家族、友人、コミュニティだった。それは私のよりどころであり、世界のすべてだった。そこを去るということは、私に強さや喜び、そして生きる意味を与えてくれたすべてのものからの旅立ちを意味する。それは私が人生で起こした行動の中で最も怖いものだった。

私はいったい何に、なぜそこまで怖れていたのだろうか? もちろん、慣れ親しんだ世界を捨て、未知の世界に踏み出すことへの怖れがあった。ただしこの怖れには、まだ見ぬ世界に対する好奇心が混ざっているという自覚があった。僧侶の生活では見出すことのなかった新しい自分の一面が顔を出すだろうか？　他の人々、とりわけ僧侶の同僚たちやチベット仏教コミュニティが私の旅立ちをどう受け止めるかという怖れもあった。これを私の裏切りと受け取るだろうか？　彼らは落胆するだろうか？　私の父はこのニュースを聞いてどう思うだろうか？　ダライ・ラマ法王との関係は変化するだろうか？　そんなことが脳裏を巡った。

四〇〇人の僧侶集団であれ、二人の家族であれ、密接に絡み合ったコミュニティで生活していれば、そこの一員が大きな変化を起こす時、その影響は残りのメンバーに波及する。共同体の一員が他のメンバーの成功や失敗を自分のことのように感じるのはごく自然のことで、私が属していた集団がそうしたとしても、彼らを責めることはできない。私の決断の影響を受けるのは私の人生であり、その責任は私一人が負うものだと思っていた。それでもコミュニティに対する私の責任という道義的問題があった。ここを去るのは自分勝手だろうか？　深く敬愛し、大切にしたい多くの人々（これは今も変わらない）に、心の痛みを与えてはいないだろうか？

最初のステップとして求められるのは、自分の選択に一抹の迷いの余地もないと確信することだと思った。ここを去る必要を感じたのは、私自身の家族への恋しさからだった。それは恐らく私が早い時期から家族と離れて生活してきたことや、幼少期に母を亡くしたことと関係があったかもしれない。理由は何であれ、家族への思慕の念を長い間感じていて、それは消えるどころか年を追うごとに強くなっていった。そしてどう考えても、紫の高貴な袈裟を着た白髪の高僧となった自分自身を想像できなかった。長い熟慮の末、問題は「ここを去るかどうか」から、「いつ、どのように去るか」に代わっていった。出るなら早いほど痛手は少ないだろうとも感じた。私は上位の僧侶ではあったが、まだ僧院長職といった重要なポストについていなかった。出るなら今しかない、と思った。

それから、他の人々がどう思うかを怖れるのは間違っていることに気がついた。どのみちそれについて私にできることはほとんどない。その暇に私が出ていくことによって生じる負の影響を最小限に食い止めることを考えればいい。私の決断は、仏教の伝統に幻滅したからでは決してなく、ただ私の個人的な人生にかかわることだと彼らに理解してもらいたかった。人生のすべてを賭けて瞑想訓練や知識の探求、他者への奉仕に明け暮れる僧院生活は真に尊く、その理想に対して私は深い畏敬の念を抱いていた。何らかの方法で私はこれを同僚の僧侶たちに伝えなくてはならなかった。そこで私はケンブリッジ大学に戻ることにした。今回は宗教学の博士課程のためだった。自分と仏教コミュニティとの間に時間と距離をつくり、双方にとっての別離の痛みを軽減するためだった。（もう一つの動機として、一般人として生活していくために就職に有利な資格を得たかった。）

出発の理由を聞いた同僚の僧侶たちは皆理解を示した。この決断をした直後、未来の妻ソフィーと出会ったのも幸運なことだった。こうしていろんなことが丸く収まり、比較的スムーズな移行が完了した。僧院内の優しい同僚や友人たちは、僧院を出ることが私にとってそれほど苦痛ではないことに心から安堵した。一番つらかったのは、俗人となってから一般人の服装で僧院を訪問した時のことだった。かつての教え子たちが集まり、ほとんど全員が泣いていた。あれは本当にきつかった。私は彼らに、チベットの伝統文化に対する私の献身は少しも揺るがないと約束した。

私の父はこの知らせを驚くほど好意的に受け止めた。彼はいつも他の人がどう思うかをとても気にしていたので、これは意外だった。妹と弟の反応はこれ以上ないくらい両極端だった。仏門を出た報告をした時、一人は「何と恥ずかしいこと！　他の人たちに顔向けできなくなるじゃないか？」と言い、もう一人は「何でもっと早く出なかったんだ？　もっと早ければ新しい人生に馴染みやすかったのに！」彼らの反応が、私より彼ら自身を反映していることは明らかだった。

ダライ・ラマの反応はまた違っていた。私が告知を出してから数か月経った頃、彼の事務局からスイスでの仕事に同行してほしいという依頼が入った。私は秘書に、「もう僧侶ではなくなったので、今までのようにはいかないのではないか」と伝えた。秘書は、「依頼したのはダライ・ラマだから大丈夫だ」と答えた。

一般人の服装と「長い」（剃髪していない）頭髪で、初めて法王に会った時は正直とても緊張した。それまで、ダライ・ラマに会う時はいつでも彼と同じチベット僧の定番のえび茶色の袈裟を着て、同じ僧侶として彼に同伴していた。ダライ・ラマはチューリヒからそれほど遠くないチベット僧院に滞在していた。私が彼の部屋に入ると、法王は笑い出し、ズボンがなかなか似合っているとからかった。その言葉で緊張が解けた。彼はまた「君はもともと頭がちょっと大きかったから、髪が生えたらますます際立って見えるね。」と言った。気持ちが和んできたので、私は僧侶として彼と世界に奉仕できなくなったことを詫びた。すると彼はこう返してきた。「僧侶として、同じ仲間を失ったことが悲しくないと言ったら嘘になる。しかし君のことはよくわかっている。よくよく考えた末のことだろうから、君の決断を尊重するよ。」

続いて法王はこんな個人的アドバイスをくれた。彼自身も例外ではないが、人間関係のあやに取り込まれて身動き取れなくなる人があまりにも多い。それが苦痛やとげとげしさを生むだけでなく、それによって自分自身や他者に対する善行のための気持ちの余裕を奪ってしまう。曰く、最も重要なのはしかるべき配偶者と出会うまでは子供をつくらないことだと。別離や離婚は無辜《むこ》なる子供にあまりにも大きな苦痛と混乱をもたらすと彼は言った。僧侶の口から家庭生活の助言が語られたこと、ましてそれがダライ・ラマだったことに私は感銘を受けた。私たちは二人とも恋愛、結婚、子供を持った経験がないにも関わらず、長い間人々を観察してきた彼の心からのアドバイスを敢えて私に教えてくれたのだ。

これら一連の経験から、私は仏教の慈悲の教えの大切な洞察を学んだ。第一に、問題に直面した時、自分のことしか意識にないと、怖れの感情に圧倒される。誰かに批判される怖れ、嫌われる怖れ、残念な存在として見られる怖れ、拒絶される怖れ――こういった怖れが思考や感情を覆い尽くす。それは人間の自然な反応ではあるが、人生を左右する決断に際し、怖れはたいていの場合事態を複雑にするだけだ。怖れに囚われる時、人が本来持っている他者と共感する能力が遮断され、自分しか見えなくなる。周りが自分をどう評価するかなど、どっちみちどうすることもできないではないか？ 一般論として、他者が自分についてどう思うかに配慮するのはいいことだ。それは社会的動物としてのモラルの範疇だ。しかしそれが過剰になるとマイナス面が勝ってくる。人の人生が怖れに支配されると、感覚が麻痺してくる。結局はバランスの問題だ。自分のニーズを満たすという自分への思いやりと、他者の領域に踏み込まないという他者への思いやりとのせめぎ合いとなる。

他者にとっての幸せに意識を集中させると、人の姿勢は以下のように変化する。「自分のこの行動は、自分にとって大切な人々にどんな影響があるだろうか？」「どうしたら極力傷つけずにできるだろうか？」「愛する人々を安心させるためにできることはないだろうか？」自己中心のシナリオがないと、ネガティブな感情が少なくなるばかりか、ストレスも重圧も軽減される。より行動的になり、より多くのエネルギーを愛する人々との対話に振り向け、支えようとするようになる。何かをしようと選択した時、その背後にある動機、そしてかかわる人々を傷つけたくないという意図を彼らが理解すれば、大体において彼らは思いやりをもってその決断を受け入れてくれる。それが人間性というものだ。

私の決断に対するダライ・ラマの反応から学んだのは、置かれた状況特有のニーズに留意することの大切さだ。特に親密な関係では、どちらかのほうがより弱い立場に立つことがある。その場合、弱い側の人を決めつけたり批判したりするのではなく、思いやりと理解をもって接する必要がある。

たとえば相手が不安や怖れを感じている時に「どうなると思っていたの？　前にも話したじゃないか？」などと言うのはもっての外だ。実際その通りだったとしても、自分の正しさを主張するタイミングはそこじゃない。チベット語にも英語にもこんな諺がある。ダウンした人を蹴るな、罰を受けた人に罰金を課すな、と。

対象が自分であれ他者であれ、思いやりには勇気が必要だ。自分をいたわり、自分にとって最良の決断をし、他人がどう思うかを気にして道を外れないためには勇気がいる。周りの人々の気持ちに配慮し、自分の行動の影響を受ける人々を思いやるにも勇気が要る。慈悲の心は人々の抱える問題や苦しみに際し、見て見ぬ振りをして現状維持を決め込んだほうがずっと楽だという局面で、あえて親身になって向き合おうとするよう促す。他者に助けを求めるにも、逆に手を差し伸べるにも、他者に心を開くには勇気が必要だ。苦しみのさなかにある人は必ずしも丁寧な返答ができないものだ！　こちら側の防御の壁を取り払い、彼らの居場所に出向いていき、相手の態度はどうあれ思いやりをかけるには勇気が不可欠だ。

コンパッションには、勇気を生み出す力もある。自分への思いやりを原動力にして行動する時、正しいことをしているという自信が背中を押してくれる。また、他者に対する思いやりの行動は、自分の中の怖れを消してくれる。関心を自分の外に向けることにより、視界が広がり、自分の個人的な悩みが相対的に小さくなっていく。同時にそれは自分だけのことではなく、誰にも共通する普遍的な悩みだと気づくようになる。ずっと怖れていた「他人」が、実は同じチームだったとわかる時、人は俄然《がぜん》強くなる。思いやりはこの気づき次第だ。自分の弱いところをさらけ出して他者に対してオープンになるには勇気がいるが、ダライ・ラマもよく言っているように、それができれば人は透明で自由な存在になれる。本来の自分を見せることを選択すれば、もう隠れなくていいし、本当の自分を見られるという恐怖からも解放される。

コンパッションが怖い

コンパッションは何とも素晴らしいもののようだ。それがどうして怖いのか？　怖れ、というより多様な怖れのラインアップについて、コンパッションの科学という新分野で面白い発見がある。(1)イギリスの精神科医でありコンパッションをベースにしたセラピーのパイオニア、ポール・ギルバートは、医療現場でコンパッションに対する怖れを体系化した。彼の患者のうち、恥の意識が強く病的に自己批判傾向の強い患者の多くが、コンパッションに対して身体的な抵抗を持つことを発見した。(2)ギルバートによると、この抵抗や怖れをまずなくさないことには、コンパッションを引き出そうとするセラピーの効果が上がらない。彼はコンパッションへの怖れを三つに分類した。第一に他者に向けるコンパッション、第二に他者から受けるコンパッション、そして第三に自分に対するコンパッションへの怖れだ。彼はこれら三つを自己査定するためのチェックシートを作った。以下の文章を読んで、どの程度イエスと感じるだろうか？

〈他者に向けるコンパッション〉

- 他者に対してあまり慈悲深く寛容でいると、人々に利用される。
- 私があまり慈悲深いと、周りの人々が私に依存してくる。
- 私は他者の苦しみに耐えられない。
- 誰かに助けてもらうのを待つのではなく、まず自分で何とかするべきだ。
- 世の中には慈悲を受けるに値しない人々がいる。

〈他者から受けるコンパッション〉

- 誰かに親切にしてほしいと思っても、冷たくあしらわれるかもしれない。
- 人が私に親切心や慈悲心を示す時はたいてい何か下心がある。
- 誰かが私に親切心やいたわりを向けてきたと感じたらとりあえず壁をつくる。

〈自分に対するコンパッション〉

- 自分に対してコンパッションを発揮すると、なりたくない自分になりそうで怖い。(3)

● 自分に対して今以上に思いやりをかけると、弱い人間になりそうで不安だ。
● 自分への思いやりを感じると、悲しみや苦しみに支配されるのではないかと怖くなる。

誰もがこれらの怖れの全部、またはどれか一部が思い当たることだろう。つまり、慈悲の体現への抵抗もまた、慈悲に向かう行動と同様に自然だということだ。

かなりの割合で、これらの怖れの根底にある原因は慈悲心を従順さや弱さ、または感傷と混同していることだ。これらと慈悲とは無縁のものだ。慈悲心があるからといって、不公平な扱いを受けた時に自分の権利や尊厳を主張できなくなるものではない。たとえば職場の同僚が自分の昇進を有利にするためにあなたを中傷してきたら、あなたは彼の良からぬ噂《うわさ》を広める、彼と口喧嘩するなどの反撃をしてもかまわない。あるいはその代案として、彼の行動の動機に意識を向けることもできる。多くの場合、不器用で不親切な行動は嫉妬に根差した不安から来ている。この場合は明らかに誤った利己心と、近視眼的な職場の展望が原因だ。こういう人物を反撃したいという欲求が湧いた時に覚えておいてほしいのは、この人はすでに苦しんでいるということだ。この同僚に共感できた瞬間からあなたは平常心を保ち、冷静かつ明晰な態度で対応できるだろう。彼に近づき、「君の気持ちは理解できるよ」と伝える。そして、「君の攻撃をやめてほしいと願う私の気持ちは理解できるかな?」と訊ねる。彼の呑み込みの早さに、あなたは驚くことだろう。

他者に対して慈悲心を持つこととは、他者が自らの行動に負うべき責任を肩代わりすることではない。なかには慈悲心を受け取る価値のない人々もいるという考えがある。慈悲心が正義とどうかかわるかという大きな命題は本書の範疇を超えている。その上で、慈悲心にまつわる抵抗の多くは、慈悲心を赦《ゆる》すことと誤解していることに起因している。不正を働いた人に慈悲をかけることは、その行為を赦すことではないし、その人と対峙《たいじ》できなくなるわけでもない。それどころか、怒りや敵意といった負の感情に邪魔されることなく、効率よく状況に対処できる。つまり、その相手も同じ人間だという事実、そして誰もがそうであるようにその相手も苦痛を避け、幸せを求めているという事実から目を背けるものではない。たとえ誰かに責任を取らせ、不正をただすことがあったとしても、彼らも同じ人間であり、それぞれにニーズがあることを忘れてはならない。ダライ・ラマもよく言っているが、誰かを赦すこととは、その人がしたことを忘れることではない(4)。忘れてしまったら、赦すべきものがなくなってしまう。赦しの対象は人であり、その人の行いではない。この単純な概念は、「罪を憎んで人を憎まず」というキリスト教の訓戒に鮮やかに表現されている。

もう一つ、陥《おちい》りがちな怖れとして、慈悲心を受けた人が依存するようになるという点がある。この怖れの背後には、慈悲心とは、誰かを甲斐甲斐しく世話することだという勘違いがある。実際最もパワフルな慈悲の表現とは、相手が自らの持つ力に気づくよう促すことだ。よく言われるように、魚を与えるのではなく、魚の獲り方を教えるという話だ。人が自力で問題解決できるようサポートすることは、最も高邁《こうまい》な慈悲の形の一つだ。

さらに、慈悲を回避する理由には相手の苦悩をどうにもできないという怖れがある。慈悲とは困っている相手に対して心を解放することなので、すでに多くのストレスを抱えている自分の日常にこれ以上の負担を背負えないと感じても無理はない。これは、当事者から振られた問題の解決法が分からなかったら困るという怖れだ。特に男性は、問題の明快な答えがないと居心地が悪いものだ。苦痛に直面したとき、すべての苦痛が解決可能ではないこと、そして人にできることには限界があることは、人の基本原則であり慈悲の前提となっている。それを認めるには謙虚さが必要だ。慈悲心に基づく行動とは、多くの場合解決に必要な手を打つことではなく、渦中にある相手に共感し、受容し、理解し、仲間でいることだ。単に「ほんとだね、ひどいよね」という言葉や、ハグすることでことたりるかもしれない。いずれにしても、避けられない苦痛や悲しみがあるということ、そしてそれは人間であることの一部だということを覚えておくといいだろう。人は苦しむかどうかを選べる立場にはないが、否応なく訪れた苦しみとどう向き合うかは自分で選択できる。苦痛という現実に際し、怒り、否定、無視を決め込んで抵抗するか。「どうして自分がこんな目に遭うんだ？」「不公平だ！」「どうしたらいいかわからない」などという考えに囚われ、苦痛の上塗りをするか。それとも状況を理解と慈悲、勇気を持って受け止めるか。どちらを選ぶかは私たち次第だ。

ＣＣＴコースに参加した67歳の男性が、慈悲に伴う勇気についてこんな話をした。

私はよくサブウェイ・サンドウィッチ・ショップでランチをします[5]。入り口にはだらしない服装の若い男がいて、物乞いをしているのですが、私はいつも彼を敬遠していました。街角や市場の外れにいるあの手の人々を無視することが、物乞い問題には最良の策だと思っていました。CCT4週目あたりのある日、自分でも驚いたことに、その若い男に面と向かってこう言ったのです。「お金はあげないが、サンドウィッチなら買ってあげよう。」私たちは列に並び、彼はサンドウィッチを受け取ると、礼を言って去りました。その次に行った時、私は彼に「サンドウィッチを買ってあげるから、よかったら一緒に食べないか?」と誘いました。「いいよ、おっさん」と彼は答えました。こうして私は19歳のホームレスの若者の身の上話、路上生活をする勇気、人に親切にされたことへの感謝などについて聞きました。今も、私が彼から贈り物をもらったと思っています。コンパッション・トレーニングを始めて、私の中で何かが起きたのです。心が少しずつ開かれ、勇気が育っていきました。見知らぬ他人だった、背景の人々全員が、私にとって現実になりました。私はダライ・ラマが言ったこの言葉を、もっとよく理解しようと努めています。「私は見知らぬ人に出会ったことがない。」

プライド〈偽りの鎧〉

プライドも慈悲心を阻害する要因の一つだ。プライドは強さの仮面をかぶっているが、その実態は怖れの一種だ。前章で見てきたように、私たちは多くの場合自分の実績や成功を自分のアイデンティティに重ねている。私たちは自己実現への強いプレッシャーの中で生きている。このため思うような結果が出なかった時、人に助けを求めることに抵抗を感じる。特に信頼している人々には頼めない。まずプライドが邪魔し、次に恥、罪悪感、苦々しさといった感情がやってくる。助けが必要だという状況を受け入れ、声をかける代わりに他者に対して堅牢《けんろう》な壁をつくり、一人で苦しむことを選ぶ。

夫婦や親子、親友同士など、親密な関係で起きた衝突の後、プライドが壁となる時、その弊害は特に甚大だ。プライドの壁はコンパッションや和解の道を閉ざし、衝突の負の経験をこじらせる。それは悪循環を生み、互いに相手の出方《でかた》に備えてガードを固くする。「ごめんなさい」や「愛している」などという、深い感情を表す言葉はなかなか出てこないが、その場に必要なのはまさにそのような言葉だ。その意味では子供たちが喧嘩した後すぐに仲直りする様子が参考になる。小さい子供は喧嘩を引きずることなく、どんどん先に進んでいく。子供は大人のように、プライドを傷つけられたといって苦しむことはない。プライドは小さな痣《あざ》を自分で深い傷に発展させる。プライドは、偽《いつわ》りの鎧《よろい》だ。

プライドについて起こりやすい勘違いは、他者を見下すような態度と、自分の信念に忠実であることを混同することだ。自分から歩み寄って和解の道を開くことと、弱さや敗北をごっちゃにしやすい。現実には、自分が正しかったとしても進んで歩み寄ったほうがいつでもよりよい結果になる。妻と私はつきあい始めの頃、怒りの気持ちを持ったまま一日を終えない、という約束をした。そのお陰でどれほど激しい喧嘩をしたとしても、その感情を一日以上引きずることはない。この習慣は、私たちの間にプライドが侵入しないための特効薬となっている。

親切の文化

現代文化もコンパッションへと向かう心を抑制している面がある。自主性があまりに強く推奨されるため、不安を感じたり、誰かの助けが欲しいと感じることは、弱さの証《あかし》だと捉えられる。自分の身を護《まも》るため、「他人に頼るのは弱さの表れだ」「誰の助けも要らない」「傷つかないように他人を寄せつけない」といった厳しい考え方で強い自分像を心に秘めている。自主性があること自体には何の問題もない。問題はそれを極論にまで進め、社会性を持つ相互に関連し合う存在という、人にとって普遍的かつ基本的な性質から遠ざかることにある。

伝統的なチベット文化では、親切であることの価値は非常に高く、幼い頃から親切にしたりされたりする習慣は自然に身についていく。共存共栄は人の自然な姿だという前提のもと、チベット人は親切を怖れず、尊重する。チベットを訪れる旅行者は、チベット人が見ず知らずの旅行者を自宅に招き、お茶や食事を振る舞う寛大なホスピタリティに感銘を受ける。これはたぶんチベット高原での生活と無縁ではない。チベット民族は何世紀にもわたり地理的に広大で過酷な環境の地域内に点々と散らばり少人数で生き延びてきた。このため、西洋で人々が反射的に他者の親切に躊躇したり、避けたりするのを初めて見た時はショックを受けた。他者の親切をあたかも侮辱されたかのように感じる人々もいた。私がケンブリッジに留学した最初の年、杖をついて道路を渡っている老人を見て、手を差し伸べようとした。すると彼は振り返って私を見るなり、怒ったような、迷惑そうな顔をした。恐らく私が助けようとしたことで、自分が老人だという思い出したくない事実を思い出したからかもしれない。人々を観察するうちに、世の中には誰かに借りを作りたくない人々もいることがわかってきた。

抵抗を手放す

コンパッションを阻害する要素は、私たちの日常、とりわけ困難や苦痛、悲しみに直面した時に何らかの抵抗となって現れる。怖れ、自己防衛、プライドなどを理由にしたり、目を背けることで自分を抑圧し、自分が傷つかないようにする。突きつけられる問題が物理的なものなら、抵抗によって身を護る行為は有効だ。ひったくり強盗や鋭い牙のトラと出会ったら、人は自衛のために戦うか逃げるかするだろう。しかし精神や感情の問題に直面した場合、闘争・逃走反応は役に立たない。実際のところ、抵抗はむしろさらなる苦痛への扉を開けることになる。抵抗は事態を悪化させるだけだ、というういにしえの仏教の教えは、人の苦しみの本質を鋭い洞察で表現している。

成人してからスキーの滑降を覚えた時、この仏教の教えの西洋バージョンを見つけた。最初、私の身体は恐怖でガチガチだった。（地元の記者によると、氷の上で転ぶことがモントリオール——一九九九年から私はここに住んでいる——に来たばかりの移民にとって最大の恐怖らしい）スキーが上達したのは、硬直した身体をリラックスさせることを覚えてからだった。転ぶ時も身体を緩めて勢いに逆らわないことがダメージを最小限にとどめる秘訣だと学んだ。これも初めは矛盾しているように感じたものだ。

転倒や苦痛に抵抗する本能は、人が生まれ持っている基本的な衝動だ。人には信頼の置ける手すりや、ぐらつかずに立っていられる地面をさがすなど、身の安全を求める基本的欲求がある。私たちは本能的に予測や制御可能な状態を求め、解決法を探ろうとし、不確実性や変化には穏やかでいられない。しかしどう頑張ったところで、不確実性や変化を排除できる日はやってこない。

生来の変化アレルギーに、現代生活にはつきものの激しい不確実性が拍車をかける。デジタル時代になる前ですら、アングロアメリカ系詩人W・H・オーデンが、脱工業化時代を「不安の時代」と呼んでいた。現代世界では、教会、君主制、結束した社会など、継続性や伝統社会の安定性を支えてきた組織の多くが、かつてのような存在感を持たなくなっている。今日のデジタル時代では、ほとんど何でも簡単に手に入る。人々が家庭に縛られることがなくなり、自分の出身である家や地域と心のつながりを感じる人々は減る一方だ。自分の仕事に安心・安全を感じられなくなり、企業文化は単年度決済の株主還元率によって評価される。

ブッダが弟子に話した最初の教えの一つに、諸行無常が挙げられる。自分の所有物を失う、ほしいものが手に入らない、やりたくないことをやらされるといった苦痛は、人が人であることの本質だとブッダは説いた。それらの苦痛は私たち全員に共通する不可欠な経験であり、何かを失敗した結果として経験するような類《たぐ》いのものではない。さらに、人としての幸せは、苦痛や悲しみを回避することではなく、それらによって心の均衡が乱されないことであり、たとえ短い間でも物事のありようを穏やかに受け止めることだと説いた。苦痛や悲しみと早く折り合いをつけるほど、それらに動揺しない自分が早く確立し、自分や周りの人々への慈悲の心を体現する人生を送れるようになる。それは真実でありながら、なかなか受け入れがたいということは私も理解している。それに抵抗することのほうがよほど困難だということが理解できれば、受容、理解、忍耐、そして親切（慈悲）を実践する努力は報われるということに合点がいくだろう。本書第二部のコンパッション育成トレーニングは、そのために作られている。

不確実性や変化に備え、環境や他人、外界のすべてをコントロールするために努力はできる。しかしそれは現実的な戦略とは言えない。その代案として、私たちが置かれた環境の現実に適応して自分を変えるという方法がある。十八世紀のインド仏教の著者シャンティデーヴァ（若かりし僧侶時代、私はこの本を暗記した）は、こんなたとえ話をしている。[6] 人の足を守るために地面全体を革で覆うには、革が大幅に足りない。代案として靴底に革を貼れば、地球全体を革で覆うのと同様の効果が得られる。最良の問題解決法は、自分にできることをすることだ。

コンパッションの筋トレ
スタンフォード大学のコンパッション・トレーニング

スタンフォードのコンパッション・トレーニングのビジョンは野心的なものだ。それはコンパッションを人としての価値の中核にあるものと捉え、他者にもっと気持ちを通わせることを目指すことにとどまらない。その先の目的は、コンパッションを自分の捉え方や他者とのつきあい方から、子育てや社会でのあり方に至るまで、人の人生のすべてに投影される基本的原理とするための組織だった訓練を提供することにある。この訓練がないと、人のコンパッションの発現は何かに反応して起きる、受け身のものとなる。コンパッションは自分が愛する誰かの苦痛やニーズに直面した際に湧き起こり、見知らぬ人や動物の苦痛には起こりにくい。しかし訓練を積むと、コンパッションを人の基本的姿勢とすることが可能で、その立ち位置から自分自身や周囲の人々や社会を捉え、世界とかかわっていけるようになる。

自分自身、他者、世界の**知覚**の仕方と、それらの**経験**との間には、親密で力強いつながりがある。そしてそれは**行動**に影響を与える。別の言い方をすると、人の感情が行動を定義する、そして思考と知覚（態度や視点、その結果生まれる価値観）が、その人の世界での経験の仕方を決める。たとえばある人が世界を危険な場所、他者を無慈悲で利己的だと認識している場合、その人の他者や世界とのかかわり方は怖れ、疑惑、競争心、敵意に満ちていることだろう。これとは対照的にある人が世界はだいたいにおいて楽しい場所で、他者は基本的に思いやりがあると考えていたら、その人の世界での経験には信頼、仲間意識、そして安心感があるだろう。両者が同じ地域に住み、同じ社会経済的地位にあったとしても、彼らの真逆のものの見方によって、まったく正反対の世界を生きることになる。自分や自分のいる世界に対する認識を変えることにより、自分自身や世界との経験を変容させることができる。これがブッダの言う、「私たちは思考で世界をつくる」ということだ。[7]これがスタンフォードで開発されたコンパッション育成トレーニング（CCT）の変容のセオリーだ。

CCTでは、ものの見方・気づき・共感能力・行動という四つの変容テーマを掲げている。もののの見方は主として自分の意図を意識すること、そして世界で経験することに対する姿勢によって変容が起きる。気づきは、自らの経験をあるがままに注目する、そしてただその経過とともにあることにより深まっていく。共感能力は、特に愛する人々の幸せを祈り、彼らの幸せを自らの喜びとする思いやりの心を持つことにより開発される。私たち全員に通じる人間性など、他者との共通点に気づくことにより、共感の対象を拡大することを学んでいく。ものの見方、気づき、共感能力を変容させ、コンパッションの精神を持って生きることを心がけることで、行動変容が起きる。行動が変容することで、世界が変容する。

第二章を読んでお分かりのように、この訓練法の変容の決め手となる目標は、いわゆる自分対自分の関係だ。自らの置かれた状況を思いやり、理解、純粋な受容の精神で受け止める、健全でコンパッションに満ちた自分との関係は、健全な他者・世界との関係を築くための海底に下ろした錨のようなものだ。したがって自分への思いやりを育成することは、CCT、そして本書第二部での重要な焦点となる。

次の五つの章で、各ステップに合わせた具体的な瞑想法を含め、スタンフォードコンパッション・トレーニングのカギとなる要素について解説していく。最初は、明確な意図を持つことで、自らの経験に注意を払うことを習得する。次に、愛する人々を始め、他者とすんなりと心を通わせられるように、ハートをあたためる訓練をする。意図、注目、共感を開発して地ならしが完了したら、自分への思いやりを育成することに取り組む。そして自分への思いやりや親切心がしっかり根づいたら、関心を向ける対象の輪を、少なくとも願望として、すべての人類へと拡大していく。輪を拡大する過程での重要なステップとして、人類全員が共有する幸福への願望を直感レベルで感じることにより、純粋に他者との情緒的な結びつきを開発する。

慈悲の心への抵抗を克服するには、怖れにも取り組まなくてはならない。本書の次の部分では、あなたの怖れの土台となっている個人的信条の洗い出しを試みる。自分への思いやりを含め、慈悲心への抵抗がどのように思考、態度、感情的反応に現れるかを探り、気づきと理解を通じてそれらの克服に取り組む。練習を積むことで不確実性と共存できるようになり、苦痛、悲哀、そして怖れに直面してもそれらと闘い、拒絶するのではなく、それらを観察し、それらと共存し、穏やかな理解をもって柔軟に対応できるようになっていく。これは一般的な生き方とは根本的に異なるため、人が習慣的に持っている自己防衛パターンを手放すよう求めるモデルだ。それには怖れのない心が必要だ。踏みしめる大地の下は常に変化しているとしても、不確実性の中で平然としていられなくてはならない。しかしそれこそが私たちが習得しなくてはならない処し方だ。私たちはものの見方を変えなくてはならない。多様な経験に対して異なる態度で臨まなくてはならない。そして自分自身や周りの世界とのつきあい方も変化しなくてはならない。これがマインドフルネスやコンパッション・トレーニングの変容モデルが導くものだ。

第一章で見てきたように、能力、そして勇気はすでにあなたの中に備わっている。あとは道筋をつけるだけだ。

PART Ⅱ

意識《マインド》と心《ハート》の訓練

第四章

コンパッションから行動へ

意図を動機に変える

〃良いカルマ、悪いカルマとは、意識《マインド》の産物だ…
すべての行動は意図によって決まる。〃

――ツォンカパ（一三五七－一四一九）

〃意図していながら行動しないのはほんとうには意図しているとは言えない。

愛しているのに、善行しないのは、ほんとうには愛しているとは言えないことは、誰にでもわかる。〃

――エマニュエル・スウェーデンボルグ（一六八八－一七七二）『天界と地獄』より

すべての人が幸福と目標を達成しますように。
すべての人が苦しみとその原因から解放されますように。

すべての人が不幸と無縁となり、決して喜びから引き離されませんように。
すべての人が穏やかで、依存や嫌悪の偏見から自由でありますように。

私は子供の頃、母が他の人々と一緒に唱える、うねるような読経の声と、朝食に出されるチベットのバター茶をかき混ぜる音を聞きながら、インド北部、シムラー付近の僻地《へきち》の煤《すす》けた仮設小屋で目覚めるのが好きだった。ドンモと呼ばれるバター茶をつくる道具は、木製の垂直の筒を銅のベルトでつないだもので、筒の中の丸い板に棒をつけて上下に動かしてバター茶をかき混ぜる。この時、水が噴き出る心地よい音が繰り返し聞こえる。道路建設作業員だった両親が住むテントは移動式だったが、私が暮らしていた子供たちの村では子供たちが両親を訪問し、一～二週間ほど両親と過ごせるように配慮してくれていた。大人になってからその頃の母との思い出は宝物となり、母が唱えていた四無量心の祈りによってその思い出はますます意義深いものとなった。

四無量心《しむりょうしん》

コンパッションは四無量心と呼ばれる四つの祈りの一つで、こんな風に書かれている。**生きとし生けるものが苦しみとその原因から解放されますように。**他の三つは、慈愛、喜びの共感、そして平常心だ。ざっくばらんに言えば、これら四つはいくらあっても多すぎることのない資質だと仏教心理学では言われている。コンパッション同様、これらは皆、私たち人間に備わっているもの――最良の部分――だ。したがって、これらの言葉を知らなくても、誰もが理解できるものだ。慈愛《ラビングカインドネス》とは無条件の愛のことで、純粋に誰かの（そして同様に自分たちの）幸福を願うこと――**生きとし生けるものが幸福とその源泉を獲得できますように。**喜びの共感とは、他者の幸福や幸運を自らも幸福に感じること――**生きとし生けるものが喜びから決して離れず、苦難と無縁でありますように。**平常心とは、快楽と苦痛、好きと嫌い、成功と失敗、称賛と非難、高名と悪評など、人生にどんな波乱が起きようとも落ち着きを失わないこと、そしてその経験から私たちは友人、敵、他人といった区別を超えて、人類全体の連帯感へと導かれる。平常心があれば、期待し過ぎて落胆するといった、私たちを極度に不安定にさせる、期待と不安に囚われる習慣から解放される。ブッダが木の下で悟りを開いたときに、片方の手で地面に触れ、彼の周囲でどれほど激しく嵐が吹き荒れようと、どんな挑発がやってこようと、彼は動じないということを示す分かりやすい印《ムードラ》をつくった。これが平常心の姿だ。**生きとし生けるものが平常心をとどめ、依存や嫌悪の偏見から解放されますように。**

　これら四つの性質は「卓越した持続性」とも呼ばれ、それぞれに、言わずもがなの対極、あるいは「遠くの敵」がある。慈悲《コンパッション》の対極にあるのは冷酷さ、慈愛《ラビングカインドネス》の対極には悪意、有害な意図、喜びの共感の対極には羨望《せんぼう》や嫉妬がある。（もっと悪いのは、羨望や嫉妬が発展し、嫌いな人の不運に喜びを感じることもある。一九七六年、インドのチベット難民コミュニティが、毛主席死亡のニュースを聞いてお祝いムードに湧いた様子を見て複雑な気持ちになったことをよく覚えている。チベット人の苦しみ——チベット併合、チベット人民の抑圧、チベット文化や環境の破壊——の責を負うべき人物が一人いるとすれば、そしてその負の遺産は今も未解決だが、それは中国共産党の指導者だった。落ち着きのないティーンエイジャーだった私はその祝祭に参加しようかと思ったものの、仏教の修行のお陰で踏みとどまった。ただし僧院での修行や労働から解放される祝日は歓迎した。）平常心の対極には強欲、嫌悪、偏見などがあり、これらは集まると私たちを強い衝撃で揺さぶり、心の均衡を乱す。

「近くの敵」はより目立たず、四無量心に似ていて紛らわしいが、遠くの敵に負けず劣らず不要な苦しみの元になる。望ましい資質を育成する過程で、これらの偽物にも注意を払わなくてはならない。慈愛の近くの敵は、身勝手な愛、あるいは執着で、たとえば見返りを期待して愛することを指す。喜びの共感の近くにいる敵は薄っぺらな喜び、つまり喜びはあるが無意味な経験だ。平常心の近くの敵は無関心、無気力で、平常心が決定的に違うところは、冷静ではあるがいたわりの心を持ち続けることだ。

コンパッションと似て非なる敵は哀れみだ。純粋なコンパッションと異なり、哀れみにはある種の優越感が漂う。したがって、相手と自分を同一視して関心の対象となるものと自らを結びつけるコンパッションと異なり、哀れみは相手と自分を遠ざける。慈悲には相手に対する尊敬が含まれる。人類同胞として、相手の尊厳に敬意を払う。純粋な慈悲に根差したものであれば、この人は私と同じように苦しみから解放されたいんだな、という認識に基づいて思いを寄せているはずだ。

伝統仏教瞑想で、慈愛瞑想と慈悲瞑想は往々にして関連があるが、典型的なやり方としては苦しみに直面し、幸福を願うという自然な欲求を感じたときの自らの経験を、慈悲の精神をもって思い出すことから始める。次に、愛する人に意識を集中させ、心の中で「あなたが幸せでありますように、安らぎと喜びとともにありますように」などと唱え、愛する人の喜び、幸福、平和を意識して祈る。そこを起点にして、対象の輪を普通の知り合いへと拡大し、彼らの喜び、幸福、平和を願い、次は嫌いな人や苦手な人へと輪をさらに拡大し、生あるすべての存在が喜び、幸福、平和を享受できるように願う。慈愛《ラビングカインドネス》の瞑想では、他者の幸福を願い、慈悲《コンパッション》の瞑想では他者が苦痛から解放されることを願う。次に、嫉妬や、他者の幸運を快く思えない傾向に対し、喜びの共感の育成を行う。そして最後に執着や敵意に根差した偏見（これは好き、あれは好き、あれは嫌い、この人は好き、あの人は嫌い、など）を克服するため、平常心の育成がある。

チベットの伝統では、コンパッションは最も崇高な精神的理想であり、最も高次の人間性の発露だと捉えられている。コンパッションを表すチベット語、nyingje は、直訳すると「心の王様」で、チベット人がどれほどコンパッションを重視しているかをよく表している。スタンフォードのコンパッション・トレーニングの基本的枠組や誘導瞑想の元となっているのが、このチベットのコンパッションの瞑想の伝統だ。

明確な意図の設定

コンパッション・トレーニングでは、**明確な意図の設定**と呼ばれるワークからすべてのセッションが始まる。これはある種の導入プロセスとして、伝統的チベット瞑想を取り入れた静観のワークで、参加者は自らの心の奥にある願望を認識し、そこから意図や動機を明確にする。このようにして自らを確認してから、思考や感情となる一連の考え方を組み立てていく。

私たちは日常的に**意図**と**動機**という言葉を同義語のように使っているが、両者には重要な違いがある。それは熟慮の末か否かという点だ。ある行動の動機とは、それをする理由、その行動の背後にある理由、欲求の元になるもの、その行動へと駆り立てるものを指す。多かれ少なかれ私たちは自分の動機を自覚している。心理学者の定義によると、「人や動物の行動を喚起、維持、調節する」過程だ。簡単に言えば、動機は人の気持ちにスイッチを入れるものだ。人それぞれの価値観によって名声、金銭、興奮、あるいは刺激、セックス、他者の承認、忠誠心、奉仕、帰属意識、安全、正義などいろいろある。動機の力は願望と報酬という周期を繰り返しながら相互に補強して強くなっていく。ある行為に大きな見返りがあれば、同じ行為をまたやりたくなる。またやればまた見返りがある。それがさらなる欲求の元になる…。

これに対して意図とは常に、熟慮の末の、意識的な目標を公言するものだ。意識していなければ意図とは呼べない。フロイトが言うように、動機は意識的である必要はなく、それを抱く本人すら無自覚でも存在する。長期的視野には意図が不可欠だ。本当に目指したい方向にぶれずに行くために、人は自分にとって最良の意図を設定し、時折再確認しながら進む。しかし長期にわたって続けるためには動機が必要となる。たとえばマラソン競技に出るという意図を持っていたら、仕事に行く前に10マイル走るために早起きをする朝の目覚まし時計が鳴った時、あるいは走っている最中に、「自分はどうしてこんなことをしているんだろう？」と自問する瞬間がやってくる。そのような自己不信の小山を乗り越えるため、やる気を鼓舞するような答えが必要だ。意識していようといまいと、動機は意図の背後で行動の理由と勢いを提供する。

この意図の設定エクササイズは、もし不都合がなければ朝イチに家でやるといい。または通勤の途中のバスや地下鉄の中でもいい。オフィス勤務の人は、一日の仕事を始める前でもいい。これに要する時間は、中断なしで二〜五分程度だ。チベットの伝統ではこのような意図の設定と動機の確認を、一日が始まる前、瞑想の前、そして重要な活動の前に行うよう推奨している。意図を設定すると、その後の行動が何であれ、意図に見合った方向に整っていく。音楽のように、意図はその後の気分、思考、感情に影響を与える。朝一番に意図を設定すると、その日の方向が決まる。

エクササイズ：意図を設定する

まず、心地よく座る態勢をつくる。可能であれば床にクッションを置いて座るか、または椅子に座り、両足を床につけるとグラウンディングできる。仰臥位《ぎょうがい》がよければ仰向けでもかまわないが、寝るところは柔らか過ぎないほうがいい。態勢ができたら、できる限り身体をリラックスさせる。必要なら肩や腰のストレッチをして緊張を解く。

次に、目を閉じたほうが集中できるなら目を閉じ、3〜5回深呼吸する。これは横隔膜を上下させる腹式呼吸で、吸う息では胴体という容器の下から上まで水が満たされていくような感覚で、空気をいっぱい取り込んでいく。そして吐く息はゆっくりと長い時間をかけて胴体の空気をすべて吐き出していく。口から息を吐き出してもいい。吸って…吐いて…。

準備が整ったと感じたら、次の質問についてじっくり考えてみよう。

「私が心から大切にしているものとは何だろう？　心の奥底で、自分自身や愛する人たち、そして世界のために望んでいるのはどんなことだろう？」

しばらく考えて、答えが浮かぶのを待つ。特に何も浮かんでこなくても、心配は無用だ。自由回答式のこの質問を心にとどめておこう。西洋では普通、質問にはすぐに答える習慣があるため、しばらく答えずにいるには慣れが必要かもしれない。即答できなくても、この質問が答えを探し始めていることを信じよう。そして答えが降りてきたら、あるがままに受け止め、その考えやフィーリングを心に留めよう。

最後に、この日のためにいくつかの意図を明確に意識して、その一日のテーマとする。たとえば「今日私は自分の身体、心、他の人との対話に注意を払えますように。私のできる限り、他の人を苦しめることがありませんように。自分自身、周りの人々、そして私の周りに起きる出来事に対し、思いやりと理解をもって接し、批判の目を向けることが少なくなりますように。これら私が心から願う事柄に沿うような一日を過ごせますように。」

このようにして、今日一日の流れをつくる。

意図の設定のやり方に慣れてくると、このエクササイズを一分以内にできるようになる。つまり日中いつでも自分の意図の確認をする機会をつくれる。たとえばコンパッション・トレーニングを受けた医師たちは、次の外来患者を診る直前に手を洗う時間を使って意図確認をすると、より心が落ち着き、目の前の患者に集中できるようになると話してくれた。(1) 正式な三つのステップを省略し、意図を想起する数行を読んだり唱えたりすることで心をリセットしてもいい。以下の四無量心の祈りを使うのもいいだろう。

生きとし生けるものが幸福とその源泉を獲得できますように。
生きとし生けるものが苦しみとその原因から解放されますように。
生きとし生けるものが喜びから決して離れず、苦難と無縁でありますように。
生きとし生けるものが平常心を留め、依存や嫌悪の偏見から解放されますように。

経験を捧《ささ》げる

チベットの伝統では、意図の設定のワークは献身《デディケーション》と呼ばれるもう一つの瞑想的エクササイズとセットで行う。献身とは、その日の善行がつくった良いカルマを衆生《しゅじょう》（生きとし生けるもの）に献上するという意味だ。このエクササイズの目的は一つの周期を完結させることにある。一日の終わり、瞑想の最後、あるいは何かの行動をした直後に、始めの意図設定をした時の心の意図に再びつながり、私たちの意図の光に照らして、その経験を振り返り、成し遂げたことを祝福する。これは一日の終わりにその日の棚卸をするようなものだ。心の奥底にあるより深い願望と結びつくもう一つの機会を与えてくれる。

エクササイズ：献身《デディケーション》する

たとえば一日の終わりに、寝室に行く前、または就寝する前に横になるとき、その日一日を振り返る。ざっとその日に起きたこと（交わされた重要な会話、その日の気分その他心が動いたことについて）を振り返ってから、朝の意図を設定をした時の心境に戻る。一日の始めと終わりで、どれほどの一致、あるいはずれがあるかを確認する。その日にしたこと、しなかったことなどの詳細に囚われないように気をつける。その日の記録を辿るという消耗する作業をするのではなく、包括的に朝の意図とその日の行動がシンクロしているかを見る。

振り返りの結果どんな考えや気持ちが浮かんだとしても、ただそれを受け止める。ネガティブなものを排斥したり、ポジティブなものを強化しようとする必要はない。ただ静かに少しの間それらとともにいる。

最後に、その日自分がした好ましいことについて考える。たとえば近所の人の手助けをした、窮地にある同僚の話に耳を傾けた、ドラッグストアでレジに並んでいたら目の前に割り込まれたが取り乱さなかった、など。そしてその行為を喜ばしく感じる。喜ぶべき行為が見当たらない場合は、その一日を明確な意図の設定とともに始められたことを喜ぶ。

このエクササイズはなるべく短く収め、三〜五分程度がいいだろう。寝る前に読書をする習慣があるなら、読み終えた後で三〜五分間、献身《デディケーション》の時間をつくろう。テレビを見る習慣があるなら、それを三〜五分短くできるだろうか？　あるいはコマーシャルの間にどこか静かなところに移動できるだろうか？　その日にしたことが単純な仕事だったとしても、一日の終わりにそれを好意的に受け止めることは重要だ。そうすることによって、次の日に向けて前向きな気持ちを持つことができ、自分の意図のために動機《モチベーション》を高めることができる。本章の後半に出てくるように、喜びは私たちの動機《モチベーション》に重要な役割を果たしている。特に動機《モチベーション》を長期間維持しなくてはならない場合はなおさらだ。

しかし、より焦点を絞った振り返りが役立つ時がある。これは何か特定の課題に懸命に取り組んでいる時、たとえば八週間のコンパッション・トレーニングの最中などは特にそうだ！　ＣＣＴでは各週に一つずつ育成したい性質や姿勢を取り上げる。たとえばある週のテーマは自分への思いやりだ。この期間、参加者は自分に対して普段より思いやりを持つという意図設定を行う。そして一日の終わりの献身《デディケーション》の時間には、その日自分に示した思いやりに注目する。

このように何かに焦点を絞った評価をする時、ほとんどの人は至らなかった点に注目する。初めに決めた意図と実際の行動の間や願望と現実の間のギャップに関心が向かう。これが起きた時、自己批判や否定的な評価で自らを鞭打たないことが重要だ。違いをそのまま受け止め、次の日に再び取り組んでいこうと考える。違いを認識するだけで、翌日はより注意深く行動できるようになり、日常の思考や行動が目標に近づく機会が増えていく。

意図《インテンション》と献身《デディケーション》の利点

このように意図設定と喜びに満ちた献身で一日を組み立てると、それがたとえ週に一日しかなかったとしても、生き方に変化が訪れる。自分への気づき、意図の自覚、的を絞った努力という三つの心の習慣づけのギフトという目的のあるアプローチだ。これによって、自分の考えや行動に責任を持つようになり、自分自身、自分の人生を主体的に生き始める。ブッダは「あなたは自らの敵であり、救い主だ」と言っている。[2] 人の思考や感情、行動がその人の困難を生む元凶だとブッダは考える。そしてそれとまったく同様に、人の思考や感情、行動が人の喜びや自由の源泉ともなり得る。自らの意図を可能な限り意識しながら日々を生きることは、この変容の最初の一歩となる。したがって、意図設定と献身という二つのエクササイズは、あなたの人生、仕事、そして人間関係を整え、すっきりさせるための第一ステップだ。

さらにいいことに、その願望の中に他者の幸福や繁栄が含まれていれば、一人ひとりの日々の行動や人生が個々の存在を超え、より大きな目的を満たすことになる。世界に目を向けると、個人の明確な意図が奏功した最も感動的な例として、南アフリカ共和国がアパルトヘイト制度から自由へと移行したという驚くべきストーリーが挙げられる。非暴力、人種間の調和、そして正義に対するネルソン・マンデラのコミットメントが、新しい祖国を築くという意図を生み出した。長い人生の中で、彼の意図は日常の随所に不都合な衝突を招いたことだろう。そのような意図に忠実に生きられたのは、意図を何度も再設定し、献身的な内省に従って自らを強くしてきたからに他ならない。マンデラの意図は、新しい国家を求める世論をつくるのに役立った。その結果起きたのは、平和でスムーズな移行だった。古典仏教の経典にこんなメタファーがある。「一滴の水が大海に落ちたら、大海がある限りその一滴の一部は残る。一滴のままでいれば、蒸発して消える。」

孫を持つ60代のある女性は、CCTを終えた後もフルタイムで仕事を続けていたが、本当はもっと孫と遊ぶ時間が欲しかった。[3] 孫たちが日に日に成長していく中で、あまり一緒に過ごせないことをとても気に病んでいたにもかかわらず、仕事の時間を減らすと経営者が落胆するだろうと思っていた。慈悲と慈愛を自分に向けるという意図を携え、自らの動機と結びついた彼女は雇い主に労働時間を減らしたいと告げた。その結果雇用主も、孫たちも、自分もハッピーになったと彼女は話してくれた。CCTインストラクターに、彼女はこれまでの人生で、常に身近な誰かの犠牲になっていて、自分の心の軸となる価値観に必ずしも忠実ではなかったと話した。彼女は孫たちと過ごす時間だけでなく、自分の生き方も変えたのだ。

私の人生を顧みれば、意図の力が役立ったことは枚挙にいとまがない。私たちに子供ができた時、子育ての仕方を意図として明確に意識したことで、娘たちの幼少期に私たちが大切にしている価値観に沿って育てることができた。私たちが一番気にかけたのは、子供たちに愛、信頼、尊重、そして関心を向ける際、温もりや親密さを忘れないことだった。それ以外はすべて些末《さまつ》なことだった。娘たちが成長し、人格を形成するにつれ、私たちはその意図を子育ての手法や質に関する自分たちのあり方を具体的な考え方に落とし込んでいった。たとえば、**「娘たちを自分のエゴの延長としてではなく、生得の権利を持つ一個人として尊重できますように」**と。そんな風に私たちは自他の境界線を明確にしておきたかった。小さい子供にはとりわけこういうルーティーンが重要で、たとえば学校に行くようになってもぶれずに済むからだ。病気でないなら、行きたくないという理由で学校に行かないのは許さない。かと言って、口やかましい親にはなりたくない。別の例では、**「戦うべき時を賢く見極められますように」**がある。

もちろん、ときには自分で設定した意図の通りにできないこともある。子育てを通じて自分自身に気づいたのは（恐ろしいと認めざるを得ないが）、自分がどれほど怒るものかということだ。特に下の娘タラが3歳ぐらいの頃、あれほど激しいイラつきを感じたことは滅多になかった。常に意図設定をする習慣により気づきが増え、行動にも影響するお陰で、自分の中に起きた怒りの感情を不用意に外に吐き出す前に見つけて処理することができた。本当のトリガーは多くの場合、自分自身の欠点からくるものだということに私は気づかされた。小さい子供たちは本当に自分についての貴重な学びを提供してくれる。(タラ、ありがとう!)

意図を持つと、自己管理がしやすくなる。そうなると人生のすべてにおいて、制御不能に陥ることがなくなる。一九八九年、ケンブリッジ大学時代に、私は10メガバイト(当時は最先端だった)のハードディスクを内蔵した、最初のノートパソコンを手に入れた。このノートPCにはチェスなどのゲームソフトがプレインストールされていた。このチェスのアプリにはコンピュータと対戦する私の最後の一手を取り消す機能があった。つまり私の一手にコンピュータがどう反応するかをチラ見することができた。私は夜な夜な何時間も時の経つのを忘れ、一手を取り消しては相手の出方をチラ見して戦法を変えて遊んだものだ! そしてある時、この遊びがどれほど依存性があるかに気づき、このノートPCからすべてのゲームアプリを削除した。自分を律するため、2機目のパソコンでも同じように削除した。そして3機目を手に入れた頃には、もう削除する必要すらなくなった。

今日の私のインターネットやEメールとのつきあい方は、初期の意図設定の習慣に基づいている。これらのツールは至る所に浸透したため、私の生活にも取り入れることにした。特にEメールについてはこの二〇年近くにわたり、かなり厳格なルールを自らに課している。朝一番の仕事はEメールではなく、実際の仕事を一〜二時間こなす。それからEメールを読み、一〜二分で対応できるものはその場で、またはその日の別の時間に返信する。もっと長い時間を要するものや、しばらく考えたいものについては、少なくとも一～二日寝かせる。金曜日に受信したEメールは、よほどの緊急性がない限り月曜日まで返信しない。仕事が終わった後、そして週末はメールのチェックをしない。例外は旅行中だけだ。このルールの利点は明快だ。私の家族と、そして自分自身と向き合う時間・空間に全エネルギーを集中できることだ。今、ここに可能な限り意識を集中させるための明確な意図が、このルールを支えている。

私の10代の二人の娘を含め、デジタルスペースが日常生活の一部になっているほとんどの若者たちにとって、私のデジタル世界とのつきあい方は少なく見積もっても偏狭に映ることだろう。しかしどんなやり方でも、今日のこの次元に対する意識的積極的アプローチは全員にとって役立つことに変わりはない。

今日の、大量に交わされるEメールの量と、人々の心に蔓延する消耗やストレスとの間には相関関係があると私は信じている。Eメールやその他の人生のストレス源に対し、明確な意図を発動することで、ストレスによるネガティブな感情を緩和することができる。先のチェス、子育ての話の両方に言えることだが、ストレスの大半は置かれた状況が制御不能に陥ったと感じることから生まれるため、意図設定は最大限状況を制御する手段の一つとなる。朝一番に意図設定をすることとは、その日をどんな一日にしたいかを決めることになる。それはその日に何が起こるのかを待つのではなく、その一日を自分の手の中に収めることだ。長い一日のうちには意図がぐらついたり、すっかり忘れたりするかもしれないが、同じ意図を設定、再設定、再再設定するという行為が私たちの選択を思い出させ、それだけでもある種のコントロールが働いている。意図設定はまた、一種の準備としての働きがある。試験の前には勉強、プレゼンテーションの前は論旨をまとめ、リハーサルをする。準備せずに臨むと耐え難いストレスに見舞われるのは明白だからだ。準備の過程では、いくつかの起こり得るシナリオを想定する。それは突発的事態に頭が真っ白にならないための予防策となる。大切なイベントの前だけでなく、一日が始まる前に心の準備をするのは好ましいことだ。

生きとし生けるものが幸福とその源泉を獲得できますように。
生きとし生けるものが苦しみとその原因から解放されますように。
生きとし生けるものが喜びから決して離れず、苦難と無縁でありますように。
生きとし生けるものが平常心を留め、依存や嫌悪の偏見から解放されますように。

どのように意図が動機となるのか

意図設定をすることと同じくらい重要なのは、どんな意図を設定するかだ。新年の誓いを立てたことがある人ならお分かりのように、どれほど切実に叶えたい願望でも、意図を設定しただけで既成事実となるわけではない。慈悲深く、他者に対して思いやりのある人でありたいと願い、それを意図として朝自分に誓っても、その日の午後、あるいはもっと前に、自己中心的な、他人に厳しい態度を取っている自分に気づく。こうありたいという意図と、顕在意識にほとんどのぼらないため無意識に出る言動の背後にある動機との関係は複雑だ。しかし繰り返しそれに気づき、内省を続ければ、やがてそれらの潜在的動機が、明確に設定した意図に歩み寄ってくる。

ダライ・ラマはこれらの動機を知るためにこんな自問を提案した。

これは自分だけのため？　それとも他者のため？
これによって利するのは少数？　それとも多数？
これは今だけのため？　それとも未来のため？[4]

これらの質問で、これからやろうとしていることと自分とのかかわりをどのように自覚しているかが明確になる。自問することで、思いやりのある思考や行動を心がけるよう思い出すきっかけにもなる。何かを始める前、やっている最中、そして終えた後にこれらの質問をするといい。そのうちに新たな意図設定（再設定）をする機会が訪れ、その意図に従って行動する機会も訪れるだろう。

アメリカの看護・介護行動の専門家、ジェニファー・クロッカーとエイミー・カネベロは、動機を**エゴシステム**と**エコシステム**という名称に分類している。[5]彼らによると、エゴシステム動機では、看護や介護は提供する側のニーズや願望を満たす道具となる。エゴシステムにおいて、満足とはゼロサムゲームだ。看護・介護者はたとえば仕事の名誉や賞賛を競う。これとは対照的に、エコシステムによる看護・介護は純粋に他者の幸福を願う動機に根差している。エコシステムによる世話は、場合によっては提供する側にも得るものがある（たとえば目的意識や喜びなど）が、それが行為の主たる動機ではない。それらは第一章で扱ったように、思いやりの思いがけない副産物だ。エコシステムによる看護・介護では提供者の思いやりあふれるゴールが被提供者にとってのメリットに基づいて設定されているため、相互協力が特徴となる。[6] この提供者は感情面でも穏やかで迷いがなく、愛情に満ちている。

その上で、クロッカーとカネベロはこれら二つのシステムが複雑に絡み合っていることを認めている。多くの場合、矛盾した動機が混在していて、動機と意図が真逆を向いている場合もある。たとえば夜遅く帰宅した10代の娘を叱りつけたら、私の意図は娘が自分の行動に責任を持つよう導きたいという親心で、娘を信頼している人々がいること、その人たちの信頼を失うことには代償が伴うとわからせることにある。一方で私の動機とは、遅くまで外を出歩いていることがどれほど危険かという私の怖れで、その恐怖を娘に共感してほしいということかもしれない。あるいはもっと利己的な動機で、遅い帰宅を娘の反抗と捉え、自分がないがしろにされたと感じ、父の権威を振りかざして教えようとしたのかもしれない。私は怒りを感じ、怒鳴ることで快感を得たかもしれない。さらに、動機は同じ一人の中でも波があり、秒を追うごとに変化する。意図設定の瞑想訓練ではこんなことを提案している。練習を積んでいくうちに、エゴシステムに囚われることなく、エコシステムの動機を選択できるようになる。善意の意図に従って行動することの報酬は、それを経験したときに返ってくる。その行動自体が喜びをもたらし、動機はエゴシステムからエコシステムへと指向性が変わっていく。練習を積むにつれ、意図は習慣となり、神経ネットワークの再編が起こり、意図を下支えするようになる。

人の心の奥底にある大志を追求するにはどのような動機づけが望ましいかという問いは、仏教心理学の長い歴史の中で中心的課題となってきた[7]。仏教で動機とは欲求の一種で、より厳密に言うと、**目的意識**を持った**行動欲求**だ。たとえば慈悲心を育むという場合、慈悲心とその目標の間に情緒的連携をつくり、慈悲心を持って行動したいという欲求を自らの中に醸成していく。そしてその利点を目の当たりにすることで、慈しみ深い行動に目的意識を見出していく。

近代心理学では、私たちの行動の動機となる感情の役割を正しく評価するようになったのは比較的最近のことだ。西洋では長い間、行動理論の主流は合理的選択理論に終始していて、感情は行動の主たる原動力どころか、むしろ理性を曇らせるものとして非難されてきた。動機の二つの側面、つまり目標に対する認識的気づきの側面と感情的な側面のつながりを、仏教心理学ではある言葉で表現するが、それは英語ではとてもひとことでは表わせない。サンスクリット語でShraddha（チベット語ではdepa）と言い、信条、信頼、信念、自信などの広い意味があり、感謝することや、賞賛することという意味もある。Shraddhaは、信頼のような感覚的なものであり、信念や知識のような認知的な状態ではない。経験的に、Shraddhaは目標《ゴール》に対する執着、魅了といった意味で、たとえるならロックスターがギターを演奏しているのを見て自分も弾きたいという気持ちになるようなものだ。Shraddhaの性質が心《ハート》と思考《マインド》に火をつけて、腕まくりをしてギターを演奏させる。

どうすれば内なる感情の泉にアクセスできるだろうか？ それには認知能力が重要な役割を果たす。初期の仏教の経典では何かをすることの価値を見出す、とある。今日、消費者向け製品のメーカーが商品を宣伝する時にすることとそう違いはなく、仏教の経典でも多くの場合、作者が伝えようとする理想や探求の美徳を称賛することから始まる。利点を見つけるなどの、認識の深まりを通じて、意図を動機と結びつける。したがって、この因果関係において探すべき重要なポイントは、ゴールを意識することと、なぜそのゴールを目指すのかの間、つまり、ゴールに対する気持ちと、それを遂行する欲求または意志との間のリンクだ。

そしてここでもその努力（やってみようとする勇気、それにコミットする献身）、その成果（ともに目指す仲間との同朋意識、たとえばギターを学ぶ目標なら、魔法のような音楽の魅力）には喜びがあるため、引き続き頑張ろうという動機が高められる。またその喜びがもっとやっていたい、頑張りたいと思わせる原動力となる。子供に何か楽器を習わせようと苦心したことのある親は、子供がその楽器の楽しさを知った瞬間からすべてががらりと変化する様子を知っていることだろう。

これを内因性動機と呼ぶ。その逆が外因性動機で、たとえば子供が何時間楽器の練習をしたら、ゲームやテレビの時間を報酬として与えるといったものだ。何十年にも及ぶ動機の研究から、内因性動機のほうがはるかに安定していて長続きすることが分かっている。(8) 意図を設定し、それを楽しく振り返り、善行を衆生に献上するという過程は、時間をかけて外因性動機から内因性動機へと変容させるものであり、私たちが心から望む願望に忠実に生きるためのエネルギーと目的意識を与えてくれる。

生きとし生けるものが幸福とその源泉を獲得できますように。
生きとし生けるものが苦しみとその原因から解放されますように。
生きとし生けるものが喜びから決して離れず、苦難と無縁でありますように。
生きとし生けるものが平常心を留め、執着や嫌悪の偏見から解放されますように。

第五章

コンパッションへと向かう道

意識を集中することで軌道に乗る

〝人は思考の言いなりで、思考はネガティブ感情の言いなりだ。
こうして人は自らをダメにする。〟

——チベットのことわざ

〝注意の選択——何に注意を向け、何を無視するか——、
内面の人生で何を選択するかが外面の人生の選択となる〟

——W・H・オーデン（一九〇七—一九七三）

コンパッション・トレーニングの次のステップは、深い思考を取り入れるための三つのスキルを育成することだ。第一に、**心を鎮める**ことを学ぶ。第二に、意識の焦点を集めることで**集中力**を学ぶ。そして第三に、**気づき**を深め、自らの思考、感情、行動が起きるたび、それに巻き込まれることな

く観察できるような、リラックスした開放的な心の状態を訓練する（実際のところ、気づきは、今日のマインドフルネス訓練の最大の「有効成分」だ）。これら三つのスキルを同時に使うことで相乗効果が生まれるため、コースの各ステップのはじめに繰り返し行う。これらを総称して心を整える、と呼んでいる。心を整える過程で、自分自身や他者のニーズや痛みを含め、すべての経験を受け止める平常心や穏やかで地に足のついた開かれた心を育成する。

誰かに対してコンパッションの心を抱くのに、これらのスキルを習得する必要はない。これまで見てきたように、それは自発的に、ごく自然に起きるものだからだ。しかし、それを偶発的なもので終わらせないために、これらのスキルが必要となる。特に自分自身のことになると、自分で思うほど自らに慈悲心《コンパッション》や親切心《カインドネス》を向けられないことが多い。思いやりを阻《はば》む抵抗には種類が複数あることを第三章で見てきた。抵抗、否定的な判断、そしてエゴの介入は、どれも人の注意や反応を乗っとるものだ。心静かに集中し、注意を向けるというスキルは、目指す方向に意識を向ける手助けとなる。

上《うわ》の空（彷徨《さまよ》う心）
脳のデフォルトモード？

ハーバード大学の心理学者、マシュー・A・キリングスワースとダニエル・T・ギルバートによる最近の研究[1]では、人の日常の二つの基本的事実を挙《あ》げているが、これは仏教心理学と一致している。意識のデフォルトモードは上の空の状態だということ、そしてその状態が幸せを遠ざけるということだ。実験室ではなく実際の生活の中から生きたデータを収集するために、研究者たちは**生活サンプリング**という手法を使った。具体的に言うと、幸福の追跡《トラッキング》と呼ばれるアイフォン・アプリを開発した。最初の実験では二、二五〇名のボランティア参加者を対象に、インターネットアプリがランダムな間隔で無作為に対象者を選び、今何をしているか、どれくらい幸せか、そして現在していることに集中しているか、あるいは何か別のことについて考えているかを訊ね、もし後者なら、それは楽しいこと、楽しくないこと、またどちらでもないことのどれかを訊ねる。参加者は仕事、散歩、食事、休憩、就寝、買い物、通勤、テレビ観賞、そして「特に何もしていない」を含む22の活動リストの中から今していることを選択する。

調査結果のほぼ半数近くで、対象者は今していることとは別のことを考えていて、気が散っている状態の比率は性行為中を除くリスト上のすべての活動で約30％に及んでいた。（セックスの最中でも研究に協力したボランティアの献身は称賛に値する！　調査で中断するかもしれないと、あらかじめパートナーに伝えていたことを祈るばかりだ。）[2]今していることとは別のことを考えている時の、幸福度は56％で、今していることに集中している時の幸福度は66％だった。（調査結果では、彼らは集中しているから幸福なのか、あるいは幸福だから集中できるのか、因果関係は明らかにされていない。）この論文では、上の空状態はどうやら人の脳のデフォルトモードであり、「人の意識は彷徨《さまよ》う意識である。そして彷徨う意識は不幸な意識である。―中略― 今していること以外について考える能力は、感情面で対価を伴う認知的達成である。」と結論づけている。二〇一〇年にサイエンス誌に発表したこの画期的な論文以降、キリングスワースは80を超える国々で数千人を対象に同じ実験を繰り返したが、すべての結果が最初の結論を裏づけていた。

後になって、上の空状態のすべてが悪いわけではないことが判明したが、それは驚くにはあたらない。キリングスワースとギルバートの研究でも、44％の割合で上の空が不幸と判断されなかった。その後の研究によると、彷徨う心は人の精神生活に重要な役割があることが分かった。一つには、何かしながら別のことを考える能力により、同時に二つ以上のことについて考える、マルチタスクモードにつながり、それは脳のワーキングメモリ（当面の短期記憶）とも関係がある。ワーキングメモリの容量の大きい人々は同時により多くの情報を処理でき、IQや読解能力などの知能とも関係がある。二つ目として、神経画像テクニックを使った彷徨う心の研究では、記憶の形成と定着に一役買っているという。[3] そして最後に、アーティスト諸氏は自らの経験からお分かりのことと思うが、彷徨う心は創造力には不可欠の状態だ。[4] よくある慣例として（少なくとも西洋では）、創造的な洞察というものは多くの場合最も予測しない時に降りてくるもので、意識が解放されて自由な時、答えをひねり出そうとしていない時にふと降りてくるものだ。科学の発見でも、最良の発想は研究室よりシャワーの最中にやってくる。

彷徨う心の有害な点とは、多くの人が指摘するような今という時間にいないことよりも、自分指向と関係がある。心が彷徨っている時、圧倒的に高い割合で自分に関すること、つまり「私《アイ》が」

「私に《ミー》」そして「私のもの《マイン》」について考えている。自分指向の思考に対応する脳の特定部分は心の彷徨いと強い関連性がある。そしてある考えに自分が絡むと、他者や世界に対してより感情的になり、偏見の目を向けやすくなる。(5) 平たく言うと、自分について考える時、人は実際よりも自分を過大視し、実際よりも危機的状況にあると捉える。したがって、心が彷徨うと不幸になる原因は、心が**どこを**彷徨うかの問題であり、実際の現状（世界は自分を中心に回っていない、いつでもどんな時でも快適でいられるわけではない、人生は永遠には続かない、など）と、私たちがこうあって欲しいと望む現状（自分はどうなる？　自分を見て！　どうして自分だけこうなるの？　など）との間のギャップにある。

ここに心を整えるスキルが生きてくる。我知らず彷徨う心の犠牲にならないために、三つのスキルが必要になる。必要なのは安らぎと静けさのある場所、と言っても週末に郊外に行かなくとも、日常目まぐるしく脳内を巡る思考や感情のエネルギーからほんの少しの時間でも解放されるため、日常的に心を鎮める必要がある。そして自らの思考に介入するメタ認知スキルも必要だ。注意を自分自身から他者や自分の周りの世界へと振り向けるために集中力も必要だ。そして習慣の自動運転のなすがままにならないため、思考が何をしているかに注目する能力も必要だ。これらのスキルを瞑想訓練を通じて育成していく。

心《マインド》を鎮める

人が病気になると医者は安静にするようにと指示を出す。それには何をすればいいかは明らかだ。行動のペースを落とし、運動量を減らし、必要なら横になって休息する。ところが心を安静にするとなると、大半の人にとってそれほど簡単ではない。普通は別の何かで気を紛らすことで、仕事などストレスのかかる、疲れを伴う活動から心を解放しようとする。テレビを観る、本を読む、休暇を取る、酒を飲む——日常のルーティーンからひと息入れるお馴染みの方法だ。しかしそれは、目先が別のものに代わっただけで、依然として別の何かを必要としている。(テレビを見ている最中に停電になったら? 読書の最中に来客があったら? 休暇に行けなかったら? という具合に。) 心を鎮める訓練はこれとは違うアプローチをとる。それは心を逸《そ》らせるのではなく、心の内面から鎮める方法であり、気を散らすのではなく、気持ちを働かせる方法であり、外的刺激の火花を焚きつけるのではなく、落ち着きのないエネルギーを拡散させ、火を消す方法だ。

ただしそれは、そう簡単ではない。七〇〇人を対象として11種類の実験を行った最近の研究でわかったのは、ほとんどの人が一人になってものを考えるという状態を避けるために、相当な労力を使っているということだ。(6) 参加者のほとんどが、ものの十五分足らずでも、一人で何もすることがない状態に居心地の悪さを感じた。内省をするくらいなら電気ショックのほうがマシだという参加者までいた。この理由として、一人になると自分の人生でうまくいっていないことを考え始めるため、心地よいことではないからだという理論もある。心を鎮める訓練では、思考の負の影響を受けることなく、自分の思考と勇気を出して向き合うやり方を教えている。

心を鎮めるにあたり、動きを止め、静止することを学ぶ。古典仏教の経典では、落ち着きのない心の性質を、さざ波が立ち、水が濁った湖に例えている。水の動きが止まると、濁った泥の粒子や不純物が沈殿し、透明な水本来の姿になっていく。これと同様に、心を鎮め、脳内の雑念（期待、不安、判断など）に煩《わずら》わされない状態をつくると、物事の真実の姿を見極められるようになる。何が一番大事なのかがよりくっきりと見え、どうすれば目的を達成できるか、何をすべきかなどが浮かび上がってくる。

心を鎮める訓練法をここで二つご紹介しよう。これらはチベットの伝統的手法だが、現代風にアレンジされている。一つ目は深い呼吸のエクササイズで、もう一つは意識拡大のエクササイズだ。なぜなら意識が広く大きいほど受け止められる経験も多くなり、目の前で起きていることから一歩引いて見ることができ、巻き込まれずに済むからだ。コツは思考や感情が浮かんでもそれを制止しないこと。浮かばないようにすることは不可能だ。それらに気づき、それらとともにいられるようになると、それらが浮かんでは消えていくさまを眺められるようになる。心のスペースが広くなるほど、より全体を見ることができる。思考が**あっても、**その思考になってしまうのではなく、あるがままに見ることができる。もしあなたが心を鎮める訓練を初めてやる時は、一回に二つのエクササイズを五分程度に収めるといい。呼吸のエクササイズから始め、これに全体の三分の二の時間を使い、残りの時間で意識拡大エクササイズを行う。可能ならこれを一日数回行う。

エクササイズ：深い呼吸

一日のどこかで数分程度、邪魔の入りにくい時間帯を選ぶ。瞑想に慣れていない場合、瞑想を連想させるような静かな部屋、部屋の隅、専用のクッションなどがあるといい。そうすればその場所に行くだけで自動的に瞑想を想起し、瞑想のための雰囲気がつくられる。

楽な姿勢を見つける。椅子に座ってもいいし、床にクッションを置いて蓮華座に座ってもいい。床に寝たければ仰向けに寝てもかまわない（ただしこのやり方は眠気に逆らうのが難しい）。椅子や床に座る場合、健康上の問題がない限り、背もたれや壁によりかからず、背筋をまっすぐ伸ばして座ろう。そして目をリラックスさせる。軽く目を閉じてもいいし、薄く目を開けてぼんやりと前方を眺めてもいい。その際のアングルは自分の鼻の頭を見るようにする。私は瞼《まぶた》の力を抜いて軽く閉じた状態が好きだ。両手は膝の上、指先が膝小僧に触る程度に。または左手の掌を上にして膝に置き、その上に掌《てのひら》を上にして右手を乗せ、親指同士を軽くくっつけて三角形をつくってもいい。いずれにしても長時間続けても負担にならないポーズを見つけてほしい。

まずは胸を開いて、肺を大きく広げよう。次に胴体を容器に見立て、下から上まで空気を満たしていくように、横隔膜を動かして深く息を吸う。ポットに水を入れると、下から溜まっていくのと同じ要領だ。このように一つ、またひとつと深い呼吸を続け、空気が入るたびにお腹が膨らむのを感じる。吐く息はゆっくりと同じペースで行う。口から吐くほうがリラックスできるなら、そうしてもいい。

息を吸う時は、鼻から空気が入る音が聞こえるくらい注意深く、ゆっくりと深く吸う。そしてそのまま二、三秒キープしてからゆっくりとペースを均等にして吐ききる。息を吸い、キープして、吐き出す、「ハー」。もう一度。息を吸い、キープして、吐き出す。これを5~10回繰り返す。

このように落ち着いて、整った呼吸を続けるだけで、たいていの場合彷徨《さまよ》っている心は呼吸している即時の体験、自分の身体へと戻ってくる。しかし心を身体に戻すためのツールがもっとほしければ、息を吸いながら、心の中で「イン（入る）」と唱え、キープして、息を吐きながら今度は「アウト（出る）」と心の中で言うといい。また、別のツールとしては呼吸のたびに拡がり、収縮する胸や、出たり引っ込んだりする腹に意識を向けてもいい。

特にストレスの多い状態や、気が立っている時の方法としては、息を深く吸いながら、清々《すがすが》しい空気が肺に入り、そこから緊張している身体の部分へと空気が流れ込み、緊張がゆるんでいく様子を想像する。首、肩、背中、腰、下腹などは緊張しやすい部分だ。そして息を吐く時は暖かく湿った息に混ざって緊張やストレス、身体のこわばりが、吐く息とともに外に出ていく様子を想像する。その結果、あなたの意識は身体にとどまり、軽く、柔軟で、自由な感覚になると想像する。

このシンプルな深い呼吸のエクササイズに慣れたら、いつでもどこでも、この静寂を呼び起こすことができる。朝オフィスに着いたらデスクで仕事を始める前にこれをする。飛行機に乗っていて、乱気流に入って怖くなった時、これで心を落ち着かせる。私自身飛行機に乗ることに怖れを感じたことはないが、数年前エドモントンからモントリオールに戻る途中のフライトで、搭乗機がエアポケットに入り何の予告もなく急降下した。それ以来、飛行機で移動中にいつもより大きな揺れがあるたびに、何ということはないと頭ではわかっていながら身体が恐怖で硬直するようになった。この恐怖の影響から完全に抜け出すのに一年以上かかったが、深い呼吸が大いに役立った。

私は気持ちが高ぶっていると感じた時は、いつでもこのエクササイズで鎮めるようにしている。したがって、深い呼吸は、仏教瞑想の伝統では、何か重要なことを始める前に心を整える予備練習とみなされているが、このエクササイズは伝統的な役割をはるかに超えて効果を発揮する。

エクササイズ：広大な心《マインド》

この短いエクササイズは深い呼吸を補うものだ。ここでは意識の広がり、広い空間を想起する。緊張や落ち着きのなさは、多くの場合、抑圧、厳格、重圧といった感情によって引き起こされるため、このエクササイズは心を鎮めるのに役立つ。広大な心とは、山頂からの眺めのような気分を指す。私が育ったインド北部シムラーにはハヴァ・カーナ（直訳すると空気の家）と呼ばれる屋根付き休憩所が、道沿いの見晴らしのいいところに設置されている。私はその空気の家のベンチに一人静かに座るのが好きだった。広大に拡がる風景の写真を見ると、同じような気分になれるだろう。あるいは晴れた日に外で仰向けに寝て、深い青空を眺め、その果てしない大きさを感じる。五感で広大な風景を経験できると、座りながらにしてそれを思い描きやすくなる。

このエクササイズは深い呼吸をいくつか行ってから臨む。

心地よく自然に続けられるような呼吸のリズムを見つける。心がリラックスしている時にするような呼吸のリズムだ。

呼吸のリズムが決まったら、自分の心は何もない広大な空間で、どこまで行っても境界線のない広大無辺なものだと想像する。心に浮かぶ思考、感情、希望、怖れは広大な空に浮かんでは消える雲のようなものだと考える。どんな考えが浮かんでも（もっと心を鎮めたい、彼にあんなことを言われた、

X、Y、Zを忘れずにやらなくちゃ、などなど）、どんな感情が浮かんでも（落ち着かない、傷ついた、困惑した、など）、それらは皆雲のように実体のない存在だと捉えよう。それらは一つ浮かんでは広大無辺の心の彼方へと消えていくと想像しよう。穏やかにリラックスしたまま（またはそれを想像したまま）、意識をしばらくこの広々とした空間にとどめておこう。この状態で一～二分静寂の中にとどまろう。

心を鎮めるのに詠唱をしたり、詠唱の録音を聞くとうまくいくという人々もいる。私が僧侶だった時代に、詠唱は毎日単独で、または同僚の僧侶たちと行い、長い間生活の一部だったが、心の最も深いところまで鎮められる手法の一つだ。詠唱している間、時間が止まり、世界も静止し、詠唱の音と抑揚だけになる感覚を覚えた。しかし詠唱は万人向けではない。呼吸法なら誰にでもできる。

思考《マインド》を集中させる

コンパッション・トレーニングでは比較的穏やかな心に加え、思考を集中させる能力が必要となる。つまり集中力のことだ。少なくとも少しの時間だけでも注意深く何かに意識を向け、その注意力を維持する能力だ。公園で犬がリスをじっと見つめる姿、あるいはテレビで野生動物の番組を見たことがある人なら、ある一点に意識を集中させるとはどういうことかがわかるだろう。ほとんどの人は映画などのストーリー展開に引き込まれている時、夢中で本のページをめくる時、友達と話に熱中している時、完全にそこに意識が集中するという経験をしている。私も坐蒲《ざふ》に座って瞑想をしている時以外に、普段の瞑想と同じくらい深く没頭した経験を、騒がしい人々や活動のなかでしたことが何度かある。インド南部の若い僧侶だった頃、私は分厚い小説を読むのが大好きで、お気に入りはジェーン・オースティン、ドストエフスキー、トルストイ、ジェームズ・A・ミッチェナー、ジェームズ・クラベルだった。バスを待ちながら、私は何時間でも小説を読んでいられた。周りでは速足で行き交う人々の波、大声をあげる行商人など、インドのバス停の典型的な雑踏の混とんとした光景の中、私は本に没頭できた。

このように日常の中で、自分で意図していないところで、環境や時間によって、そしてたまたまそんな気分になるなどの成り行きで、集中した状態に入ることがある。もともと備わっているその境地に入るために、心を鎮める訓練をすると、集中したい時と場合に合わせて、自在に心を操れるようになる。

次の項では二つの集中力育成のエクササイズをご紹介しよう。いずれの場合も、始めに深い呼吸により心を鎮めるとよりよい効果がある。このエクササイズの目的は、何か超人的になるとか、一回やれば何時間もレーザー光線のような鋭い注意力が続くとかいったことではない。注意をある対象に向ける、心《マインド》が他の対象に逸れないようにする、そしてその注意を少なくとも数分間キープできるようにすることだ。

エクササイズ：マインドフルな呼吸による集中

145ページの深い呼吸エクササイズに書かれたやり方で、3〜5回横隔膜を使った深い呼吸が終わり、身体に残っていたすべての緊張がほぐれたら、次のことをしよう。

自然な呼吸のペース、浅過ぎず、かつ力の要らない呼吸を見つけよう。自分の呼吸の感覚に意識を向け、そこに心の錨を下ろすため、（たとえば空気が出入りするのがわかる鼻の孔、膨らんだり縮んだりする下腹部などの）一点に意識の焦点を定める。心がどこかに彷徨《さまよ》い始めたら、常にこの焦点に意識を戻すようにする。

心地よい呼吸のリズムが見つかったら、心の中で呼吸の数を数え始めよう。吸う息、そして吐く息で1と数える。息を吸い、…吐きながら、心の中で「1」と唱える。息を吸い、…息を吐く、「2」。息を吸い、…息を吐く、「3」と続けていく。

まず呼吸を5、または10まで数えると、再び1から始める。この周期を五〜一〇分間続ける。途中で数が分からなくなっても決して自分を責めることなく、ただそれを受け止める。呼吸に意識を戻し、再び数え始める。

二、三週間続け、このエクササイズに慣れてきたら、呼吸の数を10ではなく20、そして30まで数えるようにする。こうして一度の瞑想で一〇～一五分間座っていられるようになるだろう。

切れ目なく数えられるようになってきたら（つまり注意力を落とすことなく数が言えたら）、少しハードルを上げて往復に数えるようにする。たとえば1から10まで数えたら、次は9から1まで減らしていく。これを五分間繰り返す。

意識を集中させるために数を数えるという方法は、特に初心者には有効なやり方だ。普段は内面に関心を向ける代わりに何か別の対象に心を奪われているため、呼吸を数えることでより容易く内面に向かえるようになる。

数を数える方法の代案として、こんなやり方もある。呼吸を数える代わりに、呼気と吸気の周期に注目する。

この場合も、始めに深い呼吸をして心を鎮めてから行う。

次に、心地よい呼吸のペースを見つけ、心の中で吸う息と吐く息に意識を向ける。吸いながら心の中で「イン（入る）」と言い、吐きながら心の中で「アウト（出る）」と言う。これを五〜一〇分続ける。

呼吸を数え続けること（またはインとアウト周期）に熟練してきたら、つまり20〜30回程度、意識が途切れることなく続けられるようになったら（または三〇秒程度呼吸の周期から意識を逸らさずにいられたら）、次のステップであるマインドフルな呼吸エクササイズに進むことができる。

意識をあらかじめ決めておいた焦点（鼻の孔や下腹部など）に集中させる。そしてただひたすらに吸う息、吐く息に意識を向け続ける。呼吸の数を数えるのをやめる、または吸う息、吐く息にインやアウトという名前をつけるのをやめる。ただ呼吸に意識を向け、そこにとどまる。身体から出たり入ったりする空気を感じる。何もせず、ただ息を吸い、吐くを繰り返す。意識が焦点から離れ、どこかに彷徨い出したら、静かに元の焦点に戻し、呼吸に再び注意を向ける。

座っているうちに心は彷徨い、最初に決めた焦点の位置から離れていく。初めのうちは意識が逸れていることすら気づかない。それが起きてもがっかりしないでほしい。それは極めて正常なことだからだ（「人の心とはそもそも彷徨うのがデフォルト」なのだから）。数秒あまり、心を逸らさずにいるだけでも初めは難しいかもしれない。実際のところ、習熟のポイントの一つはいかに素早く心が逸れるところを捕まえて、やさしく元の焦点に戻せるかにある。

意識の集中エクササイズを始めて間もないうちは、セッションを短めにしておこう。たとえば五分程度の短い時間であっても、集中を要する仕事の合間に短い休憩を取って行うことは有効だ。覚えたてで意欲があると、多くの場合ついつい長いセッションをやりたくなる。短いと効果がないのではないかと考えるからだ。しかしそれは間違いだ。この手の精神修養の場合、特に初めのうちは継続性のほうが重要だ。またセッションを短めにしておくと、セッションが楽しくできる。チベットの瞑想の達人はよく、フラストレーションや疲労感ではなく、喜びなど何かポジティブな気分で瞑想を終えることの利点を強調する。

このエクササイズを習慣として二、三か月継続できたら、次はより高度な、数日間瞑想だけを続けるという強化合宿を検討するといい。合宿という孤立した環境、沈黙を守ること、定期的に長時間座るというカリキュラム、これらすべての要素があいまって、生活のペースを落として自らの心と向き合う態勢が整う。このような合宿の経験は訓練の質を高め、自らの心と向き合うことへの抵抗がなくなる。

私はこれまで難易度順に三つのマインドフルな呼吸法を紹介した。一つ目はほとんどの人にとって簡単なやり方で、二つ目は少し難しく、三つめはこれらの中で最も難しい。初めの二つのエクササイズでは呼吸の数を数える、そして吸う息と吐く息を観察するという仕事を与えた。その仕事に専念することにより、気が散らないように留まり、呼吸に関心を集中し、その関心をキープしやすくなる。このため三つ目のエクササイズ、ただ呼吸を意識し続けるというのが三つの中で最も難易度が高い。このエクササイズで心に与えた仕事は、そこにとどまっているということのみだ。

伝統的な瞑想マニュアルでは、これら三つのエクササイズは人によって自分に合うものを選べるように提示されているが、私は初めの二つのどちらかをやり、熟練したら三つ目のマインドフルな呼吸法を上級編として行うほうがより身に着くと考えている。私は今でも呼吸を数えるエクササイズを何回かやり、呼吸を観察するエクササイズは省略し、三つ目の呼吸をただ意識するエクササイズを中心にやっている。これは関心の向かう先を加速度的に内面に向ける無理のない方法で、心はするべき仕事を持たず、型に依存することもない。最終的にはどのやり方が一番自分に向いているかを各人が判断すればいい。エクササイズを二つ選ぶか、三つ全部やるか、あるいは一つに絞るか、など。どれを選んでも、大事なのは継続することだ。

エクササイズ：イメージを使った意識の集中

何かのイメージを使って意識を集中させるやり方もある。これは信仰の対象のある伝統宗教の中で育った人には特に有効な方法だ。たとえば仏教徒にとっては高貴な仏像、キリスト教徒にとっては十字架などがこれにあたる。宗教に縁がなければ、何か心に響く対象、たとえばお気に入りの絵画、美しいアート作品、火の点いたキャンドルなど、どんなものでもいい。豪華なものである必要はない。伝統的な瞑想マニュアルでは何の変哲もないもの、たとえば小石などでもいいとしている。あるいは心臓や額の位置に光の玉を想像するなど、内面のイメージでもかまわない。

たとえば意識を集中させる対象としてキャンドルを選んだとしよう。その場合エクササイズはこんな風になる。

キャンドルに火を点し、正面約3フィート（1メートル弱）の距離で、できれば目の高さに置く。

いつものように横隔膜を動かす深い呼吸を3～5回行う。必要に応じて、身体のどこかに残る緊張やこわばりを吐く息とともに外に出していく。

このように意識を内側に向け、心が鎮まったら、意識の集中エクササイズを始める。できる限りキャンドルの光だけに意識を集中させる。「明るいなあ」、「炎が揺れていない」「美しい光だ」などと、見えることについて極力言葉で考えないようにする。ただキャンドルの炎を見ることだけに終始し、それ以外のすべてを手放す。目は対象を凝視するのではなく、焦点をぼかしてぼんやり眺める。純粋に緩く眺めるという経験を続けていると、キャンドルが心の目で見えるような感覚になっていく。性能のいいカメラで撮影した画像のように、目の前にキャンドルのイメージがあり、背景はぼけている。集中がただ一つの対象物に固定できると、ただ目の前にキャンドルのイメージがあるという状態になる。この時点であなたの知覚体験に関する限り、キャンドル以外の世界は消失している。それらはぼんやりした背景の中にある。キャンドルの光に集中したまましばらくそのままでいる。

この経験の目新しさが褪《あ》せていき、心が慣れてきたら、ちょっと趣向を変えて目をぱっちり開けて外界を見渡してみよう。それから再び視線をキャンドルの炎に戻し、さっきの続きをする。

対象のイメージを使ったエクササイズが気に入り、これをメインアプローチにしたい場合、自分専用のプログラムを以下のように作るといい。まず一〜二分呼吸を数える、または呼吸に注目するエクササイズをしてから、心を鎮め、リラックスするための深い呼吸を3〜5回行う。続いて残りの瞑想の時間をあなたが選んだ対象に集中するエクササイズを前述のように行う。

私が意識の集中訓練を始めたのは若い僧侶の頃だった。それは前述のような瞑想としてではなく、僧院での教育の一環として毎日行う一連の記憶訓練の一つだった。暗記しなくてはならない経文の多くは、まだ若かった私にはほとんど内容が理解できず、控えめに言ってもとても退屈なものだった。とは言え暗記はできた。幸運なことにほとんどの経文は韻文で、リズミカルな流れに乗れば詠唱も暗記もやりやすかった。

暗記に一番適した時間帯は早朝で、朝覚えたところを忘れないように、日中に何度も復唱した。そして夜には先輩の僧侶の前で暗唱しなくてはならなかった。さらに寝る前には外に出て、それまで覚えた経文を初めから今日の時点までを暗闇に向かって詠唱した。一つの経文の暗記が終わると、最低一カ月は毎晩全文を詠唱した。このようにして新たに覚えた経文の記憶を長期記憶に落とし込んでいった。この記憶法は驚嘆ものだ。三〇年以上経った今でも、当時の経文を1、2回読んで内容を思い出せば、すらすらと暗唱できる!

暗記による学習法は、特に西洋では丸暗記は機械的でよくないとされていることは承知している。しかし暗記は特に幼い子供たちにとって、注意力の訓練にはパワフルなアプローチと言える。暗記法は、学習の仕方としてではなく注意力や記憶力の訓練法として学校教育に再び取り入れることには意義がある。

メタ認知《メタアウェアネス》の強化

心を鎮める、集中する、に続いて三つ目の心を整える訓練は、一段高いところから自分の思考、感情、行動、あるいは外界で起きていることとのつながりに気づくことだ。仏教も近代心理学もこの種の気づきを「メタ認知の気づき」と呼んでいる。メタとはギリシャ語を語源に持つ接頭語で、「その上の」という意味だ。たとえば形而上学《メタフィジックス》とは文字通り形而（物理）の上という意味だ。しかし近年の英語では、ある現象を含むより大きな枠組みという意味で使っている。たとえばメタデータとは、データ（情報）に関する情報のことを指し、メタ認知とは、認知についての認知、思考についての思考という意味だ。

ここでは訓練という目的に照らし、思考、感情、行動の力学に関心を向けるプロセスに注目したい。日常的に起きる出来事に飲み込まれ続ける代わりに、一歩下がって自らの意識の劇場を眺める──その劇の演者としてではなく、観客になったような視点を持つ。少し離れたところから観察するという、別次元からの展望によって、従来の気づきとはまた違ったタイプの気づきが生まれるのだ。ただそこにとどまり、自らの身体、感情、意識とその内容を、批判や抵抗なく観察するというスキルこそ、マインドフルネスの中核となる訓練と言える。このエクササイズは仏教瞑想を元にしてアレンジしたもので、意識を向ける対象物を持たない手法だ。

エクササイズ：メタ認知

ここでも瞑想の始まりはいつもの横隔膜を動かす深い呼吸を3～5回行い、身体に緊張やこわばりが残っていたら、吐く息とともに外に出す。

さらに心を鎮めるには、呼吸を観察してから呼吸を一～二分程度数えてもいい。

心が安定したら、呼吸に向けていた注目を解き、今ある状態への気づきに移行する。目を閉じている場合、視覚という刺激が一つ少ない分苦労は少ないだろう。しかし目を開けていたい場合は、色、柄、絵画など関心を奪われやすいもののない、無地の壁に面して座るといい。

さて、今という時間にとどまり注意を払っていると、外を走る車の音、どこかでさえずる鳥の声、コオロギの羽音、また痛くなってきた膝、ふと浮かんだ考え、過去の記憶といったいろいろなことが意識に入っては出ていき、次々通り過ぎていくことに気づくだろう。今起きていることのすべてに注意を払い、意識に入ってくるものを拒まず、それに同調もせず、ただシンプルに観察を続ける。それらを観察し、存在を認識し、手放す…観察し、認め、手放す…

このシンプルな気づきのエクササイズを最大一〇分続けよう。慣れないうちは特に、一五～二〇分の休憩をはさんで何度も行うといいだろう。

近年の瞑想の風潮では人気の高い歩行瞑想も、気づきの訓練の手法の一つだ。いくつかの段階に分け、規則的で非常にゆっくりしたペースで歩く。

屋内でも屋外でもかまわないが、少なくとも何かにぶつからずに五〜一〇歩けるような静かな場所を確保する。身体をリラックスさせて立ち、身体の前か後ろで掌を合わせるか、体側に沿って腕をぶらんと下げるかする。目は開け、ぼんやりと前方を眺める。屋内の場合、そして屋外でも気候などの条件が許す限り、床や地面を直接感じられるよう裸足で行う。

態勢が整ったら、歩き始めよう。スローモーションのようにゆっくりと右足を上げ、心の中で「今右足を上げている」と言う。そして右足で床（地面）を踏み、こう言う。「今足を床（地面）に置いた」。次にかすかに身体を前傾にして、ゆっくりと左足を挙げ、「今左足を上げている」と言い、左足を床（地面）につけ、「今左足を床（地面）に置いた」と言う。この動作を繰り返し、歩行瞑想を数分から一〇分間行う。

普通の歩行速度で歩行瞑想をしてもいい。速度が速いと、歩行を四つの動作に分けてそれぞれを観察する時間的余裕はない。しかし、右足を上げ、地面に下ろし、次に左足を上げ、それを下ろす、という風に、動作に注意を払うことは可能だ。それにより、歩行という動作をシンプルに観察し続けることができる。実際のところ、今日歩行瞑想と呼ばれているものは、伝統仏教でいうところの「座位瞑想後の訓練」の一部だ。要するに、僧侶たちには座って瞑想をしている時以外の、歩行を含むあらゆる活動のさなかにも自分に全幅の注意を払うという訓練がある。

普段の歩行を歩行瞑想として活用できるなら、それは瞑想が日常の一部になっているということになる。私は毎日チベタンテリアの愛犬ツォマと、昼食後に三〇分ほど散歩をするが、その一部を瞑想の時間にしている。たとえば公園を散歩している時に、まず数回の呼吸を数えてみる（これをする時は歩みを遅くするか、近くのベンチに座るなどする）。それからただ歩行を観察する――右足を上げた、地面に置いた、次に左足を上げた…これを数分続けたら、注意を歩行に向けるのをやめ、どこにも焦点を定めない、漠然とした気づきへと移行する。外界（公園の外の道路を走る車の音、通り過ぎる人々など）や内面で意識にのぼる諸々のこと（人々についての考え、車の騒音への嫌悪感、二日前に起きた出来事についてなど）をただ観察し、手放す。しばらくしたら注意を再び歩行に向け、その後歩行から全般的な気づきへと移行させる、などなど。このようにして二つの意識状態を交互に行う。

心を鎮めることとは、心をリラックスさせることだ。私たちが習慣的に陥っている、せわしない、ストレスフルな思考パターン、そしてそれらに対する自動化した、本能的感情的反応の連鎖を断ち切ることを学んでいく。心の中で延々と「もし○○になったらどうしよう」と考え続ける雑念を鎮め、過剰分析・反芻《はんすう》や、遠い昔の役に立たなくなった経験に固執する傾向を手放すことを学んでいく。鎮まった心でいるほど、今という時間に容易にとどまることができ、それだけ自分や周囲の人々を気づかう余裕が生まれる。

心が焦点を絞る時、自然な傾向として彷徨い始める心の手綱を引くことができ、その結果、普段なら行き当たりばったりに浪費されていく精神エネルギーを有効活用できる。さらに重要なのは、自分が本当に大切にしている対象に注意を向けられることだ。注意を向けることにより気づくことが増え、自分や周囲の人々についてより深く理解できるようになる。これは人に生まれつき備わっている共感能力を喚起するためには不可欠だ。実際、注意を向けなければ共感も理解も生まれない。共感と理解なしに慈悲は生まれない。原理は至ってシンプルだ。

最後に、メタ認知能力を高めることで、自分にもっとよく気づき、他者のこともよりよく見えてくる。自分が安心していられる場所があればこそ、勇敢に外界の出来事をあるがままに受け止め、向き合っていける。自分の思考や感情、とりわけネガティブで痛みを伴うものを含め、その存在を認識している。第三章で見てきたように、人は本能的に苦痛を忌み嫌うため、自らの好ましくない経験を否定し、抵抗するものだ。これは苦痛を悪化させるだけでなく、同じ苦痛を味わっている他者とのつながりを遮断する。メタ認知能力は、自分や他者の苦痛を脅威に感じることなく受け止めることを可能にする。なぜなら苦痛に飲み込まれ、振り回される代わりに一歩下がって客観視することで対処するための心の余裕が生まれるからだ。この時、怖れによって身動きが取れなくなることもないため、苦しんでいる人を見れば自然に発動する慈悲の本能が姿を現すのだ。

第六章
不自由からの解放
自己中心の牢獄から脱出する

〝優しい心に勝る魅力はない。〟
――ジェーン・オースティン（一七七五―一八一七）

〝肥沃な土をつくるように慈愛で自分の心を整え、
その土に慈悲の種を植えるとそれは見事に繁茂するだろう。〟
――カマラシラ（八世紀）

英語の動詞 care には複数の意味があり、大変興味深い。たとえばモノに対して使う時、それはその対象物を慎重に扱うという意味だ。about という前置詞を足して人に使う時、その人に興味があるという意味になる。重要なのは、for という前置詞を足して人に使う時、その人の安全や幸福を気にかけるという意味になる。英語では care という同じ動詞を使って、「気にかける」と「興味がある」という感情に根差した行動を表現する。さらに動詞を一つ加えて take care of とすれば、「世話をする」という意味になる。care という動詞がこのように多層の意味を成すことは、人の心の重要な働きを捉えているように私には見える。**誰かを重要視する時、その人のことを気にかけるようになり、その結果その人の安全や幸福により関心を抱くようになる。**前章から扱っている、注意を払うという行為が、その人を気づかうという経験（そして最終的には行動）と不可欠なつながりを持つのはこのためだ。

　これまで学んできた連鎖は以下の通りだ。意図⇩動機⇩注目⇩慈愛&慈悲⇩親切な行動。

　本章のテーマは慈愛と慈悲の連鎖だ。仏教の慈悲瞑想では、誰か大切な人に対する愛情を想起する訓練をする。手始めに大切な存在となっている人物を選び、その人への感情を確認できたら、対象となる人をどんどん増やしていく。そして最終的にはすべての生きとし生けるものに対する愛情を抱く訓練をする。そして愛と慈悲がすべてのものに対する基本姿勢となるまで続ける。この訓練のわかりやすいメリットは、心が開かれることだ。自分の外側に働きかけ、外界が自分に反応し、触れる――これが人であるということだ。古代の仏教の経文で anukampa と呼ばれる言葉があり、それは「人を想う」、「人をいたわる」という意味で、「心が震える」とも訳される。[1] それは繊細で生き生きとしたエネルギーで心が震える、つまり文字通り人の心が誰かの優しい心によって動かされる様子を想起させる。心が震える経験は誰もが持っていることだろう。自分や他者の欲求に応えようとする時、その行為が心を動かし、生きている実感をもたらすのだ。相手を思いやるほど、目の前の状況に心のエネルギーを注げるようになる。

毎日を開かれた心《ハート》で生きる

西洋では少なくともアリストテレスの時代からの長きにわたり、人間は主として理性の生き物だと定義してきた。近年になって、人間は芸術性やスピリチュアルな感性を併せ持つ、感情の生き物でもあるということが認識されるようになった。私に言わせれば、他者の優しさに触れ、心を動かされることのない人生など、人生の影に過ぎないと思う。人は他者や周りの世界に触れ、感動する時、そして他者との絆を感じる時、生きることに意味や目的を見つける時、…要するに自分よりも大きなものを大切だと感じられた時に、一番生きている実感を感じるものだ。このように自分以外の存在を気づかうことで人は人として完成する。それは私たちを前進させる原動力だ。月並みな表現ではあるが、人はつくづく他者とつながるようにできている。

しかし、気づかいは受容する力を前提としている。つまり心が開かれていなければ他者が触れることができない。恋に落ちることですら受容性が求められる——誰かに影響される感受性が必要だ。恋に落ちようという意志を持つことはできないが、心を解放し、柔らかく前向きなハートで恋に落ちる自分を許すことはできる。頑固に閉ざされた心には誰も触れることができない。心が閉ざされていると、祝福が降り注いでも受け取ることができない。心が開かれていなければ恋しているつもりでも、それは何かの勘違いだ。(勘違いの一例としては、特定の他者を自分のものにしたいという我欲に溺れているなど。)

人が心《ハート》を閉ざすのは、過去に傷つけられた経験があり、それを繰り返すことを怖れるからだ。他者や外界にあまりに頻繁にがっかりさせられたり騙されたりしたと感じると、心のガードは固くなっていく。心を開くのは騙されやすく間抜けな奴だと考える。傷つけたのは友人や家族、同僚、あるいは人を抑圧し、搾取する組織や社会機構だったかもしれない。私たちは誰もが何らかの形で傷を負っている。私が祖母に深い洞察を受けた理由は、中国共産党の支配下で幾多の苦難を味わったにもかかわらず、心はいつでも開かれていて、人間らしさを常に失わずにいたことだ。

ときには「教育」の過程で不信感を抱くことを覚え、思いやりの心から離れてしまうこともある。ケンブリッジにいた頃、皮肉屋であることと、高い知性や洗練度が往々にして同等に扱われていることに驚いたものだ。皮肉屋でない人は未熟者、というわけだ。しかし皮肉や風刺と懐疑主義を混同してはいけない。懐疑主義者は敵対者の論旨を受け入れる度量を持っているが、皮肉屋は議論に興味がなく拒絶する。心を閉ざしているのはそれが安全だからだ。議論に乗ってしまうと自分の無知がバレるからだ。私は皮肉屋です、というキャラを一度身につけてしまうと、それをやめる方法が分からなくなり、そういう人格になってしまうという危険性がある。皮肉は不信を生み、不信は孤独を連れてくる。不信と孤独はどちらも苦境の根源として名高い。他者への気づかいを学ぶ、**あえて実行**することとは、皮肉屋のキャラに埋没することから救い出してくれる。

第三章で見てきたように、自分の殻を破って外に出て、心を解放するには勇気が要る。自分をさらせば無防備になり、落胆や批判に見舞われ、危害を加えられるかもしれないからだ。そして心をさらけ出せばその分だけ深く傷つけられるのは事実だ。救いがたいのは、そのような傷を与えた張本人は、相手が傷ついていることに気づいてすらいないことがある。ところで人が傷つくのは、相手への気づかいが原因だ。（赤の他人に傷つけられても、それほど影響を受けない。）しかし第三章で扱ったように、自己防衛は習慣となり、他者だけでなく自分自身すら遠ざけかねない。心を開くことの恐怖に一瞬ひるむかもしれないが、それをしないことは生きることを手放すことに等しい。傷つかなくなるわけではないが、心を解放して他者を気づかい、傷つき（または落胆し、世を拗《す》ね）、それでもちゃんとやっていけることを学び、再び他者を気づかえる人になっていく。そして何が起きたとしても、それ以上悪化させないことを学習していく。これがメタ認知によって得られるオープンで限界のない、無条件の安全のメリットだ。その一方で心を閉ざすことで得られる安全は極めて限定的だ。

私は傷つくと、その感情がどこから来るのかをまず理解しようとする。すぐに反応するのではなく、まずはペースダウンして（心を鎮め）一歩下がって（メタ認知）見る。ペースを落とすことで、自分や相手について性急な判断を下すのを避けられる。ときには、湧き起こる感情の原因が、きっかけを作った相手とは何の関係もないことに気づくこともある。心の痛みにはほとんどいつでも落胆という要素が含まれていて、自分が期待した内容や程度が満たされなかったことと関係がある。まずペースを落とし、その期待が何だったのかを探ると、我知らず勝手に現実離れした期待を抱いていたことに気づくことがある。傷つくこととは（定義上）痛みを伴うものだが、自分の心の中にあるものを発見する好機でもある。皮肉屋は聞く耳を持たないかもしれないが、気づかいのできる人になりたいという意志さえあれば、訓練によって苦痛は好機に早変わりする。

心を開くにはどうすればいいだろう？　本章の後半で扱う坐位の瞑想の他、日常の中でできることがある。思いやりの機会はどれも心を開き、心を温かくする機会だ。誰かに思いやりを受け、心がほっこりした時も同様だ。そのような祝福の機会が訪れた時にするべきなのは気づくこと、そのまま通り過ぎるのではなく、立ち止まってその経験にとどまることだけだ。

芸術も一つの方法だ。インド南部の町バンガロールで、リチャード・アッテンボローの映画「ガンジー」を初めて観た時のことをよく覚えている。気分が高揚し、別次元を生きているような感覚が数日間続いた。まるで五感を通じてではなく、開かれた心から直接経験しているかのように、現世を生きることが質的に変化した。これを文学作品を通じて経験する人々もいる。映画『いまを生きる』（私の一番のお気に入りの一つ）の印象的なワンシーンで、ロビン・ウィリアムズが演じた主人公の教師が、情熱を込めてこう言い放つ。「僕らが詩を読んだり書いたりするのは、それがかわいいからじゃない。僕らが詩を読んだり書いたりするのは、僕らが人類の一員だからだ。詩、美、ロマンス、愛。こういうものが僕らの生き甲斐、生きる目的なんだよ。」

あるいは個人の文化的背景や好みによっては、宗教的な文献、音楽、視覚芸術などに触れると瞬時に心が開かれる。私などはチベット僧院の詠唱音楽や、一九七〇〜八〇年代のインド映画音楽、特にモハンムド・ラフィとキショア・クマールという二大男性歌手が歌う曲を聴くと効果てきめんだ。私はこれら二種類の音楽を聞いて育ったからだ。しかし数年前、エストニアの作曲家、アルヴォ・ペルトのスピーゲル・イン・スピーゲル（鏡の中の鏡）という曲に遭遇した。この作品はハリウッドの二〇一三年の大ヒット映画『ゼロ・グラビティ』（宇宙空間で遭難した二人の宇宙飛行士の話）の予告編でサウンドトラックとして使われていた。2、3の簡単な旋律のリフレインにごくわずかなバリエーションがつけられて、あたかも合わせ鏡の中でお互いを際限なく映し続けて永遠の時間を表現しているような楽曲だ。これは今まで聴いたことがないような音楽だったが、優しい気持ちにさせてくれ、世界を我が家と感じさせてくれる。

もちろん、本や映画を通じて俗世間と距離を置く方法もある。意図設定と献身の訓練（第四章）では、人の本来の目的に資するように芸術を活用できているかに気づかせてくれるだろう。

スタンフォードのコンパッション・トレーニングを受けたことのある30代の女性は、勇気を出して自分の殻を破り、外界に冒険に出た時の快感について以下のように綴っている。

私はこれまで本当にシャイでした[2]。CCTのお陰で私は自分の殻を破ることができたと思います。ある音楽フェスティバルに友人と行った時のことですが、ほとんど観客のいないステージで演奏しているバンドを見かけました。そのバンドは寂しそうで、気の毒に感じました。ほとんど無意識に私はそこに行き、彼らの前でダンスを始めました。私がダンスをしたんです！　そんなこと今まで一度もしたことがなかったのに。すると三々五々人が集まり出し、すぐに群衆ができました。実践すればするほど、私にも他者の心に橋を架けられることが分かりました。私の殻はこれまで人々から自分を守ってきましたが、今は不要な時もあると感じられるようになりました。

慈愛＆慈悲の瞑想を通じて心《ハート》を解放する

自らの中にある、他者を気づかう心とつながるための、伝統仏教の手法を現代風にアレンジしたコンパッション・トレーニングで使う正式な坐位瞑想には、慈愛と慈悲の二種類がある。仏教心理学で慈愛と慈悲とは心を二通りに表現したものであり、互いに気づかい合うという人類の主要なテーマのバリエーションだ。慈愛とは、他者の幸福を願うこと、慈悲とは他者が苦しみから解放されるよう願うことと定義している。両者は密接に絡み合ってはいるが、焦点が異なるためそれに伴う感情の質も違っている。これらは同じコインの表裏だと捉えることができる。慈悲を、慈しみという傘の元、苦しみに焦点を合わせた特定の形だと捉えてもいい。これらはどちらも四無量心（第四章）のうちの二つであり、人の幸福を願う二通りの手法だ。

これらの習慣の起源は二五〇〇年以上前のブッダ本人にまでさかのぼる。有名な慈経《メッタスッタ》（慈愛に関する講話）では、心の一連の願望の形について指南している。（心《ハート》そして脳《マインド》――原始仏教の経典はパーリ語で書かれていて、パーリ語で両者は同一視されている）にはこんな傾向があるので、他者の幸福をこんな風に願う。

経典の教えは以下の通りだ。

願い：喜びと安寧《あんねい》とともにあれ(3)。
どんな生き物も残らず、
すべての存在が心穏やかでありますように。
弱きものも強きものも、誰一人取りこぼすことなく、
大きくたくましきもの、普通のもの、背が低いもの、小さきものも、
見えるもの、見えざるもの、

近きもの、遠きもの、生まれしもの、未だ生まれざるもの、すべてのものたちに幸あれ！

この至高な講話を元にして、仏教は伝統的に生きとし生けるものへの慈愛・慈悲の心を育てるための組織立った瞑想訓練を開発してきた。これらの伝統仏教瞑想は通例自分自身を起点としている。つまり、私たちの誰もが生まれながらに持っている、幸福を求め、苦しみから解放されることへの願望だ。次に、愛する者に焦点を移し、この人物の喜び、幸福、平和を願い（慈愛）、苦しみからの解放を願う（慈悲）。その先は焦点の範囲を拡大していき、「中立的な」人（特に好きでも嫌いでもない人のこと）の喜び、幸福、平和を願う。その次には「困難な」人（たとえば私たちをイラつかせる人）、そして最後に範囲を最大限に拡大し、すべてのものたちの喜び、幸福、平和を願う。

しかし、第二章でも触れたように、西洋では自分を起点にすると、この過程に急ブレーキがかかる傾向がある。このためここでは、より始めやすい焦点として愛する人を起点にしている。これはその人のことを考えるとほっこりした気持ちになるような人のことだ。この人（またはペット）との現在の関係は複雑でなく、想起すると心が優しくほのぼのした慈愛を感じるような相手だ。子供が生まれたばかりの親は我が子を選ぶだろう。6歳児と14歳児のどちらも同じくらい愛しているという親は、もし14歳児が反抗期を迎えているなら6歳児を選択するほうが妥当だろう。大好きな祖父母、親友、かわいがっているペットを対象にするのもいい。

エクササイズ：慈愛《ラビングカインドネス》瞑想

コンパッション育成トレーニングでは、誘導瞑想の形で実践している。目を閉じて瞑想を行いたい場合は、台本を自ら読み上げ、録音しておくのもいいだろう。

リラックスできて、意識ははっきりしていられる坐位を決めよう。準備としては、深呼吸を3〜5回行い、吸った息は下腹部まで入れ、ゆっくりと吐き出す。

その後約一〜二分、呼吸を数えるか、ただ呼吸に意識を向ける瞑想をする。

ここで、複雑な感情を喚起しない、ただ愛情を感じる人を思い浮かべる。もし必要なら思い浮かべるのにその人（ペット）の写真を用意してもいいが、視覚的にイメージする必要はなく、なるべく臨場感たっぷりにその存在を感じられればＯＫだ。もし視覚的に浮かび上がらせることができたら、大切に思っているその相手の姿をできるだけ鮮明に思い出してみよう。その人のことを考えている時の自分の感情、ハートの様子に注意を払ってみよう。（ここでハートと言うのは、物理的な心臓というより胸のあたりの領域のことを指す。）
優しさ、暖かさ、真心、愛情が湧いてきたら、それらとともにしばらくいてほしい。特に何の感情も浮かばなくても心配は無用だ。愛するその存在のことを考え続けよう。そして心の中で以下のフレーズを、ひと言ずつ間をあけて唱えよう。

あなたが幸せでありますように…
あなたが苦しみから解放されますように…
あなたが健康でありますように…
あなたが安らぎと喜びを見出せますように…
あなたが幸せでありますように…
あなたが苦しみから解放されますように…
あなたが健康でありますように…
あなたが安らぎと喜びを見出せますように…

ここで、愛する人のイメージを改めて想起し、暖かさ、優しさ、愛情を生じさせる。もし可能なら上記のフレーズを繰り返す。この瞑想訓練をしばらく、たとえば三〜五分の間繰り返す。

次に、自分の胸の中心から、自らのすべての愛と絆を含んだ暖かい光が、吐く息とともに外に出る様子をイメージする。この光が愛する人に触れると、安らぎと幸福がその人に届けられる。そこで再び上記のフレーズを心の中で繰り返す。

そして、その人の幸福を想い、心の底から相手の幸福、喜びが実現することを願う。一分ほどこの喜びの状態の中にとどまる。

幸せを願う瞑想から、苦痛からの解放を願う瞑想へと内容を差し替え、同じやり方で行う。これが慈悲瞑想の中心となる。

最終的に、生きとし生けるものたちの苦痛からの解放を願うことで完結するが、慈悲瞑想でも、この心の部分を想起するにあたり、慈愛瞑想の時同様、比較的シンプルな関係の愛する人（または動物など）の苦痛から始めるとやりやすい。その相手を個人的に知っている必要はなく、たとえばテレビでたまたま見た不幸な子供、通勤途中に見かけたホームレスなどでもいい。また、家庭内暴力に常にさらされ、恐怖の中で毎日を過ごす家族を思い浮かべてもいい。残念ながら悲劇的な例はいくらでも見つかる。身近なところで、何らかの苦境にある友人や家族のことを考えてもいい。私的な範疇に限定してもなお、候補には事欠かないことだろう。この世の一切が苦しみだということは、仏教の四聖諦《しせいたい》（仏教が解く四つの基本的な真理のこと）の最初の一つであり、それは現実だ。身近に病気や重度の障害、不安、絶望その他の精神障害、人間関係のトラブル、失業、薬物依存、孤独、悲しみを抱える人はいないだろうか？　それは慈愛瞑想で選んだ同じ人かもしれない。ここでのカギは、対象を極力具体的に定め、その苦痛に焦点を絞ることだ。

エクササイズ：慈悲《コンパッション》瞑想

前回同様まず深呼吸をしてから、呼吸を数えるか、ただ呼吸に意識を向ける瞑想を終えたら、次のように進めよう。

あなたの心にある人物が、困難な経験をしている様子を思い浮かべる。今まさに渦中にある場合もあるだろう。それがどんな感じかを想像してみる。その人の苦痛を体験するとどんな気持ちが湧き起こるかに注目しよう。心臓の辺りがキリキリと痛んだり、下腹の辺りに違和感を感じたり、すぐに助けに行きたくなるかもしれない。特に何の感情も身体の反応もない場合は、そのまま考え続ける。どんな感情や思考が出てきても、ただ観察し、それらとともにとどまる。

次に、その人の苦痛を想像し、心の中で次のフレーズを唱える。

あなたが苦しみから解放されますように…
あなたが怖れや不安から解放されますように…
あなたが安心と安らぎを見出せますように。

苦境にある相手を想い、呼吸に注意を払いながらこれを数回繰り返す。時々その人のことを改めて想い、その苦痛やニーズに思いを馳せる。それから心の中で上記フレーズを唱える。このようにして三〜五分繰り返す。

瞑想を終えようと思ったら、自分の胸の中心から、自らのすべての愛と絆を含んだ暖かい光が、吐く息とともに外に出て、その人を包む様子をイメージする。するとその光が苦痛を溶かしていき、安らぎと静寂が生まれる。そこで再びその人を想い、心の底から相手が苦痛から解放されることを願い、上記のフレーズを心の中で繰り返す。

あなたが苦しみから解放されますように…
あなたが怖れや不安から解放されますように…
あなたが安心と安らぎを見出せますように。

沈黙の訓練のパワフルな成果

主に西洋で広く行われている慈愛瞑想は、上座部（小乗）仏教のメッタ修行の伝統を元に作られている。メッタはパーリ語で、サンスクリット語ではマイトリと呼ばれ、「友達」や「友情」を意味するミトラと語源を共有している。西洋で慈愛瞑想を一般に広めた人物の一人が、瞑想の指導者シャロン・サルツバーグだ。この瞑想の指導のほか、サルツバーグはアメリカの心理学者バーバラ・フレデリクソン（慈愛瞑想を医療に応用する可能性の探究に関心を寄せる）をはじめとする研究者たちと共同研究を行っている。

フレデリクソンとそのチームは、デトロイトの大手ソフトウェア&情報テクノロジーサービス企業の社員を対象に、初期の慈愛瞑想の研究を行った。二〇〇名あまりの社員がこの研究に自主参加したが、このうち半数を無作為に瞑想グループとして、残りをスタンバイの対象群とした。瞑想のコースはサルツバーグの指示を受けた瞑想の指導者が1回一時間の慈愛瞑想を6回行うというものだった。(4)

この研究論文で著者らは「結果は明白だった。(5)慈愛瞑想の実践は愛、喜び、感謝、満足、希望、誇り、興味、娯楽、そして畏敬の念といった多様なポジティブ感情の経験へと彼らの日常を変容させた」と綴っている。研究者たちは、慈愛瞑想が直接作用した結果生まれたポジティブ感情は、「彼らの日常をより充実したものに変え、鬱《うつ》症状を寄せつけないための助けとなる軸を築くメカニズムである」と主張した。研究はまた、ポジティブ感情と自己受容、良好な人間関係、人生の充足感や目的意識などとの間には確かな関係《つながり》があることを発見した。そして、「ひと言で言えば、日常的に起こるポジティブ感情を高揚させることにより、慈愛瞑想の訓練は長期的な成果を生み、その人の人生を純粋に向上させる」と結論づけている。(6)

その後の研究では、フレデリクソン自身が教鞭をとるノースキャロライナ大学チャペルヒル校で教授陣と職員の総勢65名を動員し、慈愛瞑想とストレスとの相関関係を調査した。参加者たちは無作為に二つのグループに分けられ、一つは熟練した指導者の下で実施する六週間の慈愛瞑想コースに参加し、もう一つは何もしないスタンバイグループとなった。

この研究で測定された重要な指標の一つは心拍変動（つまり被験者の迷走神経がどれくらい緊張しているか、または反応するか）だった。迷走神経は呼吸と連動し、心拍の揺れを調節する神経だ。フレデリクソンが指標の一つとして迷走神経を選んだのは、それが他者とのかかわり方に関係しているからだ。解剖学的に見て、この神経はアイコンタクトを取る、他人の話を聞く、感情表現を調節するといった社会活動に不可欠な機能を司る神経とつながっている。過去の研究では緊張した迷走神経は他者との親密さや利他的行動と関係があることが分かっている。（心拍変動として現れる迷走神経の緊張度は心臓疾患の罹患率の低さとも関係があり、迷走神経はグルコースの量の調節や自然免疫反応をつかさどる神経だ。社交活動、利他的行動、健康な心臓と免疫系といった諸々の事柄すべてのつながりが分かるのであれば、研究者たちが迷走神経の研究に取り組んでいるのもごく自然なことだ。)

何もしないスタンバイ組と比較して、瞑想を学んだグループはポジティブ感情を増加させ、他者との絆、そして迷走神経の機能を向上させた。[7] 研究内容を振り返り、フレデリクソンは「他者とのやり取りの一つひとつが健康増進の調節の最小単位と言える」と話す。[8] スタンフォードのコンパッション育成トレーニングがもたらすいくつかの効果は今や、感情のコントロールからストレス反応まで、そして対人恐怖からPTSDまで、多岐にわたることが分かっている。これらについては本書の後の章で紐解いていきたい。

慈愛と慈悲の瞑想の実践の利点のうち、私が気に入っているものの一つに、嫉妬や恨みの感情を和らげることが挙げられる。自分が嫉妬深いということは自分自身を含め、誰も認めたがらない。しかし今日の熾烈《しれつ》な競争社会において、嫉妬は静かに蔓延《まんえん》している。夫婦間ですら相手の成功を妬《ねた》ましく感じるなど、家庭内にも忍び寄っている。基本的に他者の幸せを願う慈愛と慈悲の瞑想は、相手の幸運に喜びを感じられるよう心を訓練する。これが嫉妬や恨みの問題に対する最もパワフルな解毒剤となる。

嫉妬は放置されると恨みとなり、恨みは心を閉ざす。このため恨みの感情をそのままにしておいてはいけない。最初のステップはその存在に気づくこと。それに名前をつけ、どこからきたのかを探す。嫉妬の対象となった人物と正直な話し合いが必要なら、その機会を作ることは双方にとってよい成果をもたらすだろう。
しかし嫉妬の真の被害者は自分自身だ。嫉妬心が生まれた瞬間に心は均衡を失い、不安が湧き起こる。何だかわからないが何かがおかしいと感じる。居心地の悪さを感じ、違和感が消えてほしいと願う。しかし心にある嫉妬心を否定することは、たとえるなら「象について考えるな」というのに等しく、結果的にそのことについてばかり考える羽目になる。嫉妬心が心に棲みつくと苦々しい思いへと発展し、その想念は毒ガスのように周囲に広がっていく。人の悪口を言う。嫌いな人の不幸に快感を覚える。…これらは慈愛・慈悲の実践の真逆であり、瞑想の実践で癒やすことができる。チベットの古典で、長く愛されてきたパンチェン・ラマ一世の有名な教えには、以下のような言葉がある。

苦しみはこれっぽっちも望まない(9)。
幸せはいくらあっても飽き足りない。
このことで世の人々と私の間に差異はない。
人々の幸福を喜ぶために、どうか私に祝福を。

慈愛＆慈悲には願望以上の効果がある

伝統的チベット瞑想の実践において、慈愛・慈悲瞑想は、他者の幸福と苦痛からの解放を願うことに加え、他者から受ける思いやりにも深い内省を促す。これは煎じ詰めれば感謝の訓練であり、特に愛する人々から受けた思いやりに対する感謝の心を育む訓練だ。今日では、感謝することのメリットを科学的に証明する文献が増えたお陰で、西洋の人々は以前より感謝に注目するようになった。感謝の気持ちを育むことは、より快適な人生、そして社会参加の増加に直結している。(10) 私が気に入っているのは、感謝が人の心をポジティブにするという点だ。人の意識のトーンが感謝の気持ちに包まれていると、自分に起きた幸運に感謝し、自分が持っていないことを嘆く代わりに、自分の手の中にあるものをありがたく感じるようになるため、将来を楽観的に捉えるようになる。

両親を筆頭に、年長者を敬うという東洋の伝統的価値観に倣《なら》い、チベットの他者への感謝の訓練の中心にあるのは母親だ。母親から受けた思いやりに深い感謝の念を抱くことができれば、人生の多様な局面で新しい自分の誕生を支えてくれた数えきれない母親たちへと感謝の輪を拡大できる。他者から受けた思いやりに対する感謝について、十四世紀の有名なチベットの経典をご紹介しよう。

母の胎内にいた時に始まり、(11)誕生から成長の過程で、母は私に食べさせ、服を着せてくれた。母は自分の持っている一番大切なものを私にくれた。母は私を宇宙の君主以上の存在として扱ってくれた。母は力の限りを尽くして私を危機から護《まも》り、幸福へと導いてくれた。母は偉大なる思いやりの源泉だ。だから私も母に報いるため、母を苦痛から護り、幸福へと導かなくてはならない。

アメリカの仏教学研究者ロバート・サーマンがかつてこんなことを言っていた。テレビにジョージ・ブッシュ前大統領（サーマンにとって「困難な」人物。これはアメリカがイラク侵攻した直後のイラク危機の最中の話）が映ると心がざわつくため、彼の顔に自分の母親を重ねて見るようにした。これで心の平静が戻ったということだ。

これまでのところ、このチベット瞑想を一般向けに応用した現代版は存在しない。しかし、一般に人々は他者に対して思いやりがあるものだと捉え、それが見つかった時、そこに注目することは可能だ。不満をあげつらうのではなく、人々が自分にしてくれた親切の数々をリストアップする習慣を身につけることはできる。

日本には内観法と呼ばれる正式な訓練法がある。これは宗教とは無縁でありながら、チベットの精神に極めて近いものがある。内観とは文字通り心の内側を観察することを指し、戦後の日本の実業家、吉本伊信が考案した、緻密に構築された心理療法だ。この訓練法の主唱者によると、内観法は自分自身と、大切な人々との関係をよりよく理解することを助けるという。

ざっくり言うと、内観法はシンプルな三つの質問（これに尽きると言ってもいい）を中心として構成されている。

「私はこの人に何をしていただいたか？」

「私はこの人に何をお返ししたか？」

「私はこの人にどんな迷惑をかけたか？」

アジアの伝統に倣《なら》い、ここでも指導者は母親に焦点を向けさせる。しかし西洋など別の文化圏では、誰に焦点を定めてもかまわない。

私自身内観法を経験したことはないが、幸運にもこの訓練法の研究者の一人、エモリー大学の人類学者、日系アメリカ人のチカコ・オザワ・デシルバの知遇を得た(12)。チカコによると、内観法とは基本的に「他者の思いやりに注意を向けること」だと言う。研究に加え、彼女はリトリートを通じ、この訓練法のパワフルな成果を証明している。曰く、リトリートの環境下で人々は深い後悔の念に涙するが、最終的に心を解放し、彼らの人生で出会った大切な人々により誠実に向き合う決意を固めるという。

結びつきへの原点回帰

別離の苦痛、望みが叶わなかった時の落胆、現状への不満、今より良いものへの絶え間ない願望は、私たちが人であることを定義する基本的条件と言えるだろう。しかしこの弱さは強味でもある。自分の弱さに触れることで他者への理解が深まるからだ。わかるからこそ相手の領域へと踏み込んで手を差し伸べることができる。自らの苦痛とともにあることを習得すればするほど、より深く他者とつながれるようになる。(「弱さについては自分も他者も何ら違いはない。」)逆に、自分の苦痛に気づかずにいたり、抵抗したりしていると、他者とつながり、気づかうための共通の場がなくなる。そしてさらに深い苦痛を味わうことになる。

スタンフォードのコンパッション・コースの指導者訓練リトリートで、ある参加者がこんな質問をした。「自らの苦痛体験は他者を気づかう能力の中核となるものだから、他者が苦痛から解放されることを願うのは矛盾していませんか?」これは実に奥深い質問で、私はこう答えた。「他者が苦痛から解放されるよう願うことにより、私たちは他者の幸福への自然な欲求と苦痛回避の願いを共有する。現実問題として、人が苦痛から完全に解放されることはなく、その意味でこれは抽象的な質問だ。苦痛から解放されるという「問題」がもし本当に起きたら、その時点で考えればいい!いずれにしても慈悲とは自らの、そして他の人々の苦痛を我がものと捉えることに尽きる。その苦痛とは、苦痛が存在するという事実だけでなく、過去に味わった、現在経験している、将来起こり得る苦痛のすべてを含んでいる。物理的にある苦痛から「解放」されたとしても、この先再びその苦痛に見舞われるかもしれない。(この場合、完全に解放されたとは言えないため、慈悲の心が役に立つ。）これは私たちの日常で頻繁に経験する、苦痛のもう一つの次元であり、避けられないものだ。ここは大切に扱わなくてはならない。

八世紀の仏教学者シャンティデーヴァは、苦痛がもたらす重要な利点を挙げている。[13] 彼は、苦痛によって人は謙虚になり、苦しんでいる人に共感できるようになると主張する。ノーベル平和賞を受賞した、驚くべき南アフリカの真実和解委員会の立役者、デズモンド・ツツ大主教は、この洞察を見事に表現している。「我々のほとんどは、自らの弱さや傷つきやすさを通じて共感と慈しみの心を学び、自らの魂を発見する。[14]」痛みや苦しみから逃れられないとしても、それをどう受け止めるかによって自分や周囲に及ぼす結果は大きく違ってくる。苦しみに直面した時、もうお手上げだとばかり自己憐憫に浸り、嘆き悲しむ人。頑なに心をすっかり閉ざす人。一方で、その苦痛から逃げることなくそこにとどまり、その経験から少し賢く、忍耐強く、そして他者に優しくなろうという学びを選択する人もいる。慈悲の実践は、人であることの神髄とも言える苦痛に際し、後者の選択ができるよう導く。

第七章
「私が幸せでありますように」
自分自身をいたわる

〝自分の心が平和でなければ、他人が平和を見つける手助けなどできない。〟

――ツォンカパ（一三五七―一四一九）

〝彼らを赦せないとか、自分のことを赦せないとかいうけれど、
実際は、いつでも赦している。〟

――アリス・マンロー

多くの場合、気むずかしい性格に一番つきあわされているのは自分自身だ。今日の熾烈《しれつ》な競争と個人主義に分断された社会にあって、自分をいたわることの難しさについて論じた第二章の話が不幸なことだとすれば、そこには幸運もある。初めは難しいかもしれないが、その環境に置かれた自

分をいたわり、やさしく接することを学ぶ機会にできる。本章では、前章で扱った同じテーマ、開かれた心を、今度は自分自身に向けることについて扱っていく。慈愛・慈悲の実践を「課題のない」人々（それは主観的なものだが）に対して向けるのは簡単だ。それを頭《マインド》の中で自分に対して築いていく。私たちはすでに心《ハート》を開く練習を終えているので、ここでは自分に対して心を開くことを学んでいこう。

自分への思いやり《セルフコンパッション》と愛着の方式

人は皆自分を思いやる力を持っているが、そのやり方は千差万別だ。この分野の研究によると、それは困難や落胆に遭遇した初期に習得した自己防衛メカニズムによって大きく異なるという。子供の発達と人格形成の研究によると、生後数年間で形成される、いわゆる親和システムの発動と開発が極めて重要だという。**親和システム**（ケアリングシステムとも呼ぶ）とは、安心感や他者との結びつき、満足感といった感情にかかわるもので、オキシトシン（抱擁ホルモンという別名がある）など体内で生成される鎮静効果のあるホルモンとリンクしている。望ましい形として、赤ん坊は両親の愛情深い世話を通じて、親とは心地よさと安全を約束してくれる存在だと認識する。これらの初期体験から、赤ん坊は安心、心地よさ、穏やかさといった情緒記憶を形成する。赤ん坊は安心し、そのことを忘れない。この幸福なシナリオで赤ん坊は心理学者が言うところの「安心という愛着方式」に恵まれる。現代の愛着理論の主唱者、ジョン・ボウルビィとメアリー・エインスワースの研究によると、この理論には安心、心配と専心《せんしん》（夢中になる）、拒絶と回避、恐怖と回避という四つの主要な型がある。(1) 愛着理論は赤ん坊に限定されるものではない。この概念は幼少期に適用されるだけでなく、それらが人格形成、特に身近な他者とのかかわり方に与える影響は一生涯続く。

成長に伴い、自らを落ち着かせる能力は生後数年で培われる――情緒記憶をつくる過程――と主張する研究者もいる。(2) 心の初期設定として安心という愛着方式があれば、過去の経験に照らし、自分は安全で大丈夫だと、少なくともその可能性を、信じることができる。理想的にはこれらの記憶がずっととどまり、危機的状況に陥った時に「心の毛布」（幼児が安心するためにいつも手元に置く毛布やぬいぐるみ）として機能する。したがって、どのような愛着方式を持っているかによって、感情調節の仕方が決まり、それが自身への思いやりの初期設定を作り、そのまま大人になっていく。

理想的でない幼少期を過ごして大人になった人々は、温もりや安心感をゼロから構築する必要がある。それは簡単ではないが、素材はそろっているので十分実現可能だ。ここで言う素材とは、自らの苦痛体験と生来の思いやりの心を指す。赤ん坊として生まれた環境や文化、両親は変えられないが、大人になってから自らの気持ちや行動をコントロールする方法を学び、自分への思いやりを開発することはできる。もしあなたの幼少期が「安心という愛着方式」を手に入れた幸運なものでなかったら、まずそのことに対して思いやりを持つことを覚えよう！　人の人格というものは、案外柔軟で従順だ。

苦しみと共にいる練習

コンパッション育成トレーニング（ＣＣＴ）では、自分への思いやりの訓練を二つに分けている。第一段階、「自分への慈悲の育成」では、自分自身の苦しみやニーズと慈悲深く向き合うことを学んでいく。第二段階、「自分への慈愛の育成」では、自分自身の幸福や願望とのつきあい方を習得する。（この二つのアプローチは前章で解説したとおりだ。）目標としては、第一段階では純粋に自分を受け入れ、いたわる器を、第二段階では幸福を求める自然で正当な欲求を心から祝福する力を、それぞれ培《つちか》うことだ。

自分への思いやりの訓練では、次のような質問を投げかける。「自分が直面する困難に対して拒絶や自己憐憫の代わりに、もっとオープンな心と受容の姿勢で受け止めると、どんな気持ちになるだろう？」「自分自身を批判・叱責《しっせき》する代わりに、やさしくいたわるように接したらどんな気持ちがするだろう？」クラスの参加者たちはそれぞれの人生で味わう困難や苦痛をより慈悲深く受け止め、違った対応をする方法について話し合う。これらの質問にどう答えるかは重要ではなく、答えを考える過程で習慣的に自分に厳しく、批判的な態度をとってきたことに気づき、自らの経験にもっと慈悲深い対応をしてもいいとわかることが重要なのだ。そしてクラスの安全な環境の中で、実際にどう感じるかを試してみる。

多くの場合、人は困難に直面すると、そこに生まれる感情を見て見ぬフリをする。これはまったく自然で、理にかなっている。苦痛は回避したいし、困難の中で「何とか持ち堪《こた》える」ことができないと、バラバラになってしまうのではないかと人は恐れる。そして人は万難を排して自らの感情を封印する。しかしこのやり方は健全ではない上、長期的には破綻する。代償が大きすぎるやり方だ。心の痛手というものは、いろんな意味で身体に負った傷と似ている。心の痛みを押し殺すと、それは適切な手当てをしなかった外傷のように化膿し、元々の傷よりもっとたちの悪いものへと発展する。たとえば元々の心の傷とは、大好きな人々から疎外された苦々しさ、焦り、孤独などだ。

クラス参加者の一人がこんな話をした。(3)

最近私の中で静かな感情の葛藤があった。怒り、フラストレーション、嫌悪感、憤慨、焦燥《しょうそう》など、すべて仕事に関するものだった。これらの感情はしぶとくとどまり、あるいは私自身が引き留めたのかもしれない。私の自尊心は傷つき外界か自分の内側のどちらかに向けて爆発寸前だったが、どちらの方がすっきりするかわからなかった。私は自分の感情を少しもコントロールできない自分自身を恥じ、怒り、そう考える自分を恥じ、怒りを覚えた。私は慈《いつく》しみの心を拒絶した。

もう他人にやさしくするなんてこりごりだ（これは怒りが原因だ）。私は宇宙と調和していないと感じた。私は怒りに震え、当然ながら瞑想なんてとんでもない話だった。それでこのクラスに行き、私の中の嵐が静まるかどうか試すことにした。立ち上がりはうまくいかなかった。悲しい場所に行きたくなかったからだ。

この経験を身近に感じられない人が一人でもいるだろうか？　職場で起きたたった一つの出来事が本人を苦しめ、その拷問が何日も、何週間も、あるいは何年も続くという悲劇は起こり得るだろうか？　この参加者はクラスで瞑想をした結果、心を開放し、怒りが「溶けて」いった様子を以下のように書いている。

職場では以前と同じ不快な状況があり、同じようにムカつく同僚がいるなど、問題は変わらずそこにあるが、それらに感情が反応しなくなったのが最大の収穫だった。怒りとフラストレーションのトリガーとなった出来事について、相変わらず考えてはいるが、…もう怒りを感じることができなくなった。

感覚を持つ生き物である以上、苦しみは避けられない現実だ。だからこそ早いうちに苦しみと折り合う手段を身につければ、その分長く楽に生きられる。第一ステップは自らの痛みや苦しみを拒絶したり、拙速《せっそく》な解決法にすがりたい気持ちに負けることなく、ただ苦痛とともにあることに慣れることだ。古い感情の回路を消去するにはいくつかの方法がある。一つには、ただ感情が起きるに任せ、それを逐一観察し続ける、第五章で扱ったメタ認知のスキルを身につけることだ。

もう一つのテクニックは、特に静かに座って瞑想することが苦手な人々向けのやり方で、湧《わ》き起こる考えを、ただ「観察」しているのか、あるいは「評価・批判」しているのかを識別するという方法だ。(4) 観察するのは事実で、評価や批判とはその事実に対する個人的解釈だ。空港で手荷物検査を受けることを例に挙げよう。たまたま並んだ列が急に動かなくなったため、だんだんイラついてきたとしよう。あなたはこんな風に考えるかもしれない。「いつも自分は一番遅い列を選んでしまうんだ！」「僕が並んだ途端に担当者はどうして仕事をサボるんだ？」「客がフライトを逃してもこの係員は知ったことではないからな」「私にはいつでも最悪のことばかり起きる」……これらをよく読んでみると、ここには事実は一つもない。これらはいら立ちに任せた偏見や憶測、概括《がいかつ》化であり、起きている事実に対する反応だ。ここで実際に起きているのは、「手荷物検査が遅れている」ということだけだ。

自己批判的な考えなどの習慣的思考パターン、とりわけ自分への決めつけ（「何をやってもうまくいかない」など）を解体することは重要だ。心理学、神経科学、そして自らの経験からも正しくないと証明されていても、多くの人々は固定化した自己評価を抱き続ける。私たちは皆、文化的・社会的背景や幼少期の体験に基づき、ある特定の自分像を持っていて、それを意識の奥にしまい込んでいる。そのセルフイメージを通して物事を認識し、自分や外界を経験するため、私たちの日常に重大な影響力を持っている。セルフイメージを持つこと自体に何ら問題はない。問題は、それが一つの概念（ある経験から意識が作り出したもの）に過ぎないということを多くの人が忘れていることにある。人は自分が作った物語を信じ、その内容と現実を混同する。「自分には取り柄がない」、「誰も私を愛してくれない」、「自分は幸せになる資格がない」などといった、習慣化した否定的セルフイメージが頭をよぎったら、それを見逃さず、「ちょっと待て！　それは私の考えにすぎない、本当の自分ではないぞ」という言葉で打ち消さなくてはならない。

デザイン会社ＩＤＥＯとスタンフォード大学ハッソ・プラットナー・デザイン・インスティテュート創設者であるデビッド・ケリーの名著の中で、彼は頑固な自分の決めつけ（この場合は「自分には創造力がない」）が、多くの場合自らの自然な創造力の表現を妨げる最大の要因だと指摘する。(5) デビッドと彼の弟であり共著者のトム・ケリーは、怖れを捨てて自由に表現することを促す環境でこの固定概念を手放すことができると、人々の芸術的・創造的才能は難なくあふれ出すと語っている。カギとなるのは、デビッドが「創造的自信」と呼ぶ、「創造力とは私たち全員が生まれながらに持っている能力である」という概念だ。コンパッションも同様で、私たちが生まれながらに持っている能力だと思えば強い自信を持って行動できる。その力があれば、私たちの親切心の表現をブロックする疑いや恐れを打破する助けになるだろう。

自分への赦し《セルフフォーギブネス》を育む

本当の意味で自分に優しく、慈悲深くなるには、自分がどこまで自分を受け入れ、赦《ゆる》しているかを調べる必要がある。恨みや敵意を持っている人に対して、純粋な思いやりや気づかいを持つことはできない。これは自分自身についても言える。他人の言動を理解することで赦すことができるように、ある条件下での考え方や行動として自らの言動を理解することにより、自分に対する寛容さが生まれる。しょせん人間なのだから、限られた能力の中でベストを尽くしているのだという自己認識を持つと、そこから自分への寛容さが引き出される。非暴力コミュニケーション（ＮＶＣ）法の創始者マーシャル・ローゼンバーグはこう語る。「自分への思いやりの重要なポイントの一つは、過去にしたことを後悔する自分と、そもそもそれを行動に移した自分の両方に共感できることだ[6]」。

自分を厳しく断罪し、その行為を赦さない時、人はその行為をした自分を攻撃している。その自分の一部は、意識・無意識にかかわらず、自分にとって何らかのメリットがあったからその行為に及んでいる。その行為を批判し、攻撃する側から見れば「悪い」理由かもしれないが、それは人間だからこその理由なのだ。あるいは戦略として、その「悪い」自分を切り捨てることで、それが自分の中にあったことを否定しようとしているのかもしれない。(「ただそのことを考えないようにする」とか、「自分はそんなことをする人間じゃない」とか。)いずれにしても、その時あなたは自らの一部と戦争状態にある。その部分と切り離され、戦っているうちは、理解も和解もできない。自分自身を丸ごと理解できなければ、自分のすべてを受け入れることはできない。理解と受容なくして、その失敗から学ぶことは望めない。その一部を別人格として捉えるとわかりやすいだろう。誰かと戦っている、あるいはその存在を拒絶している最中に、その相手から何かを学ぶことはまず不可能だ。自分の過ちから学ばない時、多くの場合同じ過ちを繰り返す。そして自分との戦いは延々と続くことになる。

他人に話をする時、声のトーンが極めて重要であるように、自分に話しかける時も同様だ。たとえば、「お前は悪魔だ」と考えながら、「よくもこんなことを!」と叫ぶことはできる。しかし穏やかな自問口調で「うーむ、さて、君はどうしてこんなことをしたのかな?」と問いかけ、こう考えることもできる。「これはひどいね。こんなことが二度と起きないように原因を探ってみよう。後始末を手伝うよ。」

コンパッション育成トレーニングでは、自分を受け入れ、自分を赦すことを目的としたエクササイズを使う。これらは、あなたがした行為の背後にある必然性や動機を探り、その行為を理解することで自己批判的な反応を溶かしていく。行為の背後にあるニーズがわかると、悲しみ、フラストレーション、後悔、落胆、絶望といった感情が湧き起こることがある。これらの感情はより受容的なので（「悲しいことだが、起きてしまった」など）、罪悪感や自己批判、否定的判断など自己受容を阻害する感情（「どうして止められなかったのか？」「こんなことをしでかした自分を赦せない」など）から意識を遠ざける。理解と受容を通じて私たちは、自分のした行為（「なるほど、どうしてこんなことをしたのかわかった」）だけでなく、その結果に反応し、苦しむ自分にも注目する。（このスキルを習得する際のリスクは、このスキルをもっとよくマスターできないことを厳しく断罪することだ！）非暴力コミュニケーション（NVC）法では、満たされなかったニーズに取り組むプロセスを哀悼《あいとう》と呼ぶ。哀悼は、後悔することを自分に赦すものであり、ローゼンバーグはこう話す。「哀悼することで、私たちは自分を責めたり嫌いになったりすることなく自分の過ちから学べるのです。(7)」

エクササイズ：自分を赦す

コンパッション育成トレーニングでは、参加者が純粋に自分を赦すための誘導瞑想を行っている。この誘導瞑想を行うにあたり、まず心地よく座り、リラックスした態勢をつくろう。深呼吸を3〜5回、腹の一番下のほうにまで呼吸を下ろすつもりで吸い込み、ゆっくり静かに吐き出していく。二〇〜三〇秒ほど沈黙の時間を作る。

ここで、あなたが過去にしてしまった行為の中で、自分を赦せずにいることを想起する。愛する人にひどいことを言ってしまい、あとで後悔していることが思い浮かぶかもしれない。あるいは、他人には関係ない自分の行動、たとえば高額の衝動買いをして、あとで罪悪感や羞恥心に苛まれていることかもしれない。起きたことの詳細を思い出すことは、それによって当時の気持ちを思い出すのに必要でない限り、さほど重要ではない。重要なポイントは、それによって自分を否定的に捉えたことを思い出すことだ。静かにその記憶を振り返る。

次にこう自問する。「あの時、私はどうしてあんなに自分を厳しく責めたのだろう？」「あれをした時、どんなニーズが満たされていなかったのだろう？」冷静さを失ったのは、誰かに自分を尊重してほしかったのに、その人があなたの尊厳を汚したからだったかもしれない。相手に自分の話を聞いてほしかったのに、そうしてもらえなかったのかもしれない。しばらくこのような振り返りを行う。

ここで、あなたのしたことはうまいやり方ではなかった（たとえば相手を傷つける言葉をぶつけた）かもしれないが、その行為の動機、背後にあるニーズは正当なものだったことに注目してほしい。衝動買いで浪費した失態を恥じている場合では、やり方はまずかったかもしれないが、やはり背後にはニーズが存在する。たとえばその時のあなたは意気消沈して無力感に苛まれ、心理的に気分を高揚させる必要があったなど。それらに注意を払いながら、罪悪感や羞恥心といった感情を、悲しみ、落胆、悔恨の情へと変えていく。少しの間、それらを味わってみる。

否定的な自己判断を下す原因となった行為の背後にある、正当なニーズの存在について考え、少しの間そこにとどまる。

次にゆっくりと肺の中にある息を全部吐き出しながら、身体に残っている緊張を解き、心のこわばりを緩め、否定的な自己判断について思い出して、心の中でこう自分に言う。「私はこれを手放せる。私は今これを手放す。」

最後に、自分自身が完全に開放され、意識が拡大していく様子を心の中で想像し、あと数回息を吐ききる。

自己受容

現代文明を生きる私たちのほとんどにとって、「長所も短所も含めて」ありのままの自分をまるごと受け入れてもらえることは難しく、残念ながら滅多に経験できるものではない。人生のどこかで、完全に安心してつきあえる人に出会えれば幸運というものだ。それは祖父母、学校で可愛がってくれた教師、スピリチュアルな導師、父親か母親(両親であればかなりラッキーだ)など、あなたを無条件で受け入れてくれる存在だ。このような人々は、あなたが何かを成し遂げたから、あるいは彼らに何かをしてあげたからではなく、ただあるがままの存在をまっすぐ受け入れ、尊重してくれていると感じさせてくれる。

スピリチュアルな伝統には無条件の受容を感じさせてくれる存在がある。私の場合では、千手観音菩薩像が千の目で衆生《しゅじょう》を見渡し、千の手を差し伸べる姿は、パワフルな癒やしの源だ。観音菩薩によって目をかけられ、救われるための唯一の条件は、生きとし生けるものの一人だということのみだ。実際仏教では、ブッダの別名の一つに、「見知らぬ人とも親友」というものがある。つまりブッダの慈しみの心は過去に面識があることを条件としていない。その人が存在しているだけで十分だ。

この存在が持つパワーに注目したポール・ギルバートは、チベットの観音菩薩瞑想を取り入れた、「慈しみの視覚化」というエクササイズを作った。(8) ギルバートは強い恥の感覚や過剰な自己批判に悩む人々に取り組んでいるが、これらの問題の原因は自己保存が脅かされることに対する、非生産的な反応（精神医学用語では「不適応」）だと考えている。ギルバートによると、これらの人々は何らかの形で脳内の思いやり機能を経由せずに感情調節を行うパターンをつくっているということだ。ここでの治療の目標は、彼らが持っている思いやり機能を活性化し、それを自分自身に振り向けることにある。

コンパッション育成トレーニングでも、慈しみのイメージを使ったエクササイズを実施している。この手法の肝《きも》となるのは、愛、慈悲、叡智、安定感、信頼感といった性質が投影されたイメージを強化することだ。そのイメージには本人との強いつながりがなくてはならない。たとえばあなたが尊敬し、敬愛する賢者の肖像、あなたを無条件に愛してくれる（くれた亡き）ペットあるいはそのような存在、心臓のあたりで光り輝くエネルギーのイメージ、深く広大な大洋のイメージ、豊かに枝葉を広げ、大地に深く根を張った大木、もし信仰する宗教があるならその偶像や御神体など。どんなイメージでも、選択したイメージを呼び起こす瞑想訓練を行う。簡単に呼び起すことができるようになればなるほど、それはより強力な存在感をもつようになる。そのイメージは坐って瞑想している時に限らず、日常のどんなシーンでも役立ってくれるだろう。

エクササイズ：自分を受け入れる

ここでも深呼吸を3～5回、腹の一番下のほうにまで呼吸を下ろすつもりで吸い込み、ゆっくり静かに吐き出していく。二〇～三〇秒ほど沈黙の時間を作る。

そしてあなたにとって愛、優しさ、叡智、強さを象徴する慈しみのイメージを心の中で思い浮かべよう。慈しみのイメージが心の中に浸透するように、少し時間をとろう。ここではたとえば誰かの姿が明確に浮かぶかどうかは問題ではない。その人物の存在を感じられればそれでOKだ。

そのイメージを心にとどめながら、あなたは完全に自分自身なのだというふうに想像してみよう。あなたはそれ以上でも以下でもない。何か自分以外のものであるフリをする必要もない。何かの基準に照らして判断したり、批判したりする声もなく、ただあるがままを受け入れ、温かく優しい気持ちだけがある。この無条件に自分自身を受け入れる感覚を身体に覚えさせる。それはどんな気持ちがするだろう？ 心拍が遅くなり、身体から緊張感が取れ、解放されたように感じるだろうか？

慈しみのイメージを心に留めながらしばらく呼吸を続ける。次に息を吸いながら、慈しみのイメージから温かい光がさし、あなたの全身に向かって注がれる様子を想像してみる。光があなたに触れると、光はあなたを癒やし、苦痛を和らげ、強さと知恵を授けてくれることをイメージしよう。しばらく静けさの中で、その考えの中にとどまろう。

慈しみのイメージが光を放ち、あなたを包み込むまでを何度か繰り返し、あなたの中に安心感や明晰さ、完全なる受容が満ちていくのを感じよう。


このイメージのエクササイズがピンとこない人は、仏教研究分野の友人であるジョン・マクランスキーが考案した別の方法を試してほしい。彼が開発した、「生得的慈悲訓練」というプログラムの中の**「恩寵《おんちょう》の時間」**と呼ばれるものだ。恩寵の時間とは、人生のどこかで誰かが純粋にあなたに愛ある関心を寄せて、あなたを見て、あなたの話を聞き、あなたを尊重してくれた時のことを指す。それはあなたが困難な時期に気にかけてくれた人、「すべては起こるべくして起きている」と感じさせてくれた親友、あるいは万感迫る無言の抱擁だったかもしれない。幼少期に大好きだった人と

一緒にいた時間もあるだろう。これらの時間に共通するのは、自分は大事な存在だと感じさせてくれることだ。彼らによってあなたは気分が高揚し、尊重され、力がみなぎってくるのを感じる。マクランスキーは、「恩寵の時間をくれる人とは、あなたに愛を送り、シンプルにあなたが心地よく幸せでいることを願ってくれる人だ」と書いている。[9] 彼はまた、この人たちが聖人君子である必要がないことを強調している。この瞑想ではこの人々を思い浮かべ、彼らがあなたにこの上ない心地よさ、幸福、喜びを願い、愛を送ってくれる様子を想像する。慈悲のイメージと、恩寵の時間のアプローチのどちらを使う場合でも、そのカギとなるのは誰といても無条件に受け入れてもらえるという心地よさや安心感を呼び起こすことにある。練習を積むうちに、恩寵の時間を共有する人々の輪を広げていく。

自分への親切《セルフカインドネス》

私たちの多くは、他人に示すような寛容さを自分に示すことがなく、自らの過ちには厳しく、自分を肯定的に捉えることが少ない。自分への思いやりの訓練では、これを改め、私たちが生まれ持っている親切心や気づかいを自分に向けることを学んでいく。まず自分で築いた慈しみの輪(第六章)を心の中で開放し、自分をその輪に入れる。

私たちが元々持っている気づかいや優しさを呼び起こすにあたり、多くの人に有効な方法は、自分を子供だと想像し、この子に対する自然な慈しみの感情が起きるに任せるというやり方だ。このやり方をする際に役立つなら、自分の幼少期の写真を参照してもいい。以下はコンパッション育成トレーニングで使用する瞑想だ。

エクササイズ：自分への親切

自分の子供時代を想起する。自由に動けるけれどまだたどたどしく、走るたびに何かにぶつかっているような2～4歳くらいの子供を思い浮かべる。または幼少期のどこかで、具体的に思い出せる特定の年代のほうがやりやすければ、それでもかまわない。その子を見ると、本能的に守ってあげたくなりはしないだろうか？否定的な判断や批判、叱責《しっせき》ではなく、優しい気づかいの情を感じないだろうか？

幼少期のあなたに向けられた、この優しい気づかいの感覚があなたのハートのあたりを満たしていくのを感じ、心の中で以下のフレーズを繰り返す。

あなたが痛みや苦しみから解放されますように…

あなたが怖れや不安から解放されますように…
あなたが安らぎと喜びを見出せますように…
あなたが痛みや苦しみから解放されますように…
あなたが怖れや不安から解放されますように…
あなたが安らぎと喜びを見出せますように…

スタンフォードのコンパッション・トレーニングの仲間の一人、シニア・インストラクターのマーガレット・カレンが、彼女のクラスの参加者の感動的な話を教えてくれた[10]。彼女はサンフランシスコ湾岸エリアのがん患者のサポートグループ向けのクラスを数えきれないほど指導してきたが、ある時がん患者の妻を伴って、ある男性が参加した。八週間のコースが始まると、彼女は圧倒されるほど大きなプラスチック製ギプスを胴体につけていた。どうやらがんが骨転移しているようだった。この夫妻はどちらも70代で、互いに深く愛し合っているカップルだった。コース終了間近になって妻の容体が悪化して外出できなくなったため、クラスに来なくなった。しかし夫は、病気の妻を看病する毎日の助けになるということで参加し続けた。

このクラスでは前週に「自分への思いやり」を学んだところで、その内容には幼少期の自分を想起する誘導瞑想が含まれていた。クラスを始める前に参加者たちがそれまでの一週間の経験を共有する際、この男性は子供時代のことを振り返り、みんなに可愛がられていた当時の自分の感覚を取り戻したと話した。彼は、両親の腕に抱かれ、幸福で、自分にオープンだった赤ん坊の頃の自分の写真を持っていた。彼は記憶をその数年後に進め、楽しかったクリスマスの思い出に浸った。家族はミネソタ州に住んでいたので、雪景色の中、楽しい出来事の詳細について語った。その後彼の人生に起きた数々の困難により、現在のような彼になったことに気がついた。苦痛を味わった結果、心を閉ざしていった過程が見えたと同時に、この人物に対する慈悲の心を感じた。彼はなぜ自分を守ろうとしていたかを理解した。そしてもうこれまでのように鎧の中で心を閉ざす必要はないと考えた。彼はこう自問した。「起こり得る最悪の事態はどんなことだろう?」この洞察が降りて以来、この生真面目《きまじめ》な老人は自分の心を誰とでも分かち合うという世界の住人になった。妻のがんについて話しながら彼はこう言った。「他人に対する気づかいに困ったことはないけれど、自分に対する気づかいとなると話は別でした。」自分の幼少期を思い浮かべて愛情をかけるというエクササイズで、彼の自分に対する慈悲心が雪崩《なだれ》を打ってあふれ出した。これまで背負ってきた負担が軽くなり、力がみなぎり、解放されたと感じた。

ここでの目標は自分とのつきあい方を変えることにある。自分についての認識、自分に接する態度、自分のニーズや問題の扱い方、そして自分をどう感じているかなど、ちょっと静かに瞑想したくらいで済む話ではない。意図、注目、慈愛を醸成したときのように、変容の訓練を日常に取り入れなくてはならない。コンパッション育成トレーニングでは、変容の訓練を日常の多様なシーンや機会で応用することを「日常的訓練」と呼んでいる。自分への思いやりを育成するために、以下の三つの日常的訓練を推奨している。

1. 自己批判的・否定的な考えや独り言を見逃さないようにする。

2. それらは事実ではなく反応であり、単なる捉え方や解釈に過ぎないと理解する。

3. 否定的な自己評価を、より慈しみのある評価へと捉えなおす方法を探る。

たとえばあなたが取ったある行動について後悔しているとして、自虐的な独り言（「なんて馬鹿な奴だ！」「どうして何度も同じ過ちをしてしまうんだろう？」「自分は負け犬だ」など）を言っているとする。これに気づいたら、最初のステップはまず起きていること――あなたが我知らず否定的な自己判断をしているということ――を観察することだ。これにはメタ認知のテクニックが役立つ。次に、あなたが自分につけたラベルの正体は、自分に対するいら立ちや落胆に任せて作られた考えに過ぎないということがわかるだろうか？ そして最後に、その自己評価を、もっとポジティブな評価へと変えられるだろうか？「私って最低だ」「自分は馬鹿者だ」「こんな奴を誰も好きになるもんか！」などと言って自分を鞭打つ代わりに、「ペースを落としてみよう」「自分は今苦しんでいる」「後ろ盾が必要だ」など、視点を変えて受け止める。真実をこんなふうに言い換えると、あなたの心《ハート》はその違いに気づく。自分を断罪する言葉から自分への思いやりの言葉へと変換する習慣を日常的に続けると、それはパワフルな自己変容を起こせるだろう。

このような振り返りとエクササイズを通じて、あなたは自分をよりよく受け入れ、赦し、気づかうようになり、自分の欠点をあげつらい、不運に厳しい解釈を加えることが少なくなっていく。要するに自分に対する慈しみの心が育つ。しかし本当の意味で自分を慈しむ心を持つには、人として自然に備わっている正当なニーズや願望と健全につきあうことが不可欠だ。基本的な人間性の一環である愛と幸福への必要性を本能として肯定する必要がある。それが、自分への思いやり訓練の後半のテーマとなっている。

自分への慈愛

前章から本章にかけて、コンパッションの対象を他者から自分自身へと振り向けてきたが、慈愛についても同様のことをしていく。すでに書いたように、慈愛とは、他者への気づかいのうち、他者の幸福を願うことを指す。それは温かさ、気づかい、柔らかさ、心の結びつきからなり、成功と喜びを願う気持ちのことだ。慈愛は無条件、無批判であり、開かれている。自分に向ける慈愛はごく自然に起こる、人に備わっている姿勢（幸福を願い、苦痛を避けたいと願うもの）だ。

一つ問題があるとすれば、自分にフォーカスすることには利己主義や自己愛が含まれると多くの人が考えるという点だ。真実はその真逆で、自分に向ける慈愛により、他者の気持ちやニーズに気づき、共感できるようになる。自分を育み、心地よくさせることは若返りを促すため、総体的にエネルギーレベルが上がり、他者や世界に対し好意的に接するようになる。心が満ちていると、他者に対して寛大になる傾向がある。必要なだけ自分に慈愛をさし向けると、世界の豊かさが見えてくるので、他者に対してより奉仕しやすくなる。

このワークの始め方の一つとして、まず自分の心の奥深くに根ざす欲求を明確にする。やり方は瞑想、日記、会話、またはこれらの複合型で行うといい。一日のどこかで一人静かに過ごす時間を見つけ、第四章の意図の設定でやったように、「私が心の奥底で、人生に求めるものとは何だろう？」と自問してみる。このプロセスを何度か繰り返していくうちに、大切にしている価値観が具体的に目指したい目標になっていることに気づくだろう。心の奥で私たちは純粋に幸福（生きる意味、完全さ、心の平和など）を求めていて、その欲求こそが私たちを人間たらしめている基本的要素だ。幸福を求める気持ちを尊重すると、それは非常に大きな内面の力の源泉となる。その願いは私たちの存在の根源から湧き起こるものなので、それを尊重し育むことは、それを共有するすべての人々を尊重し育むことになる。

自分への慈愛を増やすもう一つの方法は、自分に起きているいいことを見つけ、喜ぶという方法だ。たとえば自分がした何かいいことや、自分についていいと思えることなどだ。素晴らしい伴侶、家族、仲間に巡り合えた幸運でもいい。生きる意欲があるといった単純なことでもいい。何も浮かばなかったら、人として誰もが自然に持っている他者への共感や親切心でかまわない。ダライ・ラマはこんなことを言っていた。「私の人生にもし祝うべきものが何もなければ、利他的行為を褒《ほ》め称《たた》える能力を授かった、人として生まれたことを祝福したい。」自分のいいところを数えるという行為は、健康面でも利点があることが分かっている。このワークの注意点としては、祝福を自己満足と混同しないことだ。純粋に祝福することは感謝の表現となるが、自己満足はエゴの増長をきたす。

心の泉を満たす

パロアルト地域在住の退役軍人向けPTSD治療センターで、この二年ほどコンパッション育成トレーニングを実施しているが、ここにあるベトナム戦争の退役軍人が参加した。[11]彼は自分への思いやりを強化する訓練がとりわけ気に入り、クラスで実施した誘導瞑想に加え、彼が参加した別のグループ（トラウマグループなど）を含め、一日中取り組んだ。彼は重度の不眠症だったため、眠れない深夜の時間にも自分への思いやり瞑想を続けた。彼の何十年にも及ぶ薬物依存の元凶は、彼が味わった戦争のつらい体験を愛情深く受けとめ、自分に思いやりを持って接する方法を知らなかったからだと気がついた。自分に思いやりを向けるとどんな気持ちになったか、薬物依存に対する弱さなどについて語った彼の話に、私は心から感動した。

ＣＣＴワークショップに参加したある母親は、自分への思いやりのワークを経験し、それまで長い間自分と向き合う時間を取ってこなかったことに気がついた。[12] 彼女はそれまで家族の面倒を見ることに関心が向かい過ぎていたため、結果的に自分自身の気持ちやニーズをすっかりないがしろにしてきた。皮肉なことに、自分自身のメンタルケアを後回しにしてきた結果、家族の気持ちに寄り添えなくなっていったことに気がついた。彼女は自分を思いやる訓練のお陰で自分自身とのつながりを取り戻すことができた。いま彼女は自分が得た洞察を子供たちと共有し、子供たちも自分への思いやりの習慣を身につけてほしいと願っている。

自分への思いやりを優先させることの重要性は、飛行機での安全確保の手順のアナウンスに似ている。「お子様をお連れのお客様は、お子様よりも先にご自身がまず酸素マスクをつけるようにしてください。」自身の持つ個性の強さ、勇敢さ、深い叡智を他者を助けるために使えるかどうかは、どれほど自分への思いやりを身につけているかにかかっている。

第八章

「私と同じように」気づかいの輪を拡げる

〝人類が授かった最も尊いこの美徳は、どうやら偶発的な同情に端を発し、
優しさを増してあまねく広がり、すべての生あるものへと向けられる。〟
――チャールズ・ダーウィン（一八〇九－一八八二）

〝苦しみはこれっぽっちも望まない。幸せはいくらあっても飽き足りない。

このことで世の人々と私の間に差異はない。人々の幸福を喜ぶために、どうか私に祝福を。〟

――パンチェン・ラマ一世（一五七〇－一六六二）

社会科学者クリステン・レンウィック・モンローは、『利他の心』(1)の中で一九四〇年代初頭、ナチス占領下のヨーロッパ（特にオランダとデンマーク）で、ユダヤ人を救った人々へのインタビュー

について紹介している。モンローは、オランダで救済を行った二人の人物、トニーとバートの話に言及し、この勇敢な行為は特定の社会経済的、宗教的背景に限定されないと指摘する。トニーは医師の父と高学歴な母の息子として、アムステルダムの豊かな家庭で育ち、郊外の別荘で多くの時を過ごしていた。これとは対照的にバートは田舎の小村の大家族の出身で、「バン・ゴッホの絵に描かれているような田舎のオランダ労働者の暮らし」をしていた(2)。トニーのユダヤ人救済の稀有な旅は、彼のユダヤ人の友人の父親を自分の別荘に招いたというさりげないきっかけから始まった。一方バートはユダヤ人のスペイン輸送計画に巻き込まれたオランダ人夫婦をかくまうところから始まった。バートが最初にかくまったユダヤ人は妻アニーの友人だった。バートと妻は薬局を経営していて、大きなビルを持っていた。そこに秘密の部屋をつくり、ナチスに追われる人々を救っていた。トニーもバートも、自分や家族に及ぶかもしれない深刻な危機を重々承知の上で長期間にわたり、この勇敢な行為を続けた。実際バートは一度ドイツ人の友人に密告され、ドイツ兵による執拗な家宅捜索を受けていた。

長時間に及ぶインタビューを終えてモンローは、これらの救済者を駆り立てた動機は宗教的信条でも道徳心でもなく、「同じ人間同士という認識」だという結論に達した。それは「世界や自分と他者との関係を異なる視点で捉えるもの」であり、人類に共通する人間性によって貫かれているのだとモンローは理解した。これはダライ・ラマが常々「人類は一つ」と呼んでいる考え方と一致する。モンローの著書に登場する多くの救済者の話には、人類は一つであるという認識が脈々と流れている。インタビューで、彼らが救った人々と自身の間に何か共通点があったか訊ねると、ある人は「いいえ、彼らはただの人間でした。」と答えた。別の一人は当たり前のようにこう言った。「床に倒れて血を流している人間がいたら、誰だって駆け寄って助けるでしょう。」[3] オランダ人を救済したバートは、より端的にこう言った。「人助けをするのは、人間だから。助けが必要だとわかれば助けるでしょう。人としてしなくてはならないことがある。それをしただけです。」[4]

モンローの研究テーマ、利他的行動の中心に同じ人間同士という認識があることは、仏教思想の重要な洞察「他者への温かい気づかいを促すものは、つながりの感覚だ。実際のところ、それは自分と同じ個性を他者の中に見出すことだ。」と見事に共鳴している。苦痛は人同士を結びつけるパワフルな媒介だ。誰かが血を流して倒れているのを見たら、人は反射的に行動する。その光景を見てどう反応すべきか考えたりせず、すぐに動く。

これがもつ意味は極めて強力だ。人が他者に対して同朋意識をもって接すると、見知らぬ人はおろか、苦手な人であってもそこには共感が生まれる。仏教徒が実践する慈悲瞑想にはこんなくだりがある。「私と同じように、他の人も幸福を求め、苦難を克服したいと願う。」そしてほとんどマントラのように「私と同じように、私と同じように…」と繰り返す。加えて、他の人も同じ人間同士だという認識のもとに接すると、これまで見てきたように、コンパッションと幸福のどちらにも不可欠な、自我の狭い領域を出る無限の機会に恵まれることになる。

スタンフォードのコンパッションコースの指導者候補のある女性は、ＣＣＴの瞑想を毎日三〇分以上、楽しみながら続けていた。[5]「同朋意識を育成する」訓練の一環で、彼女の苦手な人に対してコンパッションを向けるというエクササイズがあった。その際彼女は苦手な人として元夫とそのパートナーを想定した。彼女は毎日の瞑想で、その二人を交互に思い描いて取り組んだが、うまくいかなかった。しかしこれは訓練だから、そのうちできるかもしれないと思っていた。毎日瞑想をするようになって九カ月が過ぎたある日、別の誘導慈悲瞑想をしていると、誰か愛する人を心に思い浮かべるように導かれた。その時、驚いたことに元夫とそのパートナーが現れたのだ！　彼女は自分の（心の）目を疑った。彼らは彼女の「愛する人々」に変わっていたのだ。この意外な登場を契機に、彼らと接する態度に変化が現れた。彼女は「私と同じように彼らも苦しんで、幸福になりたかったんだ」と腑に落ちた。曰く、「彼らとの関係はいつでも蜜月のいい関係だったというつもりはありません。ただ日々の瞑想によって私の中で穏やかな心が醸成され、その心を彼らにも向けられたということです。その変化によって、彼らとの接し方が大きく変化したのです。それは離婚後の条件として元夫と私の両方の家で暮らす7歳の娘にとって、とても好ましいことでした。」

他者に対する気持ちが目に見える利益を生み出すかどうかには、他にも様々な条件がある。なかには、他者の協力を受け入れたくないという人もいる。しかし、手を差し伸べる側のメリットは否定できない。それは孤独が緩和されるということだ。そして自分の幸福に果たす他者の役割を認めるとき、他者は敵対するものではなく、恩恵や喜びをもたらす存在となる。

親近感がもたらすパワー

アメリカの心理学者ピエカルロ・バルデソロとデビッド・デステノはあるユニークな実験を通じて、些細なことでも自分と他者との間に共通点が見つかると、その相手に対する気づかいや慈悲心が大きく変化することを示した。実験では被験者一人と仕掛け人（研究チームに雇われた人）がペアを組み、いくつかのことをする。まず、二人は向かい合って座るがそれぞれの目の前にはコンピュータの端末が置かれている。ヘッドホンをつけ、音が聞こえたら手でセンサーをタップするよう指示される。この動作をランダムに組んだペアで繰り返すが、組んだ相手によってタップのタイミングが互いに一致するケースとしないケースがある。次に被験者はタッピングパートナー（仕掛け人）がいわれのない罰として退屈な作業をするよう指示される様子を見せられ、助けに入りたいかどうかの選択肢を与えられる。

この実験が明らかにしたのは、わずか三分程度の単純なタッピング動作が相手と一致したかどうかによって、タッピングパートナーに対する被験者の態度が劇的に変化したことだった。(6) タッピングがシンクロしたパートナーにはより強い親近感を持ち、そのパートナーが不当な扱いを受けた際にはより強くコンパッションを感じた。驚いたことに、被験者が自分とシンクロしたタッピングパートナーを助けた割合は、しなかったパートナーの場合より31%多く、仕掛け人が命じられた退屈な作業を助けた時間を平均すると、前者は後者の七倍以上に及んだ。デステノは「同時にタップすることに特別な意味は何もありません。共通点は何でもいいのです」と書いている。[7] しかし、と彼は指摘する。「多くの場合、相手をどう捉えるかには選択肢があります。たとえば隣人が自分と異なる人種であると捉えるか、近所のお気に入りレストランの常連同士と捉えるか。後者とみれば慈悲の度合いが増すのです。」この研究結果は、コンパッションは対象となる相手との一体感の有無しだい、という私の仏教徒としての洞察に対する確信を裏づける。

コンパッションと他者との一体感が密接に関係していることがよく知られる分野に、慈善行為がある。「身元の分かる犠牲者効果」とは、人は身元不明の犠牲者より、どこの誰かがわかる犠牲者のほうに、より強くコンパッションを抱くという効果を指す。つまり対象となる犠牲者が特定できる時、その窮状に対するコンパッションが増すということだ。実際のところ、この現象はより広い慈悲の心理学分野の一部にもなっている。人は人類という抽象的な概念より、現実にいる人々に対して、また集団よりは一人に対して、コンパッションを抱きやすい。身元不明者より身元が分かる人に対し、苦しむかもしれない人より実際に苦しんでいる人に対して、よりコンパッションを抱く。何千人という人々が助けを必要としているという統計の数字を見せられるより、苦しんでいる一人の写真に対して、より強く心が動かされるのはこのためだ。

スタンフォードの私の同僚の心理学者、ブライアン・ナトソンとそのチームは最近、身元の分かる犠牲者効果の脳回路のベースを発見した。(8) 彼らはスタンフォード大学の学部生を対象に、一連の写真を見せる実験をした。ある写真セットでは(1)名前が書かれた子供の写真、(2)名前のない子供の写真、(3)名前が書かれたシルエット写真、(4)名前のないシルエット写真を用意した。別の写真セットは名前つきの写真と、名前つきのシルエット写真の2枚だった。参加者たちは時給15ドルで雇われていたが、時給とは別に、初めに寄付金として15ドルが支払われたため、開始時に参加者は所持金としてこの金を持っていた。参加者たちは、研究者たちがスーダンのダルフール地方にある難民孤児院の子供たちとパートナー関係を結んだという話を聞かされ、今支給された金を彼らに寄付してもらえないかと依頼された。実験では、写真に続き寄付してほしい金額が画面に現れ、次に寄付にイエスかノーかを選択する画面、そして差し障りのない画面で終了した。予想通り、参加者たちは身元が分かる写真の時(つまり、シルエットより顔の見える写真)により多くの寄付をした。また、名前より写真のほうがより高い効果を表した(つまり、名前の書かれたシルエット写真より名前のない本人写真のほうが多くの寄付を獲得した)。コンパッションにまつわる感情は、知覚に密接に絡《から》んでいる。

このように親近感は人の共感に根差した気づかいを引き出す。逆に相手に対して親しみを感じない、または意図的に拒絶する時、人は共感意識とは真逆の行動を起こす。一見害のない無関心の態度であれ、完全に相手の人間性を否定する行為であれ、他者との共通項を見出せなかった際の顛末《てんまつ》を、人類の歴史が如実に証明している。奴隷制度からユダヤのホロコーストに至るまで、バルカンの民族浄化からルワンダの虐殺まで、これらの狂気の根底には、同じ人間だという同朋意識の欠如があった。これらの犠牲者は、我ら対彼らという対立構造に始まり、ステレオタイプによる決めつけ、人間性の否定、そして一部では悪魔と同一視した結果、相手はモノとして見られ、概括化され、人間性の否定へとエスカレートしていった。

同朋意識を育成する

このため、スタンフォードのコンパッション・トレーニングには「同朋意識を育成する」という項目を取り入れている。ここでは**自分と同じように**、人々は皆幸せを望み、苦痛を望まないという基本的な真実を掘り下げていく。そして自分と同じように、人々にもそれらの基本的な欲求を求める権利がある。このトレーニングの目的は、これを理論ではなく体感として捉えること、つまりこの真実を身体に染みこませることにある。

ＣＣＴのカリキュラムの中で、同朋意識の育成は、慈悲の対象を三段階で広げていく過程の第一ステップとなっている。愛する人々（第六章）に始まり、自分自身（第七章）、見知らぬ人々、苦手な人々と対象の輪を拡大し、すべての人々へと至る。この第一ステップでは、幸せを求め、苦しみから解放されたいと望むのは、私たち全員に共通する欲求だと実感することを通じ、**自他の基**

本的同一性への理解を深めていく。第二ステップでは、人々の人生や幸せは互いに密接につながり合っているという自覚を通じ、**他者の尊重**を育成する。第三ステップでは、慈悲の輪を実際に拡大していくためのエクササイズだ。この過程での課題は身近でない人々に目を向けることにある。

訓練のポイントは、誰もが幸せを望んでいるということ——自分が幸せを求めるのと同じように、他のすべての人々も幸せを求めているということだ。このトレーニングでは瞑想と視覚化を用いる。

エクササイズ：同朋意識を育成する

あなたにとって大切な、愛といたわりの感情がすぐに湧いてくるような人物を思い浮かべよう。幼い子供や老齢に達した両親や祖父母などの家族や、親友でもいい。飼っているペットでもかまわない。愛する対象は抽象的なものではなく、その存在がリアルに感じられる対象を選ぶ。

愛するその人物を心に描いた時、湧き上がるポジティブな感覚を見つけよう。次に自分がその人になったことを想像し、その人があなたと同じように、あなたの真の幸せを願っていると感じることがとても簡単だということに気づこう。

次に思い浮かべてほしいのは、これまであまり接点がなかった知り合い、あなたが特に親しみを感じない相手だ。なるべく頻繁に顔を合わせる相手、たとえば会社や学校でよく会う人や、通勤通学のバスの運転手、地元のカフェや図書館で働く人などがいい。

その人物を心に描いた時、どんな感情が生まれるかに注意してみよう。それが先ほどの愛する人を想起した場合とどれくらい異なるかに気づいてほしい。普通、こういう人々が幸せかどうかについて、私たちは気にかけていない。どこかで何らかのやり取りがあったとしても、この相手の置かれた立場に思いを馳せることはほとんどないだろう。淡々とこの相手とするべきことが終わればすぐに次へと関心は移っていく。しかしここではこの人物になったことを想像してみよう。この人の人生、希望、怖れを想像すると、それらはあなたのそれと同じようにリアルで奥深く、多様性に満ちているだろう。

この人物とあなたの間には、ごく基本的な、人間であるという点において似通っていると気づき、こう考えてみる。「私と同じように、彼も幸せを手に入れようと願い、苦しみは少しも望んでいない。」

次は、あなたが苛立ちや鬱陶《うっとう》しさを感じる、苦手な人を想像しよう。かつてあなたを傷つけた人や、あなたの不幸を喜ぶような、あなたにとって困難な人物を心に思い浮かべよう。

その顔を思い出しただけで不快な気持ちになったら、静かにそれとして受けとめよう。この相手との間で交わされた苦痛に満ちたやり取りや、あなたが感じた不快感が蘇《よみがえ》るかもしれない。それらを抑制することなく、また詳細を思い出して感情を新たにする（あの人が○○と言い、私は△△と言い返した、など）こともしない。

それでは少しの間、この人の立場に立ってみよう。この人も周りの誰か（子供や配偶者、親、親友など）にとって大切な人なのだろう。そしてこの人も、あなたと同じように幸せになりたいという、基本的な人間らしい願望を持っている。この考えを二〇〜三〇秒心にとどめてほしい。

最後に、これまでの三人を目の前に思い浮かべてみよう。そしてこの人たちは皆同じように幸せを求め、苦痛から解放されたいと願っているという基本的な境遇を思い出してみよう。それに関する限り、これら三人の間に何ら違いはない。この基本的レベルで、これらの三人は同等だ。この視点、私たちは誰もが幸せを求めているという基本姿勢に基づき、彼らとつながってみよう。

幸福の追求と苦痛の克服への欲求は私たち人間を含むすべての生き物を結びつける絆となる。この気づきをしばらくの間、心にとどめてほしい。

生あるものは誰でも幸福の追求と苦痛の克服への欲求があるという認識を深め、静かに以下のフレーズを心で唱えよう。「私と同じように、他のすべてのものたちも幸せを求め、苦しみを克服したいと願っている。」

この訓練は、より建設的な他者との接し方のモデルへと道を開くものだ。『ＥＴ』という映画が大人気を博したのには理由がある。人型の宇宙人が地球にたった一人で取り残された状態、これからどうなるのかという本人の怖れ、そして故郷へ帰りたいという願望（あの有名な「ＥＴ、家に電話する」という言葉に結晶化されている）といった要素のすべてが孤独な少年との友情を深め、共

感と優しさがテーマの普遍的名作となった。私はこの映画が大好きで、二人の娘たちが成長し、鑑賞の対象が子供向けアニメから実写映画へと移行した頃、「大人映画デビュー」の記念作品に選んだ。

「私と同じ」という訓練は、予想外の形で奏功することがある。パロアルト地域在住の退役軍人向けPTSD治療センターで数えきれないほどCCTコースを指導している友人のリア・ワイズが、感動的な話をしてくれた。(9) 40代半ばの参加者の一人が、センターで行われたコンパッション育成トレーニングコースの中で、万人に共通する幸福の追求について考えるエクササイズが最も役に立ったと話した。彼は長い間怒りの感情に苦しんでいて、これまでありとあらゆるセラピーや対処法を試してきたが、このコースで彼のヒーリングを促すツールと出合えたと話している。彼の怒りは、誰かが不当な扱いを受けているのを見るとスイッチが入る。たとえばスーパーマーケットのレジの列に割り込む人や、駐車場で空いたスペースを横取りする人などを見かけると、怒りに火が点き、喧嘩になったこともあった。コンパッション・トレーニングのお陰で、今では「私と同じように彼も幸せを求め、苦痛を避けている」とマントラのように唱え、心を鎮めることができるようになったと語る。誰かが何かをしたのを見てイラっとしたら、すかさず「私と同じ、私と同じ」というフレーズを心で唱えると、心が落ち着くのだという。

中学の特殊学級の教師で、CCT指導者の資格も持っているある女性は、職場の苦手な人について気づいたことを話してくれた。

CCTクラスに参加している最中に、私の職場ではとても困難でやる気をなくすような状況が起きていました[10]。これまで四年間にわたり、私はマインドフルネスの実践を個人的にも、クラスの生徒たちにも日常的に行い、奏功していました。しかしある時校長から非常に好戦的で異論の多い評価を受け、マインドフルネスで平静が保てなくなりました。もしあの時CCTに参加していなかったら、私は恐らく学校を替えていたか、教師の職を辞めていただろうと本気で思っています。私のクラスを毎週観察した校長は、私の指導法に対する非情で根拠のない批判をしてきました。評価の査定会議がたいていCCTクラスの当日に行われたことには感謝の気持ちでいっぱいです。CCT参加者や指導者からたくさんのサポートと気づかいをしてもらっただけでなく、この校長の行動は単なる失望の八つ当たりだったとすぐに悟ることができました。お陰で被害者の立場に陥ることなく、私はこの女性に対して慈悲の姿勢で毎日接することができるようになりました。彼女は私の苦手な人でしたが、彼女も心の底ではただ幸せを模索し、愛されたいと願っているのだと理解できました。その結果、この校長に対する私の姿勢は一変しました。彼女の提案から私の教え方の改善点を探し、辛辣なコメントを無視できるようになったのです。

他者への感謝《リスペクト》を育む

ＣＣＴで共通の人間性を育むことができたら、次は私たちがどれほど相互に深くつながり合っているかに意識を向ける。参加者は自分の暮らしが他の無数の人々と様々なネットワークで密接に結びついていること、そしてその結びつきがネットワークを構成する人々の幸福を維持し、生み出していることについて考える。現代文明は個人主義や自立・自助を推奨するけれど、私たちの生活の現実は徹頭徹尾社会とともにあり、相互に依存し、協力し合うことで成り立っている。

たとえば日常の様々なニーズ、つまり私たちの日常生活や健康、繁栄のために必要なものを例にとってみよう。毎日食べる食物、着ている服、住んでいる家に始まり、たくさんのインスピレーションをくれる読書のための書籍、毎日のいろんなシーンで便利に役立っているサービスなど、日常を楽しく快適にするため、そして生きていくため、私たちは多くの人々に依存している。チベットの精神修養の指導者も、こんなことを言っている。「名声を得るにも、自分を話題にしてくれる他者が必要だ。[11]」

Ｔシャツがショップの棚に並ぶまでの道のりを辿《たど》ってみると、そこには数え切れない人々が関与している。まず綿花を育てた農家、そしてその畑を耕したであろう動物、衣料産業の労働者、商品を市場に送り出すマーケッター、そしてＴシャツを売る店の店員。その背後には、綿花の農夫の昼食用の食材を育てた農家、農機具に油を差してメンテナンスする人々、Ｔシャツが輸出される場合は生産国から市場へと届ける船の乗組員、積み荷を降ろし、倉庫に保管する作業員、そこから店舗まで輸送する車の運転手などなど。

食卓に並ぶ一膳のご飯が、そこにたどり着くまでにかかわっている人々について考えてみよう。少年時代にインド南部で農作業を経験している私は、人々に食糧を届けるために農家が苦難に耐えていることに感謝の念を抱き、娘たちにもそうするよう伝えている。大地を耕し、種を蒔き、成長を見守り、収穫する…天候や害虫など、作物にとって良くないたくさんの悩みの種が降りかからないかという心配が尽きない、極めて骨の折れる仕事だ。

今日ではライフサイクル分析の素晴らしいテクニックがあり、たとえばあなたが手にしていることの本（またはＥブック）などの製品一項目ごとに環境に与える影響のアセスメントを行う[12]。この分析では製品の製造を、原料調達から部品製造まで、各段階に必要な労働力から輸送に至るまで各段階に分解していく。この分析テクニックは、私たちが毎日使っているスマートフォンからジーンズまで、身近な製品がどれほど多くの人々と結びついているかに気づかせてくれるパワフルなツールだ。これを見れば、私たちの日常がいかに他の多くの人々のお陰で成り立っているかが実感できる。このように私たちの存在が相互に深く結びついているという現実を精査すると、私たちの人生のすべての部分において（自らの存在、幸福、個としてのアイデンティティですら）他者とのかかわりのないものは一つもないことに気づく。

この自他の分かち難い関係性は、私たちのアイデンティティへと発展する。私たちが考える最も大切なもの、「私」という感覚ですら、他者の存在なくしては語れない。「私」とは、「あなた」や「他の人々」との関係において定義されるもので、自分以外の他者がいなければ「私」の概念すら生まれない。実際、赤ん坊が「私」や「私のもの」などの一人称を覚えるには長い時間がかかることに私は気がついた。子を持つ親は直感的にこれを知っていて、親はよくこんなことを言う。「それをパパにくれないかな?」「ママがやってあげる」「ママは悲しい」など、自分のことを三人称で語りかける。そして子供も同じようにする。私の娘は言葉を覚え始めた頃、自分のことを三人称で呼ぶか、主語を省いて話していた(「これ欲しい!」)。発達心理学者によると、赤ん坊のアイデンティティは母親のそれと融合していて、かなり経ってから初めて母親とは独立した存在としてのアイデンティティを習得するという。

CCTクラスでは、以下のように他の人への感謝にフォーカスした誘導瞑想を行っている。

エクササイズ：他の人に感謝する

あなたが多岐にわたり、多くの人々(無数の見知らぬ人々)の恩恵を受けていることについて考える時、この人々はあなたが生きていることを可能にしている人々だということに目を向けてみよう。

彼らがあなたの存在を意味あるものにし、彼らの行いがあなたの幸せに貢献している。ここで心を開放し、彼らの存在を有難く感じ、感謝の気持ちが起きるに任せる。この状態にしばしとどまり、感謝などポジティブな思考や感情が浮かんだらそれらを身体に染み込ませる。

次に、こんな風に考えてみる。「誰かが私の幸せを願ってくれたらうれしいように、また誰かが私の苦痛や悲しみに寄り添ってくれたら心が和むように、誰もが同じ気持ちになるものだ。だから私も誰かの幸福を喜び、誰かの苦痛や悲しみに寄り添える人でありたい。」

ここでもう一度、他のすべての人も、あなたと同じように、幸福を切望し、苦痛を避けたいと願っているということを心に深く刻み、心《ハート》を開いてたくさんの人々の幸せを喜び、彼らの苦痛と気持ちを通わせていく。

さて、すべての人々があなたと同じように幸せを切望し、苦痛を避けたいと願っているという基本的な理解を心にとどめ、同時にあなたと他のすべての人々が相互に深く結びついていることを思い出し、多くの人々とあなたが分かちがたく結びついている感覚をハートに染み込ませよう。

気づかいの輪を拡大する

ここでは大切に思う人々の輪を自分たちや愛する身近な人々に限定せず、もっと多くの人々を輪の中に招き入れていく。その過程で、アインシュタインが「意識の視覚的妄想」と呼んだ、個人を他者や宇宙から隔絶するものから自らを解放していく。「自分たち」対「彼ら」、「内集団」対「外集団」という偏狭な捉え方を超越することを学んでいく。アインシュタインは、自分を他者と分離する考えを、「個人的欲求や愛情の対象をごく限られた身近な人々としか交わさない」牢獄だと形容した。そしてさらに「私たちのすべきことは、慈悲心を向ける対象の輪をすべての生き物へ、さらには美しい自然を丸ごと包括するところまで拡大し、この牢獄から自らを開放することだ」と語っている。[13] 以下は、生きとし生けるものがすべて収まるほど大きな気づかいの輪を醸成するための誘導瞑想だ。

エクササイズ：気づかいの輪を拡大する

心も身体もリラックスした状態をつくり、呼吸を観察しながら意識を今という時間に振り向ける。今この瞬間にある現実だけに意識の矛先を向ける。穏やかな呼吸のリズムに意識を向ける。

さて、ここであなたがかつて大きな困難や苦渋を味わった時のことについて考えてみよう。そのことについて考えていると、どんな気持ちが湧いてくるか観察しよう。次に優しい、温かい、いたわりの気持ちを自分に向けて、静かに次のフレーズを心で唱える。

私が苦痛から解放されますように…
私が平和と喜びを経験できますように…

次に、純粋に自分の幸福を願うことは自分の存在の一部だという確信をもって、静かに次のフレーズを心で唱える。

私が幸せでありますように…
私が苦痛から解放されますように…
私が平和と喜びを見つけられますように…

心の底からこれらの願いを込め、二〇〜三〇秒間そのままでいる。

ここで、あなたが心から愛している人を選んで想像する。そして優しさや温かさが心に湧き上がるのを感じてみよう。次にこの人物が味わった苦難の時を思い起こし、あなたがこの人に対して感じる優しさや温かさが、どのように心配へと変わるかに気づいてみよう。この人の苦痛をあなたがどんな風に受け止めるかを観察しよう。今すぐに行って傍らにいたいと感じるかもしれない。そのような気持ちを留めたまま、次のフレーズを心で唱える。

あなたが幸せでありますように…
あなたが苦しみから解放されますように…

あなたが平和と喜びを見つけられますように…

これらの言葉を心の中で繰り返し、反復する言葉の表す気持ちを心に響かせよう。

さて、次はあなたが好きでも嫌いでもない人を思い浮かべる。よく見かけるけれど、個人的な接点があまりない人、たとえばオフィスやスポーツジム、近所のスーパーの人など。この人たちもあなた同様、周りの誰かにとって大切な人なのだと考えてみる。あなたと同じように愛と幸福を求めている。あなたと同じように、この人には夢や希望があり、怖れがある。そして、心の中でこう言ってみる。「私と同じように、この人も幸福を求め、苦痛を克服しようとしている。」

そしてこの人が苦痛に直面している様子を想像する。愛する人との修羅場、依存症との戦い、あるいは深い悲しみや絶望を味わっている様子など。そしてこの人のために優しい気づかいの気持ちが自分の中に生まれるに任せる。さらにはこの人のために何かしてあげたい気持ちが起きるのを許す。その気持ちを感じながら、以下のフレーズを静かに繰り返す。

あなたが苦しみから解放されますように…
あなたが平和と喜びを見つけられますように…
あなたが苦しみから解放されますように…
あなたが平和と喜びを見つけられますように…

次に、こんな風に考えてみる。「実際のところ、私や私の大切な人々だけでなく、この地上にいる誰もが幸せを求め、苦痛を回避したいという基本的な願望を持っている。私と同じように誰もが幸せになりたいと願っている。私と同じように、誰もが苦痛や怖れ、悲しみから解放されたいと願っている。私と同じように、誰もが幸福への願望と苦痛の回避という人間の基本的欲求を満たそうとしている。」しばらくの間この考えを心に留める。

そして、すべての生きとし生けるものが苦痛から解放されることを心から願い、心の中で以下のフレーズを繰り返す。

すべての生き物が苦しみから解放されますように…
すべての生き物が痛みや悲しみから解放されますように…
すべての生き物が怖れや不安から解放されますように…
すべての生き物が平和と喜びを見つけられますように…

この慈しみの言葉を向ける対象に、あなたの苦手な人を加えてもかまわない。すべての生き物が平和と幸福を望んでいるにもかかわらず、その全員が引き続き苦痛や悲しみ、怖れから無縁ではいられないことに思いを馳せる。そしてこう感じてみよう。「生きているもの全員が怖れや悲しみと無縁でいられたらいいのに。」

この慈しみの気持ちを意識全体に行き渡らせ、心《ハート》を満たしていく。心の内面の麗《うるわ》しい静謐《せいひつ》を味わいながら、しばらくそこにとどまる。

この瞑想を毎日の日課に取り入れることができる。前述の誘導瞑想を自分で録音するか、あなたの好きな声の持ち主が録音したものを毎日再生し、耳を傾ける時間をつくろう。お勧めの時間帯は早朝、もしくは日中の比較的リラックスできる時間と場所を利用するといい。この誘導瞑想の台本を適宜編集して、毎日一〇〜一五分程度、または三〇〜四十五分にまとめてもいいだろう。

より積極的なコンパッションに向けて ハートを整える

コンパッション・トレーニングコースの最後の項目は能動的慈悲瞑想《アクティブコンパッションメディテーション》と呼ばれるものだ。これはチベットではよく知られた習慣「トンレン」（意味は「与えることと受け取ること」）を元にして作られたもので、他者の苦痛、不運、精神破壊状態などを取り除き、自分の幸福、幸運、健全な精神状態を彼らに差し出すというものだ。このエクササイズにより慈悲深い気づかいを実際に行動に移すことを目指しているため、CCTではこれを能動的慈悲瞑想と呼んでいる。チベットの伝統的習慣であるトンレンは、多くの場合呼吸法とセットで行う。息を吸いながら、他者の痛みや苦しみ、その原因を、黒い雲や煙になぞらえて、自分の中に取り込んでいく。そしてそれは身体の中で光へと変わり、消滅する。次に息を吐きながら、幸福と幸運を彼らに向かって送り出す様子をイメージする。

トンレンは、他者のためだけでなく、自分自身の状況にも応用できる[14]。たとえば体調を崩したり、財政面などで不運に見舞われた時、トンレン瞑想が役に立つ。「私がこの苦しみを経験することで、他の人々が似たような不運から免れる助けになりますように」などと心の中で唱えながら、今この瞬間に、自分と同じ病気や不運に苦しんでいる人々から、彼らの重荷を自分がまとめて引き受けることを想像する。要するに、苦しみという人類共通の普遍的経験をきっかけにして、彼らとつながるということだ。チベットのフルート奏者ナワン・ケチョは、インド東部にあるオリッサ・チベット人居住区に住む父を訪問する途中でひどい交通事故に遭った。その日はチベットの正月前夜で、ナワンの車には息子と姪が同乗していた。彼らの車にぶつかってきたトラックのドライバーは即死、姪は重傷で病院に運ばれてから死亡した。息子は軽傷だったが、ナワンは重傷を負い、数カ月の入院中に複数回の大手術が必要だった。事故直後の数週間、ひどい痛みと死ぬかもしれないという恐怖の中で、耐え抜くことができたのはトンレン瞑想のお陰だったと、のちに彼は私に話してくれた。彼はベッドに横たわり、何時間もかけて怪我や心の痛手、怖れなどに苦しんでいる無数の人々のことを考えた。息を吸うたびに彼らの苦しみを身体に取り込み、吐く息に乗せて彼らの幸せと苦痛の軽減を願い続けた。（ナワンは交通事故から全快し、フルート奏者の仕事を再開した。）

トンレンは、大切な人が苦しんでいる時にも応用できる。その人が抱える病気や不運を取り除き、そこに愛と慈悲の心を送り届け、安らぎを得られるよう祈る。仮にあなたの大切な人が死の床にあり、あなたが傍らに座っているとしたら、その人の苦痛を取り除き、あなたの愛と優しさが詰まった光の波を届けると、その人が勇気と安らぎを感じられる様子を想像するといい。このようにトンレンを使えば、大切な人にしっかりと寄り添うことができ、その人を失うことの意味や怖れに囚われることなく、あなたが何をすることがその人にとって最良かに意識を集中させられる。トンレンは、苦しみとうまくつきあい、苦境の中で勇気を失わずにいるためのパワフルなツールとなる。

CCTの研修生で、64歳の病院付きの牧師《チャプレン》が、トンレンについてこんなことを話してくれた。[15]

救急救命士が水難事故に遭った瀕死の2歳児を運び込み、ERからチャプレンの要請が入りました。私はこの手の状況の重篤さをよく知っているため、気も縮むような気分でした。子供が絡む事故はかかわる全員にとって一番つらい任務となるのです。

ERへと急ぎながら、私は強い心で臨めるよう祈りました。看護師の話では事故に遭《あ》ったのは一人ではなく兄弟二人で、医師が心肺停止後の蘇生を行っているところでしたが、見通しはほとんど絶望的でした。看護師に「母親が来ています」と言われ、私は部屋に入りました。そして全身を震わせて泣いている若い母親を見て、私は身体じゅうが硬直するのを感じました。

そして人類の苦悩の多様な姿が次から次へと訪れました。子供たちの蘇生《そせい》ができなかった医療従事者、若い両親、そして時間差を置いて親族たちが到着するたびに信じられないニュースを聞かされる様子。ERではヒリヒリするような悲劇の臨場感が充満し、そこにいる人々に与える影響は、まるで黒い雲が広がっていくように深く浸透していきました。

私は圧倒され、苦悩の重篤《じゅうとく》さと、私の任務の重圧からその場に崩れ落ちそうでした。いったい私は何を差し出すことができるだろうか？　苦悩を前にして、それをどの方向へ差し向ければいいのかわからず、心が麻痺していました。

そんな時、CCTクラスで習った「差し出すことと受け取ること」のトンレン瞑想を思い出しました。私の最初の考えは「今はまずいだろう。こんなにたくさんのことが同時に起きているのだから！」というものでした。

しかし私には他に打つ手立てがありませんでした。それで私は黒い雲のような苦悩を吸い込み、私の心臓からこの部屋、そして私が会ったすべての人に向けて黄金の光を、吐く息とともに送り出しました。するとまったく新しい次元での統合が起こりました。苦悩の経験に心を開けるようになり、しっかりと自分を支えるために必要な、貴重な何かが見つかったのです。呼吸をするたびに苦悩は流動的になり、溶け出したので、身体の硬直が緩んでいきました。苦悩の経験に囚われていた状態から解放されたことを感じました。しかし積極的に踏み込んだ結果として、自由が手に入りました。これは福音であり、私は心から感謝しました。

たとえそれが想像上のことであっても、他者の苦しみを引き受けるという考えに抵抗を感じる人はいるかもしれない。八世紀の仏教の著述家シャンティデーヴァも同じ疑問を投げかけた(16)。「慈悲の心がさらなる苦悩をもたらすなら、どうしてわざわざそうしなくてはならないのか？」その答えとして彼が考えたのは、自分が被《こうむ》った苦しみと、誰かに慈悲心を向けた結果としての苦しみとでは性質が異なるということだ。自分に起きた苦しみと異なり、他者への慈悲によって引き受けた苦しみは自発的なものだ。そこには選択肢があり、他者の苦しみと自分を分断しないことを選択した結果だ。シャンティデーヴァはこれを病気になった時の様子に例えている。人が病気のつらさに進んで耐えるのは、もっと悪くなるのを防ぎたいからだ。私たちは自らの意思で歯医者に行ったり、手術を選択したりする。さらに、他者の状況に対する慈悲深い気づかいをする時、基本的に意識はパワーアップした状態にあり、それが他者に手を差し伸べるという行動を促す。また、これは何度でも強調したいところだが、他者の苦痛を感じることで、自分自身から意識を逸らすことになる。その時私たちは自らの痛みや悲しみから解放されている。とは言え、チベットの伝統においても、トンレンを初めから全力でやるのは難しい。そこで少しずつ慣れていく方法をお勧めしたい。

最初は未来の自分自身が抱えることになる痛み、怖れ、悲しみを引き受け、未来の自分に向けて慈愛、慈悲、そして今届けられるだけの強さを送り出す。たとえば、これを明日の自分、来月、来年、一〇年後の自分などに向けてやってみる。この練習が無理なくできるようになったら、対象を誰か大切な人に差し替えていく。これが無理なくできたら、家族、友人の輪など対象を少しずつ拡大していく。

以下は他者を対象としたトンレンの誘導瞑想の例だが、自分に合うように作り替えてかまわない。

エクササイズ：ハートを整えるトンレン

最初に深呼吸を3～5回、腹の一番下のほうにまで呼吸を下ろすつもりで吸い込み、ゆっくり静かに吐き出していく。これにより心を落ち着けていく。次に、トンレン瞑想の対象となる人物を一人決める。誰か大切な人、とりわけ今何らかの苦境にある人でもいいし、戦火により祖国を追われ、難民キャンプで過ごしているような集団でもいい。

そしてこう考える。「私と同じように、彼らもまた苦痛を乗り越えようと願っている。」この認識を元に、彼らの幸福を願う気持ちをハートの中に醸成し、彼らが苦痛や怖れ、悲しみから解放されることを願う。

このコンパッションによる願いをこめて、彼らの痛み、怖れ、悲しみが身体から黒い雲のように立ち上り、あなたの身体に入ってくる様子をイメージしよう…それを吸い込むと、それらはあなたのハートにある、輝く光の球体の中に吸収され、そこで完全に消滅する。あなたが彼らの苦しみを取り除いた結果、彼らが痛み、怖れ、悲しみから解放された様子を想像してみよう。

彼らのことを考えながら、心の中でこう言ってみる。「私と同じように、彼らもまた幸せを切望している。」この認識を元に、彼らが安らぎと喜びを見つけられるようにという願いを生じさせる。

彼らを気づかう想いを強くしていきながら息を吐き、あなたのハートから白い雲と光の筋が彼らのもとへ届けられ、彼らに触れる様子を想像する。彼らにあなたの慈愛の心、喜び、幸運、そしてあなたの中にある良きもののすべてを彼らに注ぎ込む。

痛み、怖れ、悲しみを受け取り、安らぎ、喜び、そして安心を送るということばを交互に繰り返す。

それではこの引き受けて送り出すという対象を広げてみよう。たとえば、もし今苦境にある大切な人を対象にしたトンレンが終わったのであれば、その相手と同じような苦しみを味わっている他の多くの人々に対象を広げよう。吸い込み…そして送り届ける。

トンレンの対象をさらに広げて、あなたが苦手とする人や、あなたの不幸を望む人、あなたを不当に扱う人などにも応用してみよう。彼らもやはり、あなたと同じように、苦痛を望まず、幸福と安らぎを求めている。

最後に、あなたのハートの領域が大きくなったと感じたら、トンレンの対象をすべての生きとし生けるものにも広げてみよう。すべての生あるものから苦痛、怖れ、悲しみを取り除き、あなたの慈愛と慈悲の心を彼ら全員に届けよう。しばらくの間、その考えとともに、静けさの中にとどまる。

トンレンは美しくスピリチュアルな訓練法であり、チベットの伝統が世界に贈る最高のプレゼントの一つだと私は考えている。どんな信条を持つ人でも、あるいは信条を持たない人にとっても受け入れることのできる、スピリチュアルな訓練法だ。しかもいつでも、どこでも、誰に対してもできる訓練法だ。特別な場所も特段の準備も必要ない。唯一必要なのは、あなたが完全に今ここにいるということ、そこに存在していることだ。置かれた状況の中にとどまり、対象となる人の苦痛とともにいて、それを吸い込む。息を吐く時には慈愛と慈悲を相手に届ける。息を吸い、息を吐く。ただそれだけだ。

さて、本書の締めくくりとして、次章では、思いやりに満ちた優しい心を育んできた結果、この世界でどのような新しい生き方ができるかについて語っていきたい。

PART Ⅲ

新しい生き方

第九章

さらなる幸福へ

コンパッションの力でより健康で強くなる方法

〝しかし、人間が本質的に思いやりを志向するものだと考えると…
道徳心は人の潜在能力を開花させる手段として、
まったく自然で理に適《かな》った方法となる。〟
――ダライ・ラマ

〝コンパッションの輪の中にすべての生き物を招き入れられないうちは、
人は自らの安らぎを得られない。〟
――アルバート・シュバイツァー（一八七五―一九六五）

私たちのコンパッションの訓練は、近年新たに出現した幸福学とどのようにかかわっているだろう？ コンパッション・トレーニングは今日の幸福研究者が人の心理機能の中心的特徴と呼ぶものを強化するだろうか？

アメリカの心理学者キャロル・リフは、いくつかの論文で幸福の新しい概念を提案している[1]。これまでの幸福研究は主にポジティブ感情とネガティブ感情の区別や、人生に対する全般的な満足度の評価に終始していた。精神的な幸福を含むいわゆる幸福とは、ポジティブな感情と人生に対する満足感に等しいと考えられていたからだ。しかしリフはこの主流派の幸福研究とそれ以外のいくつかの視点を統合し、ポジティブな心理機能の主要な特徴――自己受容、他者との良好な関係、自律性、環境の克服、人生の目標、個人的成長という6つのコアバリューを掲げ、独自の幸福モデルを構築した。そしてこれらの価値を包括的に測る尺度を設計した。今日、最新の幸福研究はリフのモデルを採用している。

自己受容とは自分自身を肯定的に捉えることを指し、精神の健全性には不可欠の要素だという認識が近年高まっている。自己受容の項目で高得点を挙げる人は長所・短所を含め、自分の多様な性格を受け入れ、総じて過去を肯定的にとらえている。**他者との良好な関係**とは社会とのつながりを表し、社会との間に温かく、信頼できる相互関係を持っていることだ。このポイントの高い人は、愛情や親しみといった感情を他者との間に感じやすい共感タイプで、他者の幸せを気づかう人だ。

自律性とは、自分で決めること、独立性、そして自分の行動を外界の事情に合わせるのではなく自分のポリシーに基づいて行動することを指す。自律性の高い人々は、ある一定の考え方や行動をうながす社会の圧力に抵抗し、他者承認を求めず、世間より自分の価値判断を重視する。**環境の克服**とは能力の一種で、「複雑な活動を制御し、周囲の機会を効率的に活用する能力、そして環境にある要素の中から自分のニーズや価値観に合うものを選択、または創出できる能力」を指す[2]。**人生の目標**とは、生きることに意味を与えるゴールや指向性、信条があることを指す。最後に**個人的成長**とは、心理的・情緒的に常に成長しているか(いないか)を指す。このポイントの高い人は、新しい経験に前向きで、自分の潜在能力の開発に熱心で、時の経過とともに向上することを求める。

心の幸福をもたらす コンパッション・トレーニング

第七章でみてきたように、自分への思いやりなしに自己受容は起こり得ない(そしてその逆も言える)。コンパッション育成トレーニングでは、**自己受容**を自分への思いやりの一環として、自分への親切と同類に扱っている。コンパッション・トレーニングを通じて参加者は現実のすべての要素を丸ごと、批判することなく、受け入れる訓練をする。そこには自分の長所だけでなく傷つきやすさや弱点も、幸運も不運も含まれ、自分の犯した過ちや欠点を赦《ゆる》すことを学ぶ。大多数のCCT参加者が、自分自身や人生のことをこのように捉えることで深い安堵《あんど》が得られることに気づく。このように捉えることがもたらすある種の安心感、ありのままでいられる心地よさ（第二章の祖母の話をご記憶だろうか？）は、現代人が習慣的に陥っている自己嫌悪や自罰行為の呪縛《じゅばく》から人々を解き放つため、クラスでは涙を流す人も少なくない。自分自身をより心地よく受け止めることにより、他者とのつきあい方にも改善がみられることは驚くにあたらない。

　コンパッション・トレーニングは、大切な人々の幸福と苦痛からの解放を積極的に願うことにより他者を気づかい、感謝するようになるため、**他者との関係改善**に大いに役立つ。パロアルト地域在住の退役軍人向けＰＴＳＤ治療センターでの六週間加速コース受講者の家族もこの効果に気づいた。コンパッション・トレーニングがどれほど受講者の家庭生活の質を向上させたかを最も切実に感じるのはその配偶者だ。コースを終えて帰宅した退役軍人たちは、パートナーの気持ちやニーズに以前より配慮するようになり、愛する人々と心を通わせる能力が身に着いたからだ。そして気にかける人々の輪を拡大（第八章）することにより、**さらに**多くの人々と**ますます**良好な関係を築けるようになる。

　ある中年の医師は、仕事に対する情熱がなくなり、コンパッション・トレーニングを受けることにした。[3] ＣＣＴコースを終えたあと、彼は患者への挨拶や傾聴の仕方、接し方が変わったと話した。ある時、ある年配の女性患者は彼に「恋人か何かができたのですか？」と訊ねたという。彼があまりに「以前と違い、幸福そう」だったからだ。その「何か」とは、彼が患者たちとより深くつながり、自分の仕事に情熱を再び感じるようになったことだ、とＣＣＴのクラスで話した。（彼の「慈愛の心」が芽生えたのだと言えるかもしれない。）彼は、コースの効果があまりに絶大だったので、病院スタッフにも同じトレーニングを勧めているとインストラクターたちに話した。

精神の幸福の三つ目の要素、**自律性**に果たすコンパッション・トレーニングの効果はやや見えにくいかもしれない。しかしコンパッションに対する明確な意図を持つことと基本的な動機（第四章）を持つことは、信頼に足る内的指針を作る。それは人の姿勢を形成し、他人の気まぐれや社会通念に翻弄されることなく思考、感情、行動を導く信条となる。

環境の克服とは要するに物事をコントロールする能力のことだ。もちろんコントロールすることばかりに執心していると、それは幸せに近づくどころか逆に損なうことになる。私たちの人生に起きることのほとんどは個人の力ではどうすることもできないことばかりだ。しかし心理的健康にはコントロールの感覚が不可欠だということを立証する研究結果は増え続けている。その一例として、介護付き住居に住む高齢者を対象にした簡単な実験では、物事や自分をコントロールしている感覚と長寿とは驚くべき正比例を示した。この実験で研究者は住民各自に植物を与えた。一つのグループにはその植物の世話の責任を各自に負わせ、もう一つのグループには、植物の世話は職員がすると伝えた。半年後、責任を負わなかったグループの死亡率は30％、世話を任されたグループは15％で、前者は実に2倍の死亡率だった。[4] この実験で、植物の世話は慈悲訓練のメタファーと考えられる。慈悲心とは自分自身、他者、そして自分が属する世界を気づかう責任を持つことだ。

第一章で触れたように、コンパッションは人生の**目的意識**を強化する。そして目的意識が身体の健康と長寿に直結していることが研究からわかっている。まず第一に、コンパッション・トレーニングに参加登録することは目的意識に他ならない。そしてその訓練が深まるにつれ、他者との連帯感もまた深まっていき、他者に幸福をもたらすことが喜びとなる。私たちの存在はかけがえのないものであり、だからこそその存在を可能な限り意味あるものにするために最大限の努力をしたいと願うのである。

最後のポイントとして、コンパッション・トレーニングは**個人的成長**（精神の幸福を構成する六つのコアバリュー）のすべてにかかわる。それは人生の捉え方や、自分自身と人類同胞である他者とのかかわり方を変容させるための意識的な努力を指す。端的に言えば、意識的、意図的な成長の過程の中に身を置くということだ。その結果、人は必然的に人生を成長の過程と捉え、日々成長を遂げる自分自身に関心を寄せることになる。

リフが掲げたこれらの六つの要素が精神の幸福を構成するとすれば、コンパッション・トレーニングは疑いの余地なくそれを多面的に推進するためのパワフルな手法だと私は考える。

慈悲深い人は立ち直りが早い

コンパッション・トレーニングが精神の健康に役立つ最大のメリットは、困難に打ち勝つ力がつくことだろう。児童発達や配偶者を失った後の喪失感からの回復力に関する研究分野で、回復には二つの主要な特徴があることがわかった。一つは**エゴ・レジリエンス**と呼ばれるもので、「苦境を克服し、前に進み、ダメージを跳ね返す力」と定義されている。(5) もう一つは**ハーディネス**（心理的耐性）と呼ばれ、困難を脅威ではなくチャレンジと捉え、見放されたと感じる代わりにそれにコミットしていく姿勢を持ち、無力感の代わりにコントロールを発揮する能力のことだ。

長期にわたる追跡研究からわかったのは、困難からの回復力が高い子供は「自信や観察力、洞察力が高く、他者と温かく開かれた関係を築ける」ことがわかっている。これとは反対に、「壊れやすい自我」を持つ子供は「問題行動を起こし、抑鬱《よくうつ》的で、思春期にドラッグユーザーになる確率が高い」とされる。研究ではさらに、エゴ・レジリエンスが高いと、研究に伴うストレスからの心臓血管系の回復が早く、ニューヨークで起きた9・11テロ事件を目撃したアメリカ人のうち、抑鬱傾向が低かったことが分かっている。(6)

ダライ・ラマは、チベットの彼の個人的僧院で暮らす、ある普通の僧侶の画期的なストーリーについてよく話している。ロポンラは一九五九年、ダライ・ラマとともにインド亡命が叶わず、ラサにとどまった。ところが中国の文化革命の後、中国の労働収容所に送られ、さらにチベットの監獄に収容され十八年という年月を過ごした。チベットで政治的緩和が起きた一九八〇年初頭にロポンラはインドに脱出し、ナムギャル僧院に合流した。高僧となったロポンラは、そこでダライ・ラマと過ごす時間を得た。ある日、何気ない会話の中で、ロポンラは彼の収容所時代に一、二度重篤な危機に瀕したと、ダライ・ラマに話した。ダライ・ラマは彼が何らかの生命の危機に瀕したものと思い、それはどんな危機だったのか、と訊ねた。ロポンラは、「私が中国人に対する慈悲心を失うという危機です」と答えた。これが卓越したレジリエンスの実例だ。

ロポンラは自分の置かれた物理的状況を変える力がないことを知っていた。彼の毎日は他人に委ねられていた。しかし彼の心の裁量権は彼自身にあった。監獄でのつらい日々にもかかわらず、ロポンラは彼を苦しめる人々を含め、すべての生きとし生けるものに対する慈悲心を抱くなどの精神修養を続けていた。彼は無知や特殊な事情により、自らにとって有害な振る舞いをするに至った人々への気づかいの心を持つ訓練を続けた。普通に考えると、ロポンラが中国人への慈悲心を失うことを気にするなんて馬鹿げていて、自虐的ですらある。しかし慈悲心に対する彼のコミットメントは、彼が置かれた状況を恨んだり絶望したりすることなく、正気を保つことに役立ったのだ。私は個人的に彼をよく知っていて、彼とは数えきれないほど会っている。彼は細身で長身の、物腰の柔らかな僧侶だ。彼はそのような過去を一切感じさせず、過酷な現世の重荷をたくさん背負わされてきたことは、直感でも働かせない限り、誰にも想像できないだろう。

私自身の人生では、シャンティデーヴァの次の冷静な言葉が役に立った。

もし何かできることがあるなら、[7]
落胆する必要はあるだろうか？
もし何もできることがないなら、
落胆が何の役に立つだろう？

私はこれをシャンティデーヴァの「不必要・役立たずの原則」と呼んでいる。私たちが日常的に直面する問題の数々はあまりに複雑で、単純に「解決可能」「解決不可能」という二つの箱にすっきり仕分けできるものではないということを、私はよく理解している。他者の協力や善意なしには解決できないというケースも少なくない。その場合でも、協力してもらうためにできることはたくさんある。いずれにしても、私はできる限りのことをして、先を目指す。常に何かの心配をして、問題を双肩に（実際には脳内に）背負うという行為がストレスの元凶であり、私たちから力を奪っている。問題となる状況に対して、できることが何もないという時、人はそれを受け入れ、手放す知恵を持つ必要がある。この知恵は、キリスト教に伝わる有名な静穏の祈りの言葉と響き合う。

神よ、変えられないものを受け入れる静穏な心を、
変えるべきものを変える勇気を、そして
両者を見分ける知恵を、お与えください。

私はシャンティデーヴァの言葉が大好きだ。というのも、若い僧侶だった頃、彼の有名な著作、『入菩薩行論《にゅうぼさつぎょうろん》』を暗記する機会があったからだ。この仏教の古典作品は韻文で、徹底した利他主義に従って生きた（すべての生きとし生けるものの幸せに人生を捧げた）人物の一生を著者の視点から描いたものだ。私が彼を気に入っている理由の一つには、彼の作品を暗記するに至った理由と関係がある。それは一九七三年の南インドでのことで、私がいた小さな僧院が、ハンスールという町の郊外にあるチベットの農業集落に移転した。共同農業実験の一環として、ある年、白いソルガムきびの栽培が行われた。夏の終わりの収穫に向けて作物が実ってくると、鳥たちから畑を守らなくてはならなくなり、僧院は私たち若い僧侶を送り込んだ。私たちはソルガムきび畑の中を歩き回って音を立てては鳥の群れを追い払い、シャンティデーヴァの本を暗記した。今でもこの本から心の安らぎを得ているし、重要な文を諳《そら》んじることは私の喜びだ。

コンパッション・トレーニングを通じて困難に打ち勝つ心が育つ道筋の一つには、自分自身を孤立した存在ではなく、他者との関係性の中でとらえられるようになることが挙げられる。自分を利己心によって認識し、定義すると、自分の関心事という狭い領域に自らを閉じ込めることになり、希望と恐怖のループに悩まされるだろう。自己中心的な考えでいると人の心は脆《もろ》くなり、ちょっとしたことでも脅威と受け止め、過剰反応するようになる。チベットの意識訓練の指導者によると、それはちょうど簡単に狙いやすい、大きな標的を持ち歩いているようなものだと言う。自己中心性が過剰になると、それだけ侮辱や苦痛に対する傷つきやすさが増加する。

これとは対照的に、慈悲深いものの見方考え方の持ち主は、必然的に自己中心的ではなく、よりリラックスしていて、制約が少ない。他者とのつながりを持つことで人は自由になるというのは決して大袈裟な表現ではない。困難に打ち勝つ力を持っていれば壁を立てる必要がなく、見せかけの看板で自分を守ることもない。隠すことは何もなく、ただあるがままの自分でいられる。時には親切な人々も傷を負い、すぐに立ち直れないことがあることは事実だ。彼らは他者の苦しみに対して敏感で、他者の幸せに意識を集中させ**過ぎた**のかもしれない。ここで、先に解説した共感と慈悲心の違いを思い出すといいだろう。共感は慈悲心を引き出すために不可欠だが、共感ゾーン（感情の共振）に囚われてしまうと、エネルギーロスにつながり、無力感や疲労感に苛《さいな》まれることになる。これとは対照的に、慈悲心は他者が苦痛から解放されることを願うことにエネルギーを注ぎ、そのために行動しようとするという、よりパワフルなスタンスを取る。少なくとも私たち一般人にとって必要なのは、自分へのフォーカスと他者へのフォーカスの健全なバランスだ。それができていれば極端な自己中心と、過剰奉仕という両極端に陥らなくて済むだろう。コンパッション・トレーニングでは、まさにこのバランスを習得する。

コンパッション・トレーニングと感情の調整

ＣＣＴの効果に関する無作為比較研究でわかったのは、感情の調整にゆるぎない影響があるということだった。[8] 感情の調整とは、心身の健康、社会性、人間関係、仕事の効率などを左右する重要な指数として近年研究が進んでいる科学分野だ。感情の調整に問題がある人は不幸で、過度の心配やストレスなどに見舞われる。

実際のところ、誰もが日常的に感情の調整を行っている。誰の人生にもポジティブやネガティブな感情が随時湧き起こり、それらとどうつきあうかに日々直面している。この分野の先駆者であるスタンフォード大学の心理学者ジェイムズ・グロスは感情の調整を「人がいつ、どんな感情を抱くか、それらの感情をどのように経験・表現するかに影響を与える過程」と定義している。[9] その典型的な型がいくつかあり、感情の**表現の抑制**――たとえば本当は傷ついているのにポーカーフェイスでそれを外に表さないこと。**再評価**――ある感情を起こす状況に、よりポジティブな意味づけをすること。**気を逸らす**――別のポジティブまたはニュートラルな行動(たとえばよく言われる「冷たいシャワーを浴びる」など)で気分を変える。そして**分離**――その感情と距離を取る(意図的に感情を抑圧するのは否定反応の一種だ。これはマインドフルネスで言われる、メタ認知の**受容**からくる距離の取り方や切り離しとはまったく異なるもの)という、感情の抑圧の一種、がある。これらのうち感情表現の抑制は、「ストレス症状の増加、ネガティブ感情、絶望、不安、そしてポジティブ感情や人生の充足感の減少と関係がある」とされている。[10] もちろん感情を表現することがすべて健全で役に立つというわけではない。第八章に登場した、言葉や物理的暴力で怒りを表現し、周りの人々を攻撃した退役軍人の例を思い出してほしい。抑制でも監視のない表現でもなく、調整がカギだ。

コンパッション・トレーニングが感情の調整にどのような効果を発揮するかを調べるため、スタンフォードの研究チームは人々が習慣的に使う主要な感情調整機能、認知的再評価と表現抑制の二つを精査するツール、スタンフォード感情調整質問票（SEQ）を使った。(11) 研究で分かったのは、感情抑制の減少は、トレーニング参加者が宿題の一環として日常的に行うコンパッション・エクササイズの量に著しく比例しているということだった。CCTでは苦痛とともにあることや気づかいの自由な表現、温かい心の開発など、感情の抑制の真逆を心がけるよう推奨しているため、その結果は至極当然のことだった。

感情の調整にはもちろん他者とのやり取りという側面があり、相手に与える影響は感情の表出または抑制に限定されない。社会的動物である私たちは、自分の感情を調節するのに自然に他者を当てにしている。窮地にある時は本能的に誰か、特に愛する人に慰めてほしいと願うものだ。愛する人に抱きしめてもらうことほど気持ちが鎮まることはない。熱心に耳を傾けてもらえばフラストレーションは収まるし、大丈夫という笑顔を向けられれば不安も解消する。人々、特に愛する人との絆を深めること、そして自分への思いやりのエクササイズを通じて安泰な愛情を再構築することにより、コンパッション・トレーニングは私たちの感情調整の習慣を変える力を持っている。

抱擁の習慣は、元チベット僧である私がフランス系カナダ人と結婚するに当たり、基本的な訓練を必要としたことの一つだったことを認めざるを得ない。チベットの伝統では、両親は幼い子供に対してスキンシップの愛情を注ぐ。幼少期の子供は、夜は両親と同じベッドで眠り、昼は母の背におんぶしてもらい、ショールにくるまれて心地よく密着している。しかし、通常10代前半頃になると、習慣的に抱き合うことがなくなる。チベット人は、たとえば取り乱している人、長い旅に出発する、または帰還した人でもなければ、抱き合うことはない。加えて私は、少年時代のほとんどを僧侶として過ごしたため、物理的に身体が触れ合うことが制限されていた。このため誰かを抱きしめることには本能的な抵抗があった。それは独身時代、イギリスのケンブリッジにいた頃は何の問題もなかった。イギリス人も大体において抱擁には抵抗があるように見えたからだ。しかし、私の未来の妻ソフィーが現れてからは、見直しの必要が生まれた。彼女は私に『ハグの小さな本』という本を買い、トイレにそっと置いた。それは大変役に立った。

倫理意識の錨《いかり》を下ろす

コンパッションを自分の基本的行動指針の一部にする（第四章）と、自分の倫理観の錨を下ろすように重心が下がる。人の行動研究の科学者が声をそろえるのは、好き嫌いにかかわりなく、人間である以上私たちは道徳的な生き物であることから逃れられない、ということだ。理性と感情を持つ生き物として、人はコンスタントに外界を評価し、自分の価値観・生き方・目標に照らして調整を続けているのだから、道徳的な生き物というのには合点がいく。私がここで倫理と呼んでいるのは、状況判断して行動指針を決めて実践するやり方のことだ。

社会的動物として、人の幸福は他者の幸福と分かち難く絡み合っている。他者の存在を抜きにして、自分の幸福を追求し、苦痛を減らそうと願っても大した成果は得られない。自分の自然な欲求である幸福の追求と、自分と同じ欲求を持ち、願望を達成する権利を有する人類同胞の幸福に対する責任とのバランスを維持するよう導くのが倫理観だ。倫理観が私たちが共有する道徳世界と折り合っていくためのツールとなる。したがって、黄金律（自分がしてほしいことを他人にせよ）に沿った何らかのルールが、宗教界であれ俗世間であれ、すべての主要な道徳体系の根底に流れていることは驚くにはあたらない。たとえば仏教の教えで倫理的行動とは、他者に害を与えることやその原因となることを避けることと定義されている。そして倫理に反する行動を測る尺度としては他者を傷つけた度合いで判断し、最も重いのが他者の命を奪うことだ。逆に、害を与えることをただ避けるより、進んで善行をなすことのほうが倫理的価値が高く、最も高く評価されるのが利他的行為だ。したがって仏教では倫理を自制、美徳、そして利他という三本の柱で捉えている。

道徳観の進化に関する近年の科学研究では、人類は文化、言語、人種の壁を越えて基本的な道徳観を共有している可能性を示唆している。共有の範疇《はんちゅう》は、人類の枠を超えて霊長類のいとこたちにも及んでいると主張する学者もいる。ダーウィンはこの手の考えの支持者だったと思われる。人の生得の道徳心を主唱する科学者は、私たち人類は生まれつきある種の「道徳文法」――著名な言語学者ノーム・チョムスキーが提唱した「普遍文法」のようなもの——を持っているとしている。[12]この「生得的文法」（人は生まれながらに文法を習得する能力が脳内に組み込まれているとの考え）により、ある言語圏にさらされると生得的な言語能力が発揮されるように、私たちの生来の「道徳文法」能力も、それぞれに生まれ育った社会・文化的文脈に沿って顕現する。したがって、人は皆生まれ育った社会を通じて一連の価値観やモノの見方、生き方を習得する。それらがその人の倫理観となる。

昔はほとんどの社会が人種、宗教、言語の面で今よりずっと同種の人々で構成されていたため、それぞれの社会の中でほとんどの人が同じ価値観を共有出来ていた。脱宗教化と価値観の多様化（これらは近代化の二大産物）が進み、その地の法律を除き、住民を束ねる共通の価値観がほとんど失われた。道徳心については、外界の人々とどうかかわるのが望ましいかという個人の判断に委ねられている。脱宗教・多元社会の時代の課題とは、「倫理意識の錨をどこに下ろせばいいのか？」だ。

私の例を言えば、妻と私は共通の価値体系である仏教に基づいて子育てをしようと決めていた。私たちの立ち位置は極めてシンプルだった。子供たちは周りの人々（両親、学校、同級生、マスコミを中心とした社会全般）のありとあらゆる行動や価値観を吸収していき、それぞれが子供の道徳心を形成していく。この複雑化した現代の現実において、子供の教育に当たる親の仕事は重大で、親は自分が大切にしてきた精神的倫理的価値観を子供に伝授しなくてはならない。子供にとって親が世界のすべてである幼児期には特に細心の注意を払わなくてはならない。

コンパッションは人の倫理観に明晰さを与える道徳の土台であり、行動規範でもある。コンパッションがあれば優先順位が明確になり、相反する価値観の間での迷いを払しょくし、倫理的にどうするべきかを迫られた時、肝心なことは何かという基準となる。基本的価値観としてコンパッションがあれば、他者の幸福を気づかうという動機が備わり、他者を助けようという意志に導かれ、他者の幸福を見ることが喜びとなる。

コンパッションとは、人が生まれながらに持っている性質の一部だ。それを認識し育むことにより、コンパッションは同朋とともに道徳的動物として私たちを特徴づける、倫理の国際基準となるだろう。

たとえばダライ・ラマは、その活動の多くを傾けて「コンパッションとは宗教なき時代の普遍的倫理」というメッセージを推進してきた。彼はその著書、『Ethics for the New Millennium（新しい千年紀の倫理）』、そしてその続編『ダライ・ラマ宗教を超えて』（サンガ）を通じて、倫理のそのようなとらえ方を力強く論証した。[13] ダライ・ラマの議論によると、慈悲心、愛、親切さ、赦し、責任といった人の基本的な価値観とは、宗教によって強調されるかもしれないが、それ以前に、宗教とは関係なく、人間性にもともと備わっているものだという前提に基づいている。それらは人が持って生まれた普遍的価値観（他者とのつながりを必要とし、幸せを願い、本能的に苦痛を避けようとするなど）に深く根差している。端的に言えば、これらの価値観とは、人が持つ基本的共感体質の表出だ。したがって、他の人の幸福を望む心と定義されるコンパッションは、いかなる宗教や哲学的信条ともかかわりなく、人類に共通する倫理観のよりどころとなることが期待されている。したがってコンパッションの育成は非常に大きな社会的・地球的影響を内包している。私たち一人ひとりがコンパッションを人生の行動規範として生きたら、世界がどんなことになるか、想像してみてほしい。

第十章
勇気が増すほどストレスが減少し、自由が拡大する
慈悲心を基本姿勢にする

〝道徳的卓越は習慣によって生まれる。…人は行動することでその資質を身につける。節度ある行動によって節度ある人となり、勇気ある行動によって勇者となる。〟

――アリストテレス（『ニコマコス倫理学』第２巻）

〝ポジティブに行動しよう。行動は習慣となるから。
ポジティブな習慣を持とう。習慣は価値観となるから。
ポジティブな価値観を持とう。価値観は運命となるから。〟

――ガンディー（一八六九―一九四八）

コンパッションと利他心を行使するという意図を設定する（そして再設定を繰り返す）こと、そ

してその練習をする（それを何度も繰り返す）ことでそれらを習慣にできるだろうか？　思考《マインド》と感情《ハート》の訓練により慈悲心を無意識領域に刷り込み、いわゆる直感思考の自動反応プロセスを確立し、慈悲と利他が本能的な人生での反応となるようにできるだろうか？　コンパッションを一過性の気分ではなく、ものの見方、世界でのあり方にできるだろうか？

ノーベル賞に輝く経済学・心理学者、ダニエル・カーネマンの著書『ファスト&スロー　あなたの意思はどのように決まるか？』（ハヤカワ・ノンフィクション文庫）によると、人の脳内の思考形成システムは二通りあるという[1]。彼が**ファストシステム**と名づけたものは主に感情に直結した自動的な反応で、無意識に働く。**スローシステム**は努力を要する、意識的・論理的機能だ。日常の中で物事を決断する時、人はファストシステムに頼る傾向がある。進化の過程から考えると、これはまったく理に適っている。自動的に働くシステムはより素早く情報処理を可能にし、ある状況で求められるニーズにより効率よく対応できる。このシステムが素早く働くのは、新しい情報を既存の思考・感情・行動パターンに照らすからだ（新しい状況が起きるたびに新しい反応を創造していては時間がかかる）。つまり過去にうまくいった実績のある、内面化された行動パターンの使い回しだ。ファストシステムでは同じことを繰り返す必要はない。カーネマンはこの概念を応用し、人が物事を判断し、意思決定をする方法を画期的に捉《とら》えなおし、その過程で人が偏見を持つ理由にも言及した。

カーネマンの著作に続き、ジャーナリスト、チャールズ・デュヒッグが『習慣の力』という著作を出版し、習慣が生まれる過程、そして人の行動の動機づけに関する科学的発見を広く一般に知らしめた。デュヒッグは、カーネマンのファストシステムの思考がどのように機能するかを解説した。科学者たちは、人の「脳が一連の行動を自動的ルーティーンに変換する」過程のことをチャンキング（訳注：ひとまとまりにする、の意）と呼ぶ。これによると、チャンキングは習慣のベースとなるものだ。チャンキングの神経生理学的現象には、常に省力化を図るという重要な進化的機能がある。習慣が生まれると、そのタスクについて脳は真剣に取り組むのをやめ、限りあるエネルギーを他のタスクに使えるよう確保する。デュヒッグの本を要約すると、「私たちは皆どこかの時点で食事の量、職場で意識を集中させる対象、飲酒の頻度、ジョギングをする時間帯などを決定する。すると、もうそれらについていちいち選択するのをやめ、それらの行動は自動運転となる。これは人の自然な神経生物学的帰結である。これがどのようにして起きるかを理解することで、これらのパターンを意のままに再構築できる(2)」。

今日知られている心理学や神経科学に照らして言えば、本章冒頭の疑問に対する答えはイエスだ。たとえば仏教の伝統では、慈悲の開発を主眼とした習慣が行動変容にもたらす価値を常に主張してきた。現代の神経科学から学べることがあるとすれば、人の脳は新しい経験に対して極めて従順に変化するということである。新しいシナプス連携がつくられるだけでなく、外界とのやり取りによって新しいシナプスが生み出される。新しいニューロンの誕生は**ニューロジェネシス**と呼ばれ、一生を通じて脳が変化する能力についてはより一般的に**神経可塑性**と呼ばれる(3)。最新の研究では、経験が生み出す脳の**後成的遺伝**効果（遺伝子は環境因子によって変化するということ）までわかっている。これは一生涯にわたり失われることがなく、場合によっては子孫にも受け継がれる。

日常生活の中のコンパッション

定期的な練習や行動を通じて日常的にコンパッションの習慣をつけると、その日常は勇気が倍増し、ストレスは減少し、自由が拡大する。やがて自分たち、そして世界が大きな相互関連性の中にあることが自然に見えてくるようになる。他者に対する基本姿勢は、脅威をもたらす敵対勢力としてではなく、人類同胞として見られるようになる。新しい、他者志向型の習慣を持つことにより、自己批判、自己防御といった自分に対する心配の数々という古い習慣から解放される。赤の他人との偶発的交流から身近な家族や友人との親交まで、すべての人間関係が、人は皆同じ境遇にある（同じニーズ、弱さ、幸福を求める心など）という認識の元、開かれた心と気づかいに包まれていく。そしてすべての人々の苦しみやニーズに対して、相手がどんな立場であれ偏見のない視点から慈悲の心をもって接することが習慣となる。自分に危害を与える困った人物に対しても、基本的事実（**私と同じように、この人も幸福を求め、苦痛を回避しようとする人類同胞だということ**）を見失うことはない。これらの思考はすでに私たちのファストシステムに入っていることだろう。行動も、それが他者に与える影響について細胞にまで浸透した深い叡智を反映したものになるだろう。他者を思いやる習慣は、その行為がもたらす喜び、それを受けた人々の喜ぶ姿を見るたびに強化されていくだろう。他者に協力的な姿勢は私たちの新しい標準形《ニューノーマル》となる。慈悲の心は、理想として見上げる対象ではなくなり、私たちはそれを体現する者となる。私たちは自らの思考、感情、そして行動を通じてそれを実践することを習得する。端的に言えば、コンパッションの習慣を持つことは人の人生を変える。

コンパッションを持ったから臆病になるとか、不正に対して寛容になるといったことはない。実際、社会の不正に対する真に慈悲深い反応の根底にはある種の強い道義的な怒りがあり、それは怒りではあるが前向きな趣旨のものだ。マハトマ・ガンディーがインドの人民をイギリスの植民地支配から解放したのも、アブラハム・リンカーンが奴隷制度に反旗を翻したのも、ローザ・パークスが十二月のある寒い朝、アラバマ州モンゴメリーでバスの座席を巡る人種差別に勇気ある抗議をしたのも、そしてネルソン・マンデラが人生を賭けてアパルトヘイト制度廃止を掲げ、政治運動へと突き進んだのも、すべてこの道義的な怒りが原動力だった。彼らの強い義憤《ぎふん》と勇気のお陰で、今の世界は以前より住みよい場所になった。パキスタンの若い活動家マララ・ユスフザイの驚くべき勇敢さを支えているのは、タリバンが女子教育を禁止したという不公平に対する道義的な怒りだった。彼らの義憤の根底にあったのは、他者の幸福、特に弱く虐《しいた》げられてきた人々の幸福への深い気づかいの心だった。

個人変容のセオリー

古典仏教心理学では、人の変化・変容には習慣づけが重要な役割を果たすことを認識していて、伝統仏教に基づく慈悲訓練ではこの認識が反映されている。古代サンスクリット語で瞑想のことを**バヴァナ**というが、これには「開墾」という意味もある。チベット語では**ゴム**というが、これには「親しみ」を開発するという意味が含まれている。長い時間をかけて反復を繰り返すことで、私たちはある特定のものの見方、感じ方、そして世界でのあり方を内面化していく。初めは意識的な努力を要する行為でも、繰り返すうちに造作なく、自発的・自動的にできるようになり、馴染み深いものになっていく。要するにこれは何かの達人になっていく過程に他ならない。

練習を積めば、始めは困難に思えたことも難なくできるようになることは誰でも経験から知っている。初めて自転車に乗ろうとするとき、バランスを取り、ペダルを漕《こ》いで細い二本の車輪で道を外れずに進むのはかなり難しい芸当だ！　私の場合、車の運転はさらに難しかった。当時30代前半だった私は、イギリスのケンブリッジ郊外に住んでいた（寛大な友人たちが所有するコテージを無料で貸してくれていた）。そこは車がなければどこにも行けないような場所だった。インドで僧侶をしていた頃は、自転車よりも高度な乗り物の扱い方を習ったことがなかったため、動力装置のついた乗り物を自分が操縦するという概念自体に違和感があり、恐怖だった。私はマニュアルシフトの車で運転を習い、インストラクターは「MSM―ミラー・方向指示器《シグナル》・操作《マニューバ》」という言葉を、角を曲がるたびにマントラのように私の頭に叩き込んだ。すべての細かな動作に注意を払わなくてはならなかった。ミラーをチェックし、方向指示器を出すのを忘れず、タイミングを外すことなくクラッチをリリースしてギアチェンジをするなど、一つひとつの動作に間断ない努力を要した。頭では、いずれ運転が簡単にできる日が来ると知ってはいたが、当時はそんなことが起きるとは想像もできなかった。私は本当に運転したかったので、初めて受けた運転技能試験に落ちたときは動揺したものだ。今となっては運転がそれほど困難だと想像することのほうが難しい！

近代の認知心理学には、陳述記憶と手続き記憶という分類がある。前者はあることに関する**知識**を指す一方で、後者はその**やり方**を指し、これは主として実際にやってみて得られた知識だ。大雑把に言えば、前者は認知的知識で事実を扱い、後者は身についた知識のことだ。運転の仕方を知っているのは手続き的知識で、ターボエンジンはアクセルを踏むと大きく前進するというのは陳述的知識だ。コンパッション・トレーニングで私たちが目指すのは、コンパッションについて学ぶことにとどまらず、慈悲や利他の精神が身についた知識となり、人格の一部となるまでになることに重点を置いている。

仏教心理学では、そこに至るには三つの段階があるという概念がある。第一に、「聞くことによって起きる」段階で、ここでの理解は主として言葉としての知識にとどまり、理解は憶測に基づくレベルだ。この段階での知識とは情報の受け売りに過ぎない。しかし、そのことについて考えを深めるうちに第二段階「批評的内省による理解」に至る。ここでは知識に知的緻密さが備わり、本人の知識体系に統合されるまで内容がよく吟味され、信念の裏づけを持つまでになっている。そして最後に「瞑想経験を通じて得られる理解」の段階に達する。これはその知識が本人の基本的なあり方の一部になるまで長い時間をかけて内面化させた結果生まれるものだ。この最終段階に達して初めて、その知識を楽々と実践できるようになり、その人の本質に統合され、経験的知識となる。頭の中だけの認知的理解に過ぎなかったものが内面化され、自発的知識へと変容したということだ。

たとえば、物事は相互に支え合っているという、仏教哲学の根幹をなす概念を学ぶとしよう。これはすべてが複数の原因や条件によって発生し、すべての行動や出来事は時間や場所を超えて影響を及ぼすという考えだ。理解の第一段階として、これについて本で読んだり、誰かに教わったりする。これは必然的に表面的な理解だ。しかしこの相互依存の概念について分析し、自分の経験に照らして深く考えていくうちにその概念についての深い信念のようなものが醸成されていく。こうして生まれた新しい気づきを日常に応用していくうちに、物事の判断が型通りのものからより柔軟になっていく。そして様々な状況、とりわけ好ましくない状況に対してより寛容で冷静になり、その考え方がもたらす影響に気づく。このように、精神と行動にゆるぎない影響を与えるには、その知識を意識の中に浸透させなくてはならない。理解の第三段階は、長期間にわたり繰り返し内省し、その洞察を内面化させる過程、つまり瞑想を重ねることでしか到達できないと考えられている。

慈悲という概念にもこのモデルを当てはめることができる。古典仏教の経典では、コンパッションを地球規模に拡大させるという概念の初期段階を、「サトウキビの皮の味を試すこと」になぞらえる。一方で経験に裏づけられた上級段階は、「サトウキビから抽出した純粋な砂糖を食べること」に例えられる。第一段階では、すべての生き物にコンパッションを向けるには努力が要る。その行為を想像し、見様見真似でやっている。それについて深く考え、実践を続けるうちに、コンパッションに裏づけられた行動は、助けを必要とする人を見ただけで何も考えることなく楽々と自発的にできるようになる。

見る、感じる、行動する

これまで見てきたように、認識・経験・行動の関係性は複雑で循環的・双方向的な性質がある。それはつまり、感情は思考と行動を促し、行動は感情のあり方を変え、同時に認識や態度にも影響を及ぼす。このような力学は特に欲求、渇望、強迫行動の心理に特に強く現れる。仏教思想において、連鎖の一番目は因、つまり**接触**（対象との遭遇）で、それが二番目の縁、つまり**経験**（快・不快な経験）へとつながる。この情動的反応がその記憶の定義となるため、次回それと接触した際、経験する前からそれについての妄想を巡らせ、初めの経験よりずっと重要で魅力的なものだと思い込む。対象に対するこのようなかかわり方は、果である**渇望**（自分が持っていないその対象が手に入れば解放されたり、幸福感を得られたりすると考える）を招く。意識による監視を逃れた渇望は野放しで進み、望む対象に自動的に何度も手を伸ばし、対象に対する渇望はエスカレートしていく。

良くも悪くも、世の中の捉え方（認識、考え、態度、価値観）のほとんどは環境、とりわけ幼少期に共に過ごした家族やその文化といった要素によって形成されている。自分では最も基本的で中立的だと思っている評価基準ですら、幼少期の経験の影響を受けていることは、認知科学からもわかっている。人類の歴史を振り返ると、ある時代の一社会のあり方がそこに生きる人々の認識を偏向させ、その社会特有の正義が普遍的真実であるかのように捉えてしまった実例であふれかえっている。一つ挙げるなら、近代以前の西洋では、敬虔なキリスト教徒ですら奴隷制度にまったく違和感を持たなかった。

社会の偏見は人々を盲目にするため、それを見分けるためには社会の枠を超えた視点が必要となる。インドの正統派ヒンドゥー教徒の一部は今でも**最下層民**（いわゆるアンタッチャブルと呼ばれる人々）を生まれつき下等な賤民《せんみん》だと捉え、直接的な接触を避けている。イスラム原理主義者の多くは、**カーフィル**（信仰を拒む者）を本質的に不潔であり、尊重や気づかいに値しないと考えている。チベット文化でも、中央チベットの一部地域では先祖代々続く肉屋や鍛冶屋に対する偏見があると知って驚いたことがある。私はこの偏見が行使された様子を実際に目撃した。10代の頃私が属していた小さな僧院は、インド南部マイソールから西に約30マイル（約50キロメートル）離れたチベット居留地の中にあった。収穫を祝うパーティーのため、居留地の中央の十字路にテントが張られた。テントの中のテーブルには、水に浸した発酵雑穀を入れた大小二つのポットが置かれていた。これはチャングと呼ばれる自家製ビールで、発酵雑穀の中に差し込んだストローから飲むようになっている。そしてどうやら小さいほうのポットは、「下等」民族である肉屋や鍛冶屋の家系の人々用のものだった。

嬉しいことに、どれほど根深く浸透した偏見であれ変えることができる。ダライ・ラマは友人であるドイツの著名な量子物理学者カール・フォン・ヴァイツゼッカーの言葉をよく引用した。曰く、彼の少年時代、ドイツ人にとってフランスは敵国で、フランス人にとってもドイツは敵国だった。しかし二〇世紀末にドイツとフランスがＥＵの中で最も近しい同盟国となり、両国関係は激変した。古い世界観は新しい見方に、古い習慣は新しい習慣に差し替えることが可能だということは近代科学でも証明されている。要するに、それこそが教育というもの――**よりよい自分にしっくりくるようなものの見方、感じ方、あり方を学ぶ**、ということだ。この変容過程の重要なポイントは実際のところ、自分や周囲にとって望ましくない習慣的パターンを白紙に戻すことにある。これらのパターンの一部は幼少期に刷り込まれ、柔軟性を損なってきたものかもしれない。そのような場合でも、根気強く慈悲の訓練を続けるうちに本物の変化を起こすことができる。私がそう信じるのは、それができた人々を見てきたからだ。

コンパッション・トレーニングのコースを数えきれないほど担当してきたベテランのインストラクターが、個人変容について以下のような感動的な話をしてくれた。69歳のスーザンは、大人になってからの人生を絶望と共に生きてきた。(4) スーザンが生まれた時、母親は鬱病と診断されていた。このため彼女が赤ん坊の頃は、母に抱かれたことがほとんどなかった。子供時代は母親の鬱病を中心に回っていた。やがて彼女は子供時代のトラウマを意識の底に沈め、蓋をすることを覚えた。それが変化したのは、八週間のコンパッション・トレーニングに参加した時だった。コースの中盤に差しかかった頃、彼女は今まで経験したことがないほど幸せだと語り始め、周囲には彼女が別人になったと言われるようになったと話した。彼女が自らの苦しみと向き合い、そして母親の苦しみと向き合い、それらの苦しみがスーザンとすべての人類とを結びつけるにつれて、変化はさらに進んでいった。スーザンは音楽が大好きだったが、自分はそれまで喜びを享受する資格がないと思ってきた。コースに参加した経験から彼女は音楽を再開しただけでなく、音楽の夏季訓練コースに応募し、採用が決まった。彼女は驚きつつも喜びに沸き、コンパッション・トレーニングのインストラクターに知らせてきた。人の精神に深く刻み込まれた轍《わだち》であっても、それを白紙に戻し、自分のためになる習慣に置き換えることは可能なのだ。スーザンの経験談のように、ある分野の小さな変化が突破口となり、雪崩《なだれ》を打って大変化を起こすのは個人の変容によくあることで、大変興味深い。

意識が変わると、感じ方も変わる

第四章でも簡単に触れたように、古典仏教心理学と近代の認知科学の両方から一つの重要な洞察——認識と感情には深いつながりがあるということ——が引き出されている。(5) 仏教の見地からは、たとえばクロスワードパズルを解くというような一見中立的なことを含め、あらゆる認知活動に感情が絡んでいるとしている。近代の認知科学でも、自分自身や自分を取り巻く世界に対する見方を構築することで、自分自身や世界の経験の仕方も再構築されると示唆している。これと同様に、自分や周りの人々、世界に対する感じ方を変えることにより、自分や周囲の人々、自分の生きる世界の捉《とら》え方も変化する。

認識が変化すると、それが感情に与える影響は一瞬にして起きることがある。私が15歳の時、ある強烈な経験をした。私は8歳から11歳までシムラーの寮で過ごしたが、そこの寮母はなぜか私につらく当たった。彼女は夫と二人で学校の男子寮の一つに住む約30名ほどの男子の面倒を見ていた。正直私は実年齢よりませていたし、自己主張も強かったが、だからといってあんな仕打ちを受ける理由にはならない。日曜日に共同の浴室でシャワーを浴びる際、彼女は私たち数名を選んで石鹸だらけにしてから乾いたココナッツブラシでごしごし洗い、私たちは石鹸を流してもらう順番が一番後回しだった。自分で洗い流すことを禁じられていたため、私たちは石鹸が目に滲《し》みるのを我慢しながらじっと待っていた。またある年の冬休みのこと、私の母は死に、父は病気だったため、私は身寄りのない子供たちや、両親が貧しくて里帰りの旅費を工面できない子供たちとともに寮にとどまっていた。私は雪景色のシムラーで、かかとのないサンダルでひと冬を過ごした。寮母曰く、私は一年間の靴の配給分を使い果たしたということだった。あの時私は、足が冷たいと身体がなかなか温まらないということを知った。

11歳になり、学校を出て僧院の一員となった私は、あの寮母にまた遭遇したらどう接したらいいだろうと時折考えていた。そして私が15歳になった時、その日がやってきた。当時私はチベットからインドに亡命した人々の苦難のストーリーをたくさん聞いていた。そんな折、私はあの寮母が背中に薪を担ぎ、その上にシャベルを載せて、真夏の灼熱の南インドの路上を歩いている姿を見た。彼女は家族とともに、私の僧院があるチベット居留地に移住してきたらしかった。彼女は以前より小さく、汗まみれで日焼けしていた。額に刻まれた深い皺《しわ》が、彼女の味わってきた苦悩を物語っていた。その姿を見たとき、私に湧き起ったのは怒りではなく、彼女の苦しみに対する同情心だった。この時私は気づいた。あの寮生活で私は彼女のいじめに苦しめられたけれど、幼かった私は彼女が辿ってきたであろう苦難の数々、あのわずか数年前に自分の国、家族、馴染み深いすべてのものと決別し、何もかも失って祖国を追われインドに逃げてきたということに思い至らなかった。そうやって逃れてきた南インドで、彼女は自分の子供でもない30人以上の子供たちの世話をしていたのだ。そんな過酷な労働をする中で、世話をしている子供が反抗的で自己主張をしてきたら、誰だって厳しい態度を取っていただろう。恐らく彼女に、私に対する個人的感情はなかっただろう。彼女の粗削《あらけず》りな人格を引き出すきっかけを、不幸にも私がつくったに過ぎない。それから一か月後、再び彼女に出会った時、私は名乗り出た。最初、彼女は私を覚えていなかったが、すぐに思い出したようにこう言った。「ああ、あなたは娘の学校のお友達だったわね」。同じ人間として、彼女の弱さを理解したというだけで、彼女に対する感情が私の中で完全に変化したという経験だった。

コンパッション・トレーニングのゴールは、ただこれだけのことだ——すべての人が皆同じニーズや基本的な弱さを共有しているという同朋意識を生来の資質として、自分や他人と接していけるような考え方《マインド》と感じ方《ハート》を育むこと。

世界とのかかわり方

仏教には菩薩《ぼさつ》という理想のモデルがある。菩薩とは、分け隔てなくすべての存在の幸福を願うという、普遍的慈悲の信条に基づいて一生を送ることを選択した存在で、菩薩は常に私に洞察を与えてきた。菩薩はこの信条に従ってどんな風に現世を生きるだろうか？　菩薩は、寛大さ（布施）、倫理的公正さ（持戒《じかい》）、辛抱（忍辱《にんにく》）、不屈の努力（精進）、精神統一（禅定《ぜんじょう》）、そして叡智《えいち》（智慧）という六種類の徳（**六波羅蜜**《ろくはらみつ》）と呼ばれる）の実践を枠組みとする人生を生きる誓いを立てている。本書の内容は一般向けなのでこれとは相容れないが、俗世間にあっても慈悲の信条に従って生きようとする人々にとって、六波羅蜜の枠組みは有用な指針となるだろう。

古典仏教が、慈悲の精神の実践的課題の筆頭として**寛大さ**を挙げたのは驚くにはあたらない。世界の偉大な宗教を見渡しても、寛大さという美徳（キリスト教では慈善《チャリティ》、イスラム教では喜捨《ザカート》と呼ばれる）は、神を敬う方法として高く推奨されている。現代の人の行動研究では、個人の利他心を測る目安として寄付を取り上げている。しかし寛大さの意味を、単に物質を施すという狭義《きょうぎ》にとらえるべきではない。他者の幸福に貢献するべく自分の関心、時間、能力を振り向けるといった行為はすべて寛大さの表れだ。他者の心の支えになること、心を慰め鎮めること、安らぎと安心を与えることなどもすべて含まれる。物質的な豊かさに恵まれた幸運な人々は、基本的な慈悲の精神を表現する手段として寄付をすればいい。大事なのは、慈悲の行動だけでなく、その精神や心を持つことにある。古典仏教の経典には三種類の施しの形を挙げている。必要な物質を与えること、怖れからの自由（安心・安寧）を与えること、そして心の支えとなることだ。これらを現代風に解釈すると、①一般的な寄付活動、②看護、医療、治療、消防、警察などの職業に代表される社会奉仕分野、そして③教育やカウンセリング分野に象徴される。

六波羅蜜の第二番目、**倫理的公正さ**は以下の短い文章に集約される。「助けられるなら助けなさい。それができないならせめて他者を傷つけないように」。これを真剣に受け止めるなら、自分の行動の結果が他者だけでなく、自然環境に与える影響についても意識しなくてはならない。倫理観は行動の制限だけに働くものではなく、常に高潔で利他的な行動を心がけるという美徳も含まれる。

第三番の**辛抱**とは、何らかの出来事、とりわけ苦境に見舞われた際の対処の仕方についてだ。怒り、敵意、焦りなどの感情に屈する代わりに、苦境に対する理解、他者への優しさ、忍耐などを以って事態を受け止める。古典仏教の経典では忍辱《にんにく》には以下のような三つのタイプがあるとされている。(6)（1）危害を加える者に対する冷静さ、（2）高邁《こうまい》な目標を目指す過程での自発的な辛抱、そして（3）現実に対する深い理解から生まれる辛抱。自分や他者への思い入れが深くなればなるほど忍耐力の幅が増していくことは、誰でも経験から知っている。辛抱に含まれる一連の資質（忍耐、理解、赦し）は皆思いやりと慈悲の現れだ。

第四の、**不屈の努力**とは、利他行為を追求する喜びや情熱を維持する試みの先にあるものだ。この美徳は動機《モチベーション》をどこまで保てるか、つまり決意の度合いによる。これには複数の要素が絡んでいる。第一に、その行為が尊いものだと確信できるか、第二に、何らかの困難があることを承知で準備が整っているかどうか、などだ。この経典によると行動を起こす初期段階から不屈の努力の姿勢を持つことは、動機《モチベーション》や決意が逆行や困難で簡単にくじかれないように、鎧《よろい》を身につけることに例えられる。この経典では不屈の努力を実践するにあたり、四つの力が助けになると説く。（1）その行為が持つ崇高な価値を深く信じる、（2）ぶれることなく追求する、（3）喜びと情熱を持ってやる、そして（4）手放す能力、つまり疲れ切ってしまう前に自分をいたわり、休む時を知るということだ。

六波羅蜜の第五番目、**精神統一**とは主としてやろうとしている行為に対する集中力、注意力のことだ。慈悲心と利他心の行使に意識を集中させるほど、他の関心事や心の中の自問自答に気をそがれ難くなる。精神統一の美徳があれば精神をコントロールする力が備わり、真に価値のある目標に向かって自らを振り向けることができるだろう。

そして最後に、**叡智**とは慈悲の精神を深め、現実に見合った形で慈悲の体現を可能にしてくれるものだ。六波羅蜜の最後の要素である智慧または洞察とは、はじめの五つの美徳を見るための目だと言われるほど重要なものだ。実際、叡智と慈悲が完全に一体化することとは、仏性の悟りを開くことだとされている。このような伝統仏教の教えはさておいても、慈悲の心を人生の道標にしようとする人々にとって、これら六つの美徳の開発・探求は有効な指針となるだろう。とりわけグローバル化が進み、熾烈《しれつ》な競争のさなかにあるハイペースな世界にあって、慈悲の精神という理想に沿って生きようとする時、私にとってこれらは心強いガイドラインとなっている。

フィーリングから本質的な在り方へ

本書ではこれまで多くの紙面を費やして、私たちが生まれつき他者に共感する生き物だということ——人類は他者とつながり、他者の立場に立って考え、感じる能力に長けているということを繰り返し語ってきた。助けを求めて苦しんでいる人を見たら、私たちは本能的にその人に手を差し伸べ、共感し、いたわろうとする。これを習得するのに宗教も学校も必要ない。私たちは誰もが本能的に他者とのつながりを求めている。私たちは他者の愛情、承認、そして信頼を渇望している。生きていればこその喜びや苦痛は、多分に他者との関係性によって生まれるものだ。これらはすべて人が人であることとの基本的事実だ。

とはいえ、共感や慈悲心に従って生きるかどうかはまったく個人、そして各々が属する文化の選択に委ねられている。私たちの人生に慈悲の心が織り込まれているか否かは、自分自身や自分を取り巻く世界の見方、外界とのつきあい方、大切にしている価値観、そして行動に現れる。慈悲の訓練は、私たちの性質のより優しい部分とそれらを結びつける。しかしそれが習慣になっていない場合、慈悲の心を自分の個性や信条の一部に引き上げるには意志や決心、そして反復練習が必要となる。

コンパッション育成のゴールは野心的かつ大胆なものだ。それは私たちの存在そのものを変容させ、世の中での振る舞い方を根本から本質的に変化させることだ。これこそが真の精神変容だ。

第十一章

ひとつであることのパワー

世界をコンパッションで満たすために

〝すべての人間は生まれながらにして自由であり、かつ尊厳と権利とについて平等である。人間は理性と良心とを授けられており、互いに同胞の精神をもって行動しなければならない。〟

――世界人権宣言第1条

〝この地がある限り、生き物がいる限り、その間は私もそこにとどまり、世界の苦難を追い払う助けとなろう。〟

――シャンティデーヴァ（十八世紀）

これまで本書ではコンパッションを、主として私たち一人ひとりという個人の視点から掘り下げてきた。しかし「人は皆、持ちつ持たれつ（孤立した島である人はいない）」(1)（英文は No man is an island.）という存在であり、私たち一人ひとりの運命は自分以外のすべての人々と絡み合っていることも見てきた。社会を構成する政治・経済・社会機構は個人の幸せや日常に影響を与える。

世界に横たわる重大な問題について考える時、私たちの多くは無力感に苛《さいな》まれる。戦争、テロ、気候変動、環境破壊、貧困、そして貧富の格差拡大など、私たちが抱える問題はあまりにも大きく複雑で、解決どころか理解すらできそうにない。コンパッションが何らかの役に立ちそうだという感覚はあるにしろ、その方法まではわからない。たとえば思いやりを持って家族に接することはできるが、思いやりのある企業をつくるとはどういうことか見当もつかない。この最終章では、私たちが直面する諸問題のいくつかを分解してより扱いやすいものにし、世界を今より住みやすいところにするために、個人が果たし得る大切な役割について可能な限り示していきたい。現代社会がどれほど複雑で、人口過密で収拾不能に陥っていようと、結局のところそれを構成しているのはあなたや私のような個人なのだ。したがって私たち一人ひとりに向けるべき質問はこういうことだ。「個人だけでなく公に、慈悲を行使するとは具体的に何をどうすることを指すのだろうか？」

医療制度とコンパッション

医療分野、特に一次医療従事者の育成にコンパッションを重視する必要があることは言うまでもない。患者やその家族に、とりわけ悪いニュースを伝える時のコミュニケーションの仕方から、一人ひとりの患者に寄り添うことまで、医療従事者の教育課程にコンパッションの訓練を取り入れることで病院の文化や患者対応の仕方が変わるだろう。

同時にそれは、職務の一環として患者の強い苦痛や感情的反応に日常的にさらされている医療の専門家たちに、それらとうまくつきあうためのスキルを提供するだろう。多くの医療従事者は、その対処法として感情を抑圧し、「職務上のこと」として患者と距離を置いている。しかし第九章でも見てきたとおり、抑制は長期的には良い選択肢ではない。一方で、すでに書いてきたとおり、常に心を解放し、共感していると、外界の刺激に圧倒され、燃え尽きてしまうだろう。どれほど強靭な精神力があったとしても、そこには限界がある。制御されない反応は患者にとっても不都合だ。患者やその家族にとって、医療従事者は冷静で信頼できる人々であってほしいものだ。頼るべき専門家が精神的に不安定では困るのだ。しかし彼ら自身もまた心のケアが必要だ。

職務と思いやりの間に、正しいバランスというものはあるだろうか? コンパッション訓練の立場から言えば答えはイエスだ。コンパッションの訓練を積めば、医療従事者は感情的に消耗することなく患者の苦しみにしっかりと寄り添えるようになる。なぜならコンパッションとは、共感という反応により、患者が苦しみから解放されることへの願いが生まれ、そのために行動したいという衝動がエネルギーを生み出すからだ。もうすでにお分かりだと思うが、コンパッションとは自らに力がみなぎっている状態を指す。

共感とコンパッションに関する脳機能の違いについて、著名な共感研究者タニア・シンガーはフランスの仏教僧侶であり著述家のマシュー・リカルドの協力を得て、一連の脳画像診断を行った。その機能的磁気共鳴画像（fMRI）セッションでマシューは、苦痛を表す画像を見せられ、意図的に共感にとどまりコンパッションの段階に進まないように指示された。その後でマシューはコンパッションの意識状態へと進み、彼が気づかう対象者の苦痛が和らぐことを願うようにと指示された。彼は友人たちに親しみを込めてマシューラと呼ばれているが、マシューラは共感からコンパッションへと移行した時にある種の解放感、喜びに満ちた安堵感があったと話した。それとは対照的に、共感にとどまっているのは消耗すると語った。[2] この実験以来マシューラは、これまで慈悲疲労《コンパッションファティーグ》とされてきた言葉は、共感疲労《エンパシーファティーグ》と呼んだほうがより正確だと主張するようになった。何故ならコンパッションはその疲労を克服する道を示すからだ。（訳注：日本語では compassion fatigue を「共感疲労」「同情疲労」「思いやり疲労」などと訳すが、英語で empathy fatigue という表現は一般的でない。）

医療の専門教育と自己管理カリキュラムの主要な科目の一つとしてコンパッション訓練を位置づけている医療センターは既にいくつか存在する。たとえばサンディエゴのシャープヘルスケアという、約二万人の職員を擁する私立の大手医療センターでは、二〇一一年からスタンフォードＣＣＴを導入している。これらのコースを取得した人々の予備調査結果を見ると、職務に対する満足度、人間関係、自分への思いやりなどの面で著しい効果が上がっている。[3] スタンフォード大学医学部でも、近年では関心のある医学生を対象にＣＣＴクラスを実施するようになった。同様に、著名な禅仏教指導者ジョアン・ハリファックス老師は医師を対象としたコンパッションのコースを開発した。これはＧＲＡＣＥ（感謝・尊重・関心・慈悲・具現を示す英単語の頭文字）と呼ばれるもので、特に終末医療に携わる医療者に役立つプログラムとなっている。

実際の治療行為では、マインドフルネス同様、鬱病の再発防止から薬物依存、ＰＴＳＤ、対人恐怖症、過剰ストレスに至るまで、コンパッション訓練が多くの疾患の治療に生かされるのは疑いようがない。ポール・ギルバートの、強度の羞恥心や病的に低い自己評価に苦しむ患者向けのコンパッション・フォーカス・セラピー（ＣＦＴ）はその一例だ。またスティーブン・ヘイズとそのチームが開発した受容と献身セラピー（ＡＣＴ）は、自らを批判することなく受容し寛大に接するなど、自分自身への思いやりという観点を強調したプログラムだ。認知療法の分野でも、今後はさらに統合された手法がつくられることだろう。人間関係、家族療法、子育て、職場のカウンセリングなどでもコンパッション訓練が生かされる可能性が高い。他者と建設的にかかわるには、まず自分自身との良好な関係が不可欠だからだ。

そして最後に、コンパッションは私たちの医療制度の根幹をなす精神となり得るし、またそうでなくてはならない。私が住むカナダでは公的、アメリカでは私的など制度の公私にかかわらず、医療制度の主たる目的はどうすれば患者を助けられるかでなくてはならない。その前提として患者は一時的欲求から医療を必要としているし、ほとんどの場合彼らは最も弱い状態に陥っているのだから。私的医療機関にとっても、コンパッションは長期的に取り入れていくべきテーマだ。それは患者と医療者との間に良好な関係を築かせ、患者に安心感をもたらし、その医療機関の評判にも好影響を及ぼす。医療にかかわるすべての関係者にとって慈しみの心は好ましい成果を引き出す。

子供たちの教育を見直す

教育分野でももっと慈悲の精神に関心を寄せる必要がある。すべての存在がますます相互に絡み合う今日の世界で、若い世代は人類としての共通認識に基づいた他者とのかかわり方を早急に学ばなくてはならない。現代の混とんとしたストレス社会を生きる子供たちが正気を保ち、健康と幸福を手に入れてほしいと願うなら、認知・情緒面を制御するスキルを身につけさせなくてはならない。彼ら自身だけでなく周りの人々の思考を制御し、感情を受け止める方法を教えなくてはならない。それこそがコンパッション訓練だ。ダニエル・ゴールマンの大ヒット作『ＥＱ　こころの知能指数』(講談社＋α文庫)のお陰で心の知能が広く知れ渡り、北米やヨーロッパの教育機関の多くが社会情緒教育(ＳＥＬ)をカリキュラムに取り入れているのは心強いことだ。[4] 子供たちに健全な感情のコントロールを指導すると、学習能力が向上することが研究からわかっている。最近の研究ではマインドフルネスを基本とする十二週間にわたる親切心をテーマとするカリキュラムを未就学児の公的教育機関で実施したところ、子供たちの実行能力、自制心、社会性に確かな効果が見られたという。[5]

私が住むモントリオールには、エコール・ビュイソニエールという私立のフランス系の学校があり、二人の娘をこの幼稚園と小学校に通わせた。二〇〇八年、この学校は校内で起きるいじめに対してある大胆な実験を開始した。いじめについて一般的な対策を講じる代わりに、子供たちに自己調整、共感、対立の平和的解決法を教えることで学校全体の空気を改善させられないかという試みだった。Ma Classe Zone de Paix（私の組は平和の園）と名づけられたこのプログラムは、私の妻ソフィーが非暴力コミュニケーション（ＮＶＣ）の原理を一部取り入れて開発したものだ。[6] 5歳児から「感情温度」を「温度計」（ラミネート加工されたボードにいくつかの温度を示す絵があり、最も高温域には噴火する火山、中程度が「平穏・注意温域」ののどかな緑の風景、最低温域は氷の「低温域」）でチェックする方法を学ぶ。たとえば6歳のトーマスが怒ってイライラしている時、その温度は火山に該当し、彼が無関心で心がそこにない時、彼の感情は「低温域」にあると表現される。これら両極端の温度領域から出られないと、トーマスは同級生と建設的なかかわり方ができない。このため彼はみんなと一緒に遊ぶことが困難となる。そこでトーマスは他の子供たちとともに深い腹式呼吸や、リズミカルに膝を軽く叩く運動などのエクササイズをして噴火する火山の心境を鎮めることを学ぶ。人気の高いエクササイズは「秘密の庭」というもので、子供たちは各自、自分が最も安心し、リラックスできる、静かで安全な秘密の庭を思い浮かべるというものだ。トーマスと同級生たちは目を閉じ、数回深呼吸をして気分を落ち着ける。それから各自が描いた秘密の庭に実際にいることをイメージし、それを感じるようにする。娘の友人たちから、あれから10年以上経ってからもストレスを感じると秘密の庭に行く習慣を保ち続けているという話を聞くのは感慨深いものがある。

先ほどの一年生トーマスの例を続けよう。彼の学習が進み、感情を言葉であれこれ表現できるようになると、さらに進化して嬉しい、悲しい、怒っている、怖い、安心しているなどの主要な感情の機微を自覚できるようになっていく。幼稚園時代は自分の気持ちに見合った表情を表す絵を選択することで、自分の感情を自覚していたが、二〜三年生になると、トーマスの感情リテラシーはさらに進化し、細分化された感情（うれしい、興味津々、イライラ、怒っている、寂しい、落胆、満足、不安、警戒、高揚、混乱、陽気、驚嘆、安堵、感謝など）を言葉で表現できるようになっていく。

「私の組は平和の園」のプログラムの一つに、個人の感情とその背後にある普遍的ニーズを結びつけるというパワフルな機能がある。たとえばトーマスが怒っていて、遊び場で同級生に当たり散らしていた場合、その背後にはトーマスが仲間に入れてほしいというニーズが満たされず孤立しているという原因があるかもしれない。どの子供も安全、尊重、友情、平和、選択、個人の領域、休息、遊び、集団への帰属や連帯感を必要としている。これらのニーズが損なわれた時、子供は脅威を感じる。すると子供は怒り、フラストレーション、悲しみ、あるいは怖れといった感情を通じてそれを表現する。NVC創設者であるマーシャル・ローゼンバーグはこう断言する。「他人の評価、批判、診断、解釈はすべて私たちのニーズが阻害されたという表現だ」[7]。トーマスと同級生たちはこれらの基本的ニーズについて学び、日常の中でそれを自覚する訓練を積む。子供たちがこれを習得する速さといったら驚愕ものだ！ 子供たちは順番に「僕にはXが必要だ」とほしいものを言い、その都度同級生たちにも「君たち全員もXがほしいですか？」と訊ねる。同級生たちの答えがノーなら、そのニーズは本当のニーズとみなされない。これでチェックしていくとアイパッドなどは必要なもののリストから簡単に削られていく。怒り、悲しみ、恐怖といった感情を感じるとはどういうことかを学んだのち、それらの感情がその背後にある全員に共通するニーズに結びついていることを学習すると、トーマスたちはその理解を他の子供たちへと拡大していく。このように自分の感情とニーズを他者の感情とニーズに結びつけるという意識的なアプローチによって幼いトーマスと同級生たちは、生まれつき備わっている共感能力を建設的に活用できるようになっていく。

この学校のプログラムがもたらした最も魅力的な成果の一つに、効率よく対立を解決するシステムが挙げられる。対立の当事者である子供たちは解決に向けたエージェントとなり、双方の子供が相手の気持ちについて話し、さらにいいのは衝突の原因としてどんなニーズが満たされていないのかについて話し合う。大人はその対話のファシリテーターを務める。この過程を辿ると子供たちは自ら対立を解消し、ものの一〜三分で仲直りをする。

この実験を取り入れた年の終わりに、私は学校の祭事の際に校長と話し、妻の考案したプログラムを採用してくれた勇気に感謝した。彼女は答えて言った。「こちらのほうこそ、彼女の時間を学園のために使っていただけたことに感謝しています。プログラムの成果は手ごたえがありました。たとえば今年、私のところに送られてくる懲戒処分の件数が半減しました。」プログラム導入後六年目となった今年、教師たちは自分たちのコミュニティに対する帰属意識や連帯感が高まったと話している。教師たちが自分の話や行動を同僚や生徒、学校の権威者、保護者から認められ、尊重されていると感じる時、それは学校全体の雰囲気に影響し、最終的に生徒たちにとっての利益となる。

ダライ・ラマは三〇年以上にわたり、教育制度を基本的に見直すよう求めている。彼が言うには、近代の教育制度のルーツは中世ヨーロッパに遡り、当時は道徳心の開発に宗教が主たる役割を果たしている時代だった。今日の脱宗教化社会において、教会が社会に果たす役割は著しく減少した今こそ、教育機関の果たすべき役割を再考する時だ。私たちの子供たちの教育を単なる学術的発達のみにとどめておくべきだろうか？　それとも脳だけでなく心《ハート》も含め、全人教育を目指すべきだろうか？　地球規模の経済やＩＴのお陰で人々、文化、宗教が限りなく絡み合っている新しい世界で、繁栄するために必要なスキルを教えるべきだろうか？　これらの重要な疑問の答えがイエスなら、ダライ・ラマは基本的人間の価値観を教えるべきだと主張する。(8)　子供たちの公的教育課程に組み込むべきその価値観とは私が第九章で解説した、すべての精神修養的倫理的伝統の支柱となる、またそれによって私たち全員が同じ人類同胞であるとわかる、普遍的で宗教色のない倫理のことだ。

二〇一三年、ダライ・ラマが共同創立者であるマインド&ライフ・インスティテュートでは、ある試みを実施した。神経科学、心理学、教育の各分野の専門家を集め、宗教色のない倫理に基づく教育とはどんなものかについて議論した。これまでに引き出された答えの核となるのは、人が本能的に持っている他者を気づかう心が道徳的情操の原点であり、人の社会・倫理的発達は三つの気づかいの回路（他者から支援を受ける、他者を支援する、そして自らをいたわる）によって行われるという認識だった。マインド&ライフ・インスティテュートが創設された一九八七年当初からかかわってきた人々の一人として、この新たな取り組みが教育に変化を起こす様子を見たいと切に願っている。

次世代、そしてその先の世代が、私たちの複雑に絡み合った世界が突きつける課題に立ち向かえるかどうかは、今私たちが子供たちをどう育てるかにかかっている。子供たちが同朋意識を育み、社会的責任意識を持ち、世界の運命を気づかう、心《ハート》を持った人に育つかどうかを決めるのは、私たち次第なのだ。

優しい職場、優しい経済

いろんな意味で、大人にとって職場とは子供たちの学校のようなものだ。職場で形成される文化、そしてそこでどんな扱いを受けるかは私たちの幸福に深い影響を与える。組織はその人材管理の方針において、少なくとも慈悲の精神を信条に掲げることができるだろう。従業員の不満や争議を面倒なトラブルだと受け止める代わりに、共感や気づかい、理解といった姿勢で対応すれば、その従業員は企業や職務に対して忠誠心ややる気を持つようになるだろう。したがって、職場の文化に慈悲を取り入れることはそこで働く人々の苦痛を軽減するだけでなく、究極的に企業にとっても好ましい結果をもたらすだろう。

ミシガン大学では十年以上にわたり、コンパッション・ラボと呼ばれる、組織環境でのコンパッションの精神の探究という興味深い試みを主催している。[9] この共同研究では、組織とは「日常的にヒーリングと苦痛が起きる場所」であることを前提に、どのようにコンパッションの精神が組織化され、組織内全体に浸透させられるかを裏づける論理的枠組みの開発を目指している。より分かりやすく言えば、「組織内でコンパッションの精神を増幅、あるいは阻害する要素とは何だろう？」を探る試みだ。コンパッション・ラボの研究者たちは、コンパッションに根差した反応を集団として起こせる、相互に関連した要素を三つ確認した。第一に、組織のメンバーの苦痛に共感できるほど親密な人々のネットワークであること、第二に、人同士が定期的に関われるようなルーティーンが組織内に確立していること、そして第三に同胞意識といった共有できる価値観があること。研究ではまた、組織のリーダーがコンパッションの精神を啓蒙する役割を持つことを強調している。そのような組織文化を牽引するためにリーダーは手本を示す、つまり「やるべきことをやる」必要がある。慈悲心、人としての高潔さ、謙虚さ、他者の立場を理解しつつリーダーとしての責任を果たすなど、これらは皆勇気と密かな自信がなくては実践できない。これらは真に優れたリーダーの資質だ。

職場にコンパッションの精神を求めるのは一つの方策だ。しかし今日の経済制度にコンパッションの居場所はあるだろうか？　現代の経済活動とコンパッションは両立しない、あるいはよくてもあまり適切と言えないものだろうか？　これは難しい問題だ。しかし、私たちが生まれつき持っている優しさや慈悲深さが人の行動を動機づけていることを認識する、新しい心理学の潮流は、古典的な経済モデルが前提とするものに疑問を投げかけていると私は考える。人は短期的利益を最大限に追求するだけの利己的な存在ではない。人は元来利己的であるというこの前提が、熾烈な競争、際限なき資源消費、そして調節なき成長を正当化しているのだ。

個人であれ企業であれ、金銭的利益だけを成功の物差しとするべきではない。もし金銭的利益のみで成功を測るとしたら、いくら稼げるか、または調達できるかという能力で人の尊厳や自尊心を判断することになる。世界中の数百万人という人々を苦しめた二〇〇八年の世界的経済危機の後、ウォールストリートの拝金主義文化に世論が怒りを露わにした。そう、拝金主義が一番の問題ではあるが、ある意味では人類の物質主義の風潮に対する根深い、構造的な課題の一面と言える。

非道な吸収合併(M&A)活動がメディアで美化された一九八〇年代から勢いを増していった今日の好戦的な企業文化が、持続可能でないのは明白だ。平均的雇用者の給料がかろうじてインフレ率に追いついてきた一方で、高級管理職の給料は爆上がりし、同じ組織内でありながらその比率は平均的社員の給料の300倍にもなっている。統計によると、一九七八年から二〇一三年までの間でアメリカのCEOの報酬は937%上昇した一方で、平均的社員の報酬は10%を少し超える程度だった[10]。これは危険な兆候だ。この先何も変わらなければ、先進国の所得格差は十九世紀の、ほとんどの国民の収入を人口の1%を占める大金持ちが握っているという極端な所得不均衡に逆戻りしかねないと主張する経済学者もいる[11]。そのような不均衡は頂点にいる1%の人々を含め、誰のためにもならない。資本市場理論では世界の天然資源が有限で、再生(代替)不可能だという点、そして現在生きている世代の人々は地球資源を正しく扱えず、未来の世代の利益にも配慮がないという点において、現代の古典経済モデルには構造的欠陥があるという議論もある。

私に言わせれば、それは現在を生きるすべての人々という横軸、そして時代を超えた多くの世代という縦軸においての公平さの問題だ。制度としての公平さを担保するには、今日の短期的利潤追求型の市場原理に疑問を投げかける慧眼《けいがん》の経済学者が必要だ。効率よい経済政策を打ち出す国家元首や公務員が必要だ。そして私たち全員が、不公平の横行を容認するような価値観に異議を唱えなくてはならない。世論の圧力も手伝い、企業の中にはすでにその業績報告に、環境に対する責任と同様に「社会的責任」を評価基準に入れ始めているところもある。今日アメリカなどでは、Bコープス（ベネフィット・コーポレーション）と呼ばれる企業があり、利潤だけでなく社会や環境にとっての利益も追求する企業形態を指す。これらの企業にとって、社会的ゴール（社会や地球への建設的貢献）はその意思決定の過程に大きくかかわっている。

それはコンパッションの精神が経済政策に初めて勝ったという事例ではないだろう。社会規範が変化すると、人々の経済活動の基準もまた変化する。今日では世界人権宣言のような国際的な基準やそれに基づく労働権の存在や、環境への懸念が高まる中、社会として私たちはもう初期の工業化時代のような資源搾取の横行には耐えられない。残念なことに、世界にはいまだに搾取労働や危険な労働条件で労働者を虐待し、低コストで製造し、暴利をむさぼるようなところが存在するが、その国や社会全体として、そのような慣行は容認できないとみなしている。（これらの慣行を阻止する政治的意思や法的措置が欠落しているため、今も存続している）。

今日のような瞬時に世界を巡る通信システムやマイクロ・ブログへのメッセージ投稿のような民主的オンライン・プラットフォームがあふれる世界で、顧客の信頼を獲得しようとする企業は、自らの信頼性をより熱心に訴求しなくてはならない。組織が高潔さを保つことで、法廷での争議やメディアのヘッドラインを飾るスキャンダルを遠ざけ、組織の構成メンバーは組織に誇りを持ち、貢献したいと思うだろう。コンパッションの精神が最高レベルの高潔さを保つために大いに役立つことは明白だ。

「一風変わった会社」

ある国際企業の卓越したストーリーから、組織レベルでコンパッションあふれるビジョンが実現可能だということがわかる。複数の企業で構成されるカメリア・グループは私の古くからの知り合いで、尊敬してやまないゴードン・フォックスによってつくられた。ゴードンは物静かで、理性と感性、そして厳しさと優しさを苦もなく融合させている人物で、長期にわたり禅仏教と日本の茶道を学んでいる。一九五六年に初めてインドに旅行した際、彼はヒマラヤの麓のダージリン地方に強く惹かれた。ダージリン付近のバダムタム茶農園から見る、雪をかぶったカンチェンジュンガの山頂の風景が心に深く刻まれ、それはのちに数千人に影響を及ぼすことの発端になった。この辺りの茶園には古くから何世代にもわたり伝承されてきた習慣があった。それは茶園所有者が茶摘み労働者の面倒をよく見るということで、職務の範囲を大きく踏み越えて、彼らの健康、教育、家族の調和、そして長期雇用などを含むものだった。ゴードンがバダムタムを訪問した頃、茶園はたまたま先行き不安定な時期を迎えたところだった。茶園の所有者の多くはイギリス人で、独立直後のインドの情勢に不安を感じ、本国への帰還を考え始めていた。

懸命な努力を何年も重ねた結果、ゴードンはダージリン地域（バダムタム、ターボ、有名なマーガレットホープ、そしてキャッスルトン）そしてドゥーア地域からバングラデシュ国境近くにまで及ぶ、多くの茶園を束ねて共同体を作り上げた。カメリア・グループの本部はロンドンにあったが、グループ内の企業はそれぞれの茶園の経営を現地の人々に委ねた。今日、カメリアは世界最大の紅茶生産組織の一つとなり、その地域はインド、バングラデシュ、そしてアフリカのマラウィにも及んでいる。

これらの茶園の一つで二、三日過ごすことは人生が変わるほどの経験となる。たとえばバダムタムは、茶摘み労働者の子供たち向けの学校や病院、健康クリニック、コミュニティ会館、寺院などが主要なコミュニティごとに作られている稀有な場所だ。そこに暮らす人々には目に見える帰属意識がある。数千人の茶園労働者の雇用と家族の安心が保証されていることから、これらの茶園は今も存続するどころか繁盛している。

カメリア会長として、ゴードンが数年前に著したものが、彼の経営哲学を端的に表している。「私たちが何よりも求めたのは、働く人々の幸福と利益を親身になって考える、純粋な善良さや誠実さ、そして専門技術を有する企業のあり方です。……それは時として不都合や高額な出資が必要となりますが、経営のどの部分においてもこの原則に忠実であることは、私たちの自尊心、内面の強さ、そして長期的達成を獲得するための基本的要素です。」別の記事ではこのように書いている。「四〇年にわたる職業人生の中で、株主・労働者双方に等しく利益があること、そして企業が属する社会や環境にとってもプラスになることを念頭に置いた『顔の見える』企業運営が可能であるという考えを変えさせるような経験は一つもありませんでした[12]。」

カメリアは株主に利益をもたらすだけでなく、茶園の命運と分かち難く結びついている労働者の幸福と安定的雇用を確保するために存在している。これをするにあたり、ゴードンは利益を長期的視野でとらえ、所有者というより管理者としての立場を取った。カメリア・グループについて書かれた最近の本の中で、著名な経営のカリスマ、チャールズ・ハンディがゴードンのアプローチに賛同している。

> 利潤は商業組織カメリアにとって優先順位の高い目標ではあるが、究極的に重要というわけでは決してない。多くの場合、利潤とは注意深く練られた長期目標の計画と実践の副産物であり、利潤を追い求めた結果ではない。同様に、堅調な成長というものは業界でトップの座を遮二無二追い求めて得られるものではなく、その事業のあり方の結果だ。このアプローチはカメリアの時間の概念、そして所有権の捉え方に大いに影響を受けている[13]。

ゴードンは長い年月のうちに彼が所有していた株の大半を、茶農園地域の継続的慈善活動を始め、カメリアの文化・哲学・経営方針の後見を責務とする慈善基金に移行した。この基金の役員の一人として名を連ねていることは、私にとってこの上ない名誉となっている。現代において、数千という茶摘み労働者が自分の家、生活、コミュニティがずっと先の未来に至るまで安心だという稀有な確信を持っている場所が地球のどこかに存在するとすれば、それは半世紀以上前、この地の貴重な資源をコンパッションの精神で管理するという意志を持ったある勇敢な人物に帰することが大きいだろう。二〇一三年、私は幸運にもゴードンとともにバダムタム茶農園を訪問したが、農園コミュニティ全体がゴードンに深い愛情を抱いていたことに心を動かされた。今日カメリアは世界中に七万三千名以上の労働者を擁し、金融危機が極まった時期にも企業は株主に潤沢な配当をもたらしていた。

社会に正義とコンパッションを浸透させる

社会科学が人にもたらす基本的洞察が一つあるとすれば、それはこんなことだろう。**社会構造と制度を変えない限り、抜本的かつ持続的な変化を社会にもたらすことはできないだろう。**現行の社会機構から人種、宗教、性別、そして性的指向による偏見により、あまりにも多くの苦しみや不公平が生まれている。第二次世界大戦以降、構造的変革を断行した社会が今最も豊かな個人の自由と尊厳を謳歌しているのは偶然ではない。国連による世界人権宣言ほど的確に戦後の精神的価値観を表したものはないだろう。この宣言は、文明社会がその市民を扱うための基本的基準を体系的に世界に示した最初の表現と言える。この憲章は戦争経験の直後に生まれたものではあるが、私はもっと古く、恐らくヨーロッパの啓蒙主義運動（訳注：十八世紀ヨーロッパで起きた、中世的な思想や慣習を打ち破り近代的・合理的な知識体系を打ち立てようとした運動）から続く長い歴史を踏まえた集大成だと考えている。民主主義とともに、基本的人権の尊重に基づく社会を構築するために不可欠なこの法則は、西洋文明が人類にもたらした至高の賜物だ。

この国連憲章はまた、「個人的幸福と集団としての幸福の間の正しいバランスとは何か？」という、長年の懸案に対する記念碑的回答を示している。人はただ人であるというだけで個人の基本的人権が尊重されると明記することで、国家や組織体であっても（明確に定義された特例を除き）普遍的人権を踏み越えてはいけないという明確な境界線を示した。この憲章は、社会の基本姿勢は個人を信頼することを言明しているが、これは極めて予言的な選択となった。今日、市民の安全、自由、尊厳が認められている、人権を尊重する社会はだいたいにおいて繁栄している。かつてのソビエト連邦の試みや、今日のより豊かな中国共産党のような、基本的人権を保証しない国では、常に人民を恐怖、疑念、弾圧によって支配している。市民が発する批判はすべて国家に対する脅威とみなされるため、このような制度は本質的に脆弱《ぜいじゃく》なものとなる。

人の苦痛に対する自然な反応として慈悲の心が湧き起こる時、慈悲心を誘発するのは窮状《きゅうじょう》を呈している一個人、現実に苦しんでいる目の前の人であり、抽象的な博愛精神ではない。しかし、よりよい社会を構築するために慈悲の精神を意図的に取り入れる時、そこにあるのは人道的配慮、苦痛の軽減となる。言い換えれば、情動反応としての慈悲は、熱意であり個人的であり、具体的事例に集中している。その一方で姿勢としての慈悲は情に流されない非個人的なもので、目隠しをした正義と言えなくもない抽象概念だ。正義の恩恵を受けるのはあなたでも私でも、白人、黒人、アジア人、宗教を持つ、持たない、金持ち、貧乏、誰でもＯＫだ。唯一の条件は基本的人権と尊厳を持つ市民だということだ。この段階で、正義と慈悲という倫理の二つの基本的要素が一体となる。

仏教の思想でも最も洗練された形の慈悲心とは、特定の個人の苦痛によって起きるものではないと認識している。慈悲心は苦痛に対する反応だ。誰の苦痛かは問題ではない。シャンティデーヴァはこのように語る。

苦痛であるというだけで、
それは追い払われなくてはならない。
どうしてそれに条件をつけるのだろう？
なぜ苦痛を取り除かなくてはならないかと
問い、異議を唱える人などいない。
避けるべきものなら全部やるべきだ。

そうでないなら、誰に対しても同様にするべきだ。[14]

構造的・制度的変化の利点は、その恩恵を万人が共有できることにある。論理的に考えて、慈悲に熱心な人なら誰でも、個人変容にとどまらず社会変革にも熱意を持つだろう。社会の正義を推進し、人権尊重と民主主義を世界に浸透させようとする人は、慈悲に基づいた行動を支持するだろう。これは「不適切な」西洋の価値観を西洋以外の世界にもたらすこととは何の関係もない。私が思うのは、基本的人権の尊重といった価値観が当てはまらない地域が世界に存在するという議論は、その地域の人々や文化に対して失礼だということだ。私が住んでいる西洋の国々を含めた先進国でももっと公平で慈悲心あふれる社会を構築するための構造改革が明らかに必要だ。そのための闘いは到底終わったとは言えない。しかし、民主主義、人権の尊重、そして独立した司法制度とマスコミによって、市民が望みさえすれば、今よりも優しく慈悲深く、公平な社会へと変革を起こすことは可能なのだ。

社会がやがて変化するまで待ってはいられない。私たちが先頭を切って変化を起こさなくてはならない。今よりコンパッションが浸透した世界はあなたや私のような個人から始まる。コンパッションとは英雄に属するものではなく、人間なら誰もが持っている心だということは、本書を通じて伝わったことと思う。その気になれば、日常の中で人に親切にするという行為を通じて、自らの慈悲深い面を表現する機会はいつでも見つかるだろう。問うべきなのは「私は慈悲深いか」ではなく、「私が持っている慈悲深い側面を行使する選択をするか」だ。コンパッションの精神とともに人生を生きるか、自分自身や他者、世界を、慈悲、理解、気づかいの場所として接していくかは自分次第だ。私にとって、それは人という存在の最も重要な精神性の問題だ。

チベットの古いことわざに、人の精神の進化を測る最良の方法は、人生最後の日に死とどう向き合うかを見ることだ、というものがある。その時が来たら、私たちはなるべく喜びを感じながら、少なくとも悔恨《かいこん》の念を残すことなく出発できるよう促《うなが》される。さらには、人の命が有限であるという飾らない事実に気づくことにより、私たちの根源的欲求と日常の行動との整合性が促されると言われている。それはまた、私たちの日常に過酷な現実を、そして立ち向かう勇気をもたらす。その現実を前にすると、もう仮面をかぶったり体面を取り繕《つくろ》ったりする暇など残っていないことや、エゴを満たすために多くのエネルギーを浪費する不毛さが露《あらわ》になる。それは荒涼《こうりょう》とした話かもしれないが、有効な助言だと私には思える。

人生最後の日が来たら、私たちは皆単独で旅立つ。富や名声、教育をあの世に持っていくことはできない。持っていけるのは人生終盤の思考と感情のみだ。私は自分の人生で何かを成し遂げたか？　私は人々に愛されたか？　私は人々を愛し、いたわったか？　私は他者の人生に何らかの形で役立ったか？　私は他者の人生に喜びをもたらしたか？　私の存在は他者の幸福に必要とされただろうか？　人生の終末が近くなると、頭の中を占めるのはこのような問いかけだろう。

いずれにしても、人としての幸福は他者との関係性によって決まることから、これらの問いかけはほとんどの人々にとって重要なはずだ。そうであるなら、今この瞬間からそのように生き始めようではないか？　待つ必要などあるだろうか？　始めるなら今以上に望ましい時はない。時間は常に進んでいく。ダライ・ラマはよくこう言っていた。「誰にも時間は止められないが、時間を賢明に、意義深く使うかどうかは私たちにかかっている」。本書に書かれた考えや提案のうちのいくつかが、あなたやあなたのような――あなたと同じ――誰かの心を動かし、コンパッションを人生最大のテーマとし、その行動によって世界が変化する様子を見ることができたら、それは望外の喜びとなるだろう。

謝辞

仏教哲学には、一つの出来事にも背後には原因や条件がいくつもあり、人はその全貌を知り得ない、という考え方がある。したがって、今本書を世に出すために協力してくださった方々に「ありがとう」を書くにあたり、たくさんの名前が漏れ落ちていることを強く感じている。

真っ先に感謝したいのは、ダライ・ラマ聖下だ。世界にコンパッションを広めるために類稀《たぐいまれ》なリーダーシップを発揮してこられたこと、そして思考と行動の両方を伴う人生の意味を私たちに示してくださったことに対して深く感謝したい。僧院時代の我が師、故キャブジェ・ゼメイ・リンポチェからは豊かな仏教哲学、心理学、そして中世の伝統について学んだ。この二人の師との出会いがなかったら、私が本書を書くことなど想像もできない。

スタンフォード大学の慈悲利他研究教育センター（CCARE）も、本書の背景として深いかかわりがある。ここに私を創立メンバーとして招聘《しょうへい》し、最終的にコンパッション育成トレーニング（CCT）として完成されたプログラムの開発機会をくれた、センター理事のジェームズ・R・ドティに感謝したい。マーガレット・カレン、エリカ・ローゼンバーグ、ケリー・マクゴニガルという三人の優れた心理学と瞑想の指導者は、CCTの初期シニア・インストラクターとしてプログラムの改良に多大なる貢献をしてくれた。その後モニカ・ハンソンとリア・ワイズが加わった。ホープラボのオミディア・ネットワークは寛大にも二人のCCTインストラクター仲間のトレーニングを支援してくれた。エドワード・ハーピンとロバート・マクルーアはサンディエゴのシャープヘルスケアでCCTの確かな存在感を築き上げた。スタンフォード大学のジーン・L・ツァイ、ビルギット・クープマン、フィリップ、R・ゴールディン、そしてフーリア・ジャザエリはCCTの効果の科学的研究を実施した。これらすべての人々に心からの感謝を捧げたい。あなた方が積極的に果たしてくれた役割なしに、CCTは今日の姿まで漕ぎつけられなかっただろう。

本書の意義をかたく信じ、必要なところで書き進める勇気をくれた私の代理人、ステファニー・テイドにありがとうを伝えたい。私の出版社ハドソンストリートプレスのキャロライン・サットンはたくさんの時間、関心、そして洞察を与えてくれた。私の原稿に対する二度の的確なコメントのお陰で本書はより明瞭かつ矛盾のない作品となった。本書の執筆に大きく貢献してくれた人がもう二人いる。リア・ワイズは情報収集とCCTインストラクターの話をまとめ、私の原稿を何度も読んでくれた。最終局面でステファニー・ヒッグスの協力を得られたのは幸運だった。文章の内容を引き締めながらも優しい語り口を実現し、解説をより明解にし、欠けている部分を補うことでステファニーは素晴らしい原稿にブラッシュアップしてくれた。

私の原稿を何度も読んでは貴重なフィードバックをくれた二人の友人、K・C・ブランコム・ケリーとジャス・エルズナーにも大変お世話になった。実際のところ、何年も前から一般向けの本を出すよう勧めてくれたのはK・Cだった。ゴードン・フォックスとサイモン・ターナーにはカメリア・グループの企業の項で協力を仰いだ。ザラ・フーシュマンドには第一部の編集を担当してもらった。本書で紹介した体験談を寄せてくれたCCTコースの参加者たちにも感謝したい。マインド&ライフ・インスティテュートの役員メンバーであるリッチとデビッドソン、スタンフォード大学のブライアン・ナットソンは最終稿を読み、科学研究に言及した部分を改善するにあたり貴重なアドバイスをくれた。彼らのインプットに感謝しているが、科学に関する文章の落ち度の責任はすべて私にある。

執筆中にインスティテュート・オブ・チベタン・クラシックスを支援してくれた、イング・ファウンデーションのニタ・イングにも謝辞を述べたい。そして最後に、私の家族に心からの感謝を伝えたい。娘カンドとタラは、私の私的な部分を読者と共有するよう背中を押してくれた。妻ソフィーは私が一章書くたびに内容をチェックしてくれたお陰で、本筋から逸《そ》れることなく書き進めることができた。彼女の変わらぬ愛と安心をくれる存在感は私の最良のカルマだ。

本書が出版されたことから何か良いものが現れたなら、それを通じて純粋なコンパッションのもたらす温もり、勇気、終わることのない喜びがすべての人に届くことを衷心より願ってやまない。

NOTES
注釈

はじめに

1 (P.20)
インド、ダラムサラのダライ・ラマの自宅で年二回、多様な分野の科学者たちとダライ・ラマが 5 日間にわたり語り合うイベント。1987 年の第 1 回目から討議内容の多くは様々な書籍として残っている。www.mindandlife.org 参照。

2 (P.23)
Frans de Waal, Primates and Phylosophers: How Morality Evolved, edited by Stephen Macedo (Boston: Harvard University Press, 1998), 10,
ドワールはこのフレーズをアメリカの生物学者・哲学者マイケル・ギセリンのものとしている。

3 (P.23)
カレン・アームストロング著 *"Twelve Steps to a Compassionate Life"* (New York:Alfred A. Knopf, 2010), 19

4 (P.24)
慈悲の進化のルーツを含めた慈悲についての科学研究は以下を参照のこと。Jennifer L. Guetz Dacher Keltner, and Emilia Simon-Thomas, "Compassion: An Evolutionary Analysis and Empirical Review," *Psychological Bulletin* 136, no. 3 (2010): 351–74.

5 (P.25)
著名な宗教学者カレン・アームストロングが始めた慈悲運動憲章のテーマの一つは、世界の主要な宗教の信者が集団としてこれを取り入れるよう促すことだ。

6 (P.25)
ポール・エクマン著、*"Moving Toward Global Compassion"* (San Francisco: Paul Ekman Group, 2014) などを参照。

7 (P.26)
熟練した瞑想者の脳画像研究を行ったリチャード・デビッドソンの研究室による研究結果は以下の論文に描かれている。
Antoine Lutz, Laurence L. Greischar, Nancy B. Rawlings, Matthieu Ricard, and Richard J. Davidson, "Long-term Meditators Self-Induce High-Amplitude Gamma Synchrony During Mental Practice," *Proceedings of the National Academy of Sciences 101, no. 46 (2004): 16369–73;* J. A. Brefczynski-Lewis, A. Lutz, H. S. Schaefer, D. B. Levison, and R. J. Davidson, "Neural Correlates of Attentional Expertise in Long-term Meditation Practitioners," *PNAS* 104, no. 27 (2007): 11483–88; and Antoine Lutz, Julie Brefczynski-Lewis, Tom Johnstone, and Richard J. Davidson, "Regulation of the Neural Circuitry of Emotion by Compassion Meditation: Effects of Meditative Expertise," *PLoS One* 3, no. 3 (2008): e1897.

8 (P.27)
マインドフルネスをベースにしたストレス緩和（MBSR）開発者によるマインドフルネスのわかりやすい解説は以下を参照。
Jon Kabat-Zinn, *Wherever You Go, There You Are: Mindfulness Meditation in Everyday Life* (New York: Hyperion, 1994).

9 （P.29）
ラルフ・ワルド・エマーソンの "Books" *in Society and Solitude* (Boston and New York: Fireside Edition, 1909). 全文は以下の通り。「読もうと決めた本は、翻訳を含めて良い本はすべて躊躇せず読む。真の洞察や人の情緒など、そこに書かれた善なるエッセンスは翻訳可能である」

10 （P.33）
カリフォルニア州サンディエゴのシャープヘルスケアの心理療法士・シニア CCT インストラクター、ロバート・マクルーアとの個人的会話より。

第１章　幸せの隠し玉

1 （P.40）
Alfred Lord Tennyson, *In Memoriam A. H. H.*
Canto 56 (Boston: Houghton Mifflin, 1895), 62.

2 （P.40）
Thomas Huxley, *Evolution and Ethics and Other Essays* (London: McMillan & Co, 1895), 199–200.
利己主義が人類の基本的性質であるとする欧米の著名で簡潔な解説とその批評は de Waal, *Primates and Philosophers, 3-21* を参照。

3 （P.41）
Thomas Nagel, *The Possibility of Altruism* (Princeton, NJ: Princeton University Press, 1970), 19.
ネーゲルは慎重さと利他主義を比較し、慎重さとは、現在置かれた状況を人生の一時的な段階に過ぎないと捉え、未来の自分を気づかう行為だとした。一方で利他主義は、自分自身を大勢の中の一人にすぎないと捉え、自分のことを自分自身であると同時に他の誰かだとみなす能力だと主張した。

4 （P.41）
ダニエル C バトソンのこのテーマに関する優れた出版物には "Prosocial Motivation: Is It Ever Truly Altruistic?" *Advances in Experimental Social Psychology* 20 (1987): 65–122; *The Altruism Question: Toward a Social-Psychological Answer* (Mahwah, NJ: Lawrence Erlbaum Associates, 1997) がある。新しい作品には *Altruism in Humans* (Oxford, UK:Oxford University Press, 2011) がある。

5 （P.42）
科学分野での人間性研究の新しい視点を最もよく表す 2 作品は以下の通り。
Elliott
Sober and David Sloan Wilson, *Unto Others: The Evolution and Psychology of Unselfish Behavior* (Boston: Harvard University Press, 1998); and de Waal, Primates and Philosophers. See also Frans de Waal, *The Age of Empathy: Nature's Lessons for a Kinder Society* (New York: Broadway Books, 2010).

6 （P.42）
Greater Good, "What Is Compassion?"
http://greatergood.berkeley.edu/topic/compassion/definition.

7 （P.43）
ブッダの格言集『ウダーナヴァルガ』より。特に記載がない限り、古典仏教、チベット仏教の経典の翻訳はすべて著者による。

8 （P.43）
ジャン・ジャック・ルソーの『エミール』のこの言葉は以下の文献にも使われている。
Adam Phillips and Barbara Taylor, *On Kindness* (New York: Farrar, Straus and Giroux, 2009), 34.

9 (P.43)
Adam Smith, *The Theory of Moral Sentiments* (New York: Dover Philosophical Classics, 2006), 4.

10 (P.43)
Charles Darwin, "Moral Sense," in *The Descent of Man, and Selection in Relation to Sex, vol.1* (Princeton, NJ: Princeton University Press, 1982 [1871]), 69.

11 (P.43)
共感を、神経をベースとした活動に当てはめ、それらが脳内のどの部分で起きているかに関する神経科学の文献は増加の一途を辿っている。たとえば以下の文献、（以下２行省略）最新研究の評論と、共感の脳内マッピングに関する簡潔な解説は以下の通り。
Boris C. Bernhardt and Tania Singer, "The Neural Basis of Empathy," *Annual Review of Neuroscience* 35 (2012): 1–23.

12 (P.44)
子供や人以外の霊長類の協力姿勢の合同研究の結果は以下の文献参照。
Felix Warneken and Michael Tomasello, "The Roots of Human Altruism," British Journal of Psychology 100, no. 3 (2009): 455–71.

13 (P.45)
コネチカット州ニューヘイブン地域で実施された生後６か月の子供の実験に関する文献は以下の通り。
Kiley Hamlin, Karen Wynn, and Paul Bloom, "Social Evaluations by Preverbal Infants," *Nature* 450 (2007): 557–60.

14 (P.46)
デビッドソンは自身のチームでの研究テーマである慈悲瞑想について語る際、多様な対談の場で人の言語習得能力と慈悲心を比較している。

15 (P.49)
Brandon J. Cosley, Shannon K. McCoy, Laura R. Saslow, and Elissa S. Epel, "Is Compassion for Others Stress Buffering? Consequences of Compassion and Social Support for Physiological Reactivity to Stress," *Journal of Experimental Social Psychology* 46, no.5 (2010): 816–23.

16 (P.51)
Kristin Layous, S. Katherine Nelson, Eva Oberle, Kimberly A. Schonert-Reichl, and Sonja Lyubomirsky, "Kindness Counts: Prompting Prosocial Behavior in Preadolescents Boosts Peer Acceptance and Well-being," *PLoS One 7*, no. 12 (2012): e51380.

17 (P.51)
この研究は最初にスタンフォードの心理学者ブライアン・ナットソンにより2008年に実施されたもので、のちに脳画像を加えた研究が繰り返された。この研究の成果は出版に向けて編纂されているところだ。

18 (P.52)
これはカリフォルニア大学デービス校のマインドブレインセンターで、神経科学者クリフォード・サロンを中心に複数年にわたり実施されたプロジェクト。テロメラーゼに与える影響に関する文献は以下の通り。T. L. Jacobs, E. S. Epel, J. Lin , E. H. Blackburn, O. M. Wolkowitz, D. A. Bridwell, A. P. Zanesco et al., "Intensive Meditation Training, Immune Cell Telomerase Activity, and Psychological Mediators," *Psychoneuroendocrinology* 36, no. 5 (2011): 664–81.

19 (P.54)
Jeremy P. Jamieson, Wendy Berry Mendes, and Matthew K. Nock, "Improving Acute Stress Responses: The Power of Reappraisal," *Current Directions in Psychological Science 22*, no. 1 (2013): 51–62.

20（P.55）
この研究の正式な報告書については以下参照。
http://news.uchicago.edu/article/2014/02/02/16/aaas-201 loneliness-major-health-risk-older-adults. See also Ian Sample, "Loneliness Twice as Unhealthy as Obesity for Older People, Study Finds," *Guardian*, February 16, 2014.

21（P.56）
Miller McPherson, Lynn Smith-Lovin, and Matthew E. Brashears, "Social Isolation in America: Changes in Core Discussion Networks over Two Decades," *American Sociological Review* 71, no. 3 (2006): 353–75.

22（P.56）
Christina R. Victor and A. Bowling, "A Longitudinal Analysis of Loneliness Among Older People in Great Britain," *Journal of Psychology* 146, no. 3 (2012): 313–31.

23（P.58）
Jonathan Haidt, "Elevation and the Positive Psychology of Morality," in *Flourishing: Positive Psychology and the Life Well-Lived*, ed. C. L. M. Keyes and Jonathan Haidt (Washington, DC: American Psychological Association, 2003), 275–89.

24（P.59）
Simone Schnall, Jean Roper, and Daniel M. T. Fessler, "Elevation Leads to Altruistic Behavior," *Psychological Science* 21, no. 3 (2010): 315–20.

第２章　自己受容のカギ

1（P.70）
Jennifer Crocker and Laura E. Park, "The Costly Pursuit of Self-Esteem," *Psychological Bulletin* 130, no.3 (2004): 392–414.

2（P.72）
カリフォルニア州サンディエゴにあるシャープヘルスケアの疼痛心理学者、マインドフルネストレーナー、シニアCCTインストラクター、エドワード・ハーピンとの会話より。

3（P.74）
仏教と心理療法に関するこの秀逸な会議での議論は以下の出版物を参照。
Worlds in Harmony: Dialogues on Compassionate Action (Berkeley, CA: Parallax Press, 1992).

4（P.76）
クリスティーン・ネフの、自分への思いやりを構成する３つの基本的要素に関する包括的解説は以下を参照。
"Self-Compassion: An Alternative Conceptualization of a Healthy Attitude Toward Oneself," *Self and Identity* 2 (2003): 85–101. For a book-length presentation of Neff 's understanding of self-compassion and how to cultivate and enhance it, see her *Self-Compassion: Stop Beating Yourself Up and Leave Insecurity Behind* (New York: HarperCollins, 2011).

5（P.77）
Kristin Neff, Kullaya Pisitsungkagarn, and Ya-Ping Hsieh, "Self-Compassion and Self-Construal in the United States, Thailand, and Taiwan," *Journal of Cross-Cultural Psychology* 39, no. 3 (2008): 267–85.

6（P.79）
Amanda Ripley, "Teacher, Leave Those Kids Alone," Time, September 25, 2011.

7 (P.79)
M. R. Leary, E. B. Tate, C. E. Adams, A. B. Allen, and J. Hancock, "Self-Compassion and Reactions to Unpleasant Self-Relevant Events: The Implications of Treating Oneself Kindly," *Journal of Personality and Social Psychology* 92, no. 5 (2007): 887–904.

8 (P.81)
Barbara
Oakley, Ariel Knafo, Guruprasad Madhavan, and David Sloan Wilson, eds., *Pathological Altruism* (Oxford, UK: Oxford University Press, 2011).

9 (P.88)
Hazel Rose Markus and Alana Conner, *Clash! 8 Cultural Conflicts That Make Us Who We Are* (New York: Hudson Street Press, 2013).

第3章　怖れから勇気へ

1 (P.98)
Paul Gilbert, Kristin McEwan, Marcela Matos, and Amanda Rivis, "Fears of Compassion: Development of Three Self-report Measures," *Psychology and Psychotherapy* 84, no. 3 (2011): 239–55.

2 (P.98)
Paul Gilbert, "Self-Criticism and Self-Warmth: An Imagery Study Exploring Their Relation to Depression," *Journal of Cognitive Psychotherapy* 20, no. 2 (2006): 183.

3 (P.99)
ここに挙げた、慈悲に対する恐怖の代表例は、より詳しく以下の文献にリストアップされている。
Gilbert et al., "Fears of Compassion."

4 (P.101)
Dalai Lama, Beyond Religion: Ethics for a Whole World (New York: Houghton Mifflin Harcourt, 2011), 68.

5 (P.103)
ロバート・マクルーアとの個人的な会話より。

6 (P.109)
オックスフォードワールドクラシックスの翻訳によると、シャンティデーヴァの言葉は以下の通り。「世界中を覆う革はどこにあるだろう？ 靴の底に革を貼れば広い世界も覆うことができる」
Shantideva, *The Bodhicaryavatara*, ed. Paul Williams, trans. Kate Crosby and Andrew Skilton (Oxford, UK: Oxford University Press, 1995), 35.

7 (P.110)
Thomas Byrom, trans., *The Dhammapada: The Sayings of the Buddha* (New York: Vintage, 2012).

第4章　コンパッションから行動へ

1 (P.122)
スタンフォード・コンパッション・トレーニングのシニアインストラクター、リア・ワイズとの個人的会話より。

2 (P.126)
この引用はブッダによるウダーナヴァルガ（格言集）のチベット語文献を翻訳したもの。

3 (P.127)
エドワード・ハーピンとの個人的会話より。

4 (P.132)
Daniel Goleman, *Focus: The Hidden Driver of Excellence* (New York: Harper Collins, 2013), 258.

5 (P.132)
Jennifer Crocker and Amy Canevello, "Egosystem and Ecosystem: Motivational Perspectives on Caregiving," *in Moving Beyond Self-Interest: Perspectives from Evolutionary Biology, Neuroscience, and the Social Sciences,* eds. Stephanie L. Brown, R. Michael Brown, and Louis A. Penner (New York: Oxford University Press, 2012), 211–23.

6 (P.133)
同上

7 (P.134)
ここで私が言う仏教心理学には、主として阿毘達磨(アビダルマ)(知識の顕現の意)と呼ばれる古典仏教の教えが含まれている。大まかに言えば、阿毘達磨文献は人の経験の仕組みや内容の解釈について書かれ、多様な感情が人の幸福や苦痛に及ぼす影響などについて扱っている。しかし古典仏教の知識体系にはプラマナと呼ばれるもう一つのカテゴリーがあり、ざっくりと言えば仏教の認識論に相当するものだ。このジャンルでは現代認知科学の範囲の問題を扱っている。

8 (P.136)
動機とその意味についての最新科学研究を集めた秀逸な文献は以下を参照。Reed W. Larson and Natalie Rusk, "Intrinsic Motivation and Positive Development," *Advances in Child Development and Behavior* 41 (2011): 89–130.

第5章　コンパッションへと向かう道

1 (P.139)
Matthew A. Killingsworth and Daniel T. Gilbert, "A Wandering Mind Is an Unhappy Mind," *Science* 330, no. 6006 (2010): 932.

2 (P.140)
Harvard University, "Mind Is a Frequent, but Not Happy, Wanderer: People Spend Nearly Half Their Waking Hours Thinking About What Isn't Going On Around Them," *ScienceDaily*, November 12, 2010, http://www.sciencedaily.com/releases/2010/11/101111141759 .htm.

3 (P.141)
Daniel B. Levinson, Jonathan Smallwood, and Richard J. Davidson, "The Persistence of Thought: Evidence for a Role of Working Memory in the Maintenance of Task-Unrelated Thinking," *Psychological Science* 23, no. 4 (2012): 375–80.

4 (P.141)
John Tierney, "Discovering the Virtues of a Wandering Mind," *New York Times*, June 28, 2010, http://www.nytimes.com/2010/06/29/science/29tier.html.

5 (P.142)
自分指向の研究者による最近の論文には、「自分中心の見方で対象や出来事を捉える時、その刺激は世界で起きている客観的事実ではなくなり、感情によって色づけされるため、ますます自分に近い事象となる。」と書かれている。
George Northoff, Alexander Heinzel, Moritz de Greck, Felix Bermpohl, Henrik Dobrowolny, and Jak

Panksepp, "Self-Referential Processing in Our Brain—A Meta-analysis of Imaging Studies on the Self," *NeuroImage 31*, no. 1 (2006): 441. See also Seth J. Gillihan and Martha J. Farah, "Is Self Special? A Critical Review of Evidence from Experimental Psychology and Cognitive Neuroscience," *Psychological Bulletin* 131, no. 1 (2005): 76–97.

6 (P.143)
T. D. Wilson, D. A. Reinhard, E. C. Westgate, D. T. Gilbert, N. Ellerbeck, C. Hahn, C. L. Brown, and A.Shaked, "Social Psychology. Just Think: The Challenges of a Disengaged Mind," *Science* 345, no. 6192 (2014): 75–77. For a review of this study and its relation to our contemporary digitally invasive lifestyle, see Kate Murphy, "No Time to Think," *New York Times*, July 25, 2014.

第６章　不自由からの解放

1 (P.167)
このサンスクリット語の単語はチベット語ではjesu tsewaで、「世話をする」という意味だ。

2 (P.173)
ロバート・マクルーアとの個人的会話より。

3 (P.174)
Amaravati Sangha, "Karaniya Metta Sutta: The Buddha's Words on Loving-Kindness," Access to Insight (Legacy Edition), November 2, 2013, http://www.accesstoinsight.org/tipitaka/ kn/snp/snp.1.08.amar.html.

4 (P.181)
フレデリクソンとそのチームが研究した慈愛瞑想の分かりやすい解説は、以下参照。
Sharon Salzberg, *Loving-Kindness: The Revolutionary Art of Happiness* (Boston: Shambhala, 2002).

5 (P.181)
Barbara L. Fredrickson, Michael A. Cohn, Kimberly A. Coffey, Jolyn Pek, and Sandra M. Finkel, "Open Hearts Build Lives: Positive Emotions, Induced Through Loving-Kindness Meditation, Build Consequential Personal Resources," *Journal of Personality and Social Psychology* 95, no. 5 (2008): 1045–62.

6 (P.182)
同上

7 (P.183)
B. E. Kok, K. A. Coffey, M. A. Cohn, L. I. Catalino, T. Vacharkulksemsuk, S. B. Algoe, M. Brantley, and B. L. Fredrickson, "How Positive Emotions Build Physical Health: Perceived Positive Social Connections Account for the Upward Spiral Between Positive Emotions and Vagal Tone," *Psychological Science* 24, no.7 (2013): 1123–32.

8 (P.183)
出典は以下の文献。
Maia Szalavitz, "The Biology of Kindness: How It Makes Us Happier and Healthier," *Time*, May 9, 2013.

9 (P.184)
Panchen Lobsang Chögyen, Lama Chöpa (Celebrating the Guru), a well-known Tibetan verse text.

10 (P.185)
R. A. Emmons and M.E.McCullough, "Counting Blessings Versus Burdens: An Experimental Investigation of Gratitude and Subjective Well-being in Daily Life," *Journal of Personality and Social*

Psychology 84, no. 2 (2010): 377–89; and R. A. Sansone and L. A. Sansone, "Gratitude and Well Being: The Benefits of Appreciation," Psychiatry 7, no. 11 (2010): 18–22. For a review of scientific research on gratitude and its therapeutic effects, see R. A. Emmons and R. Stern, "Gratitude as a Psychotherapeutic Intervention," *Journal of Clinical Psychology* 69, no 8 (2013): 846–55.

11 (P.186)
Thupten Jinpa, trans., *Mind Training: TheGreat Collection* (Boston: Wisdom Publications, 2006), 301.

12 (P.187)
この日本式瞑想訓練の紹介文献は、以下を参照。
Naikan: Gratitude, Grace, and the Japanese Art of Self-Reflection (Berkeley, CA: Stone Bridge Press, 2001), by Gregg Krech, who is associated with the ToDo Institute, a Naikan education and retreat center in Vermont.

13 (P.189)
The Bodhicaryavatara, 6:21. The Oxford World Classics translation reads: "The virtue of suffering has no rival, since, from the shock it causes, intoxication falls away and there arises compassion for those in cycle of existence."

14 (P.189)
Desmond Tutu, *God Has a Dream: A Vision of Hope for Our Time* (New York: Doubleday, 2004), 37.

第７章 「私が幸せでありますように」

1 (P.192)
愛着理論の包括的解説は以下を参照。
M. Mikulincer and P. R. Shaver, *Attachment in Adulthood: Structure, Dynamics, and Change* (New York: Guilford Press, 2007).

2 (P.192)
これらの研究の解説は以下を参照。
Paul Gilbert and Sue Procter, "Compassionate Mind Training for People with High Shame and Self-Criticism: Overview and Pilot Study of a Group Therapy Approach," Clinical Psychology & Psychotherapy 13, no. 6 (2006): 353–79.

3 (P.194)
ロバート・マクルーアとの個人的会話より。

4 (P.196)
観察しているか、評価・批判しているかを識別する方法については以下を参照。
Marshall B. Rosenberg, *Nonviolent Communication: A Language of Life* (Encinitas, CA: PuddleDancer Press, 2004), especially Chapter 3.

5 (P.197)
Tom Kelley and David Kelley, *Creative Confidence: Unleashing the Creative Potential Within Us All* (New York: Crown Business, 2014), especially the introduction and Chapter 2

6 (P.198)
Rosenberg, *Nonviolent Communication*, 134.

7 (P.200)
罪悪感や自己嫌悪に陥ることなく自分を赦すことにより信頼が増し、犯した過ちから学べることについての詳細は以下を参照。
Kelly McGonigal, *The Willpower Instinct* (New York: Avery, 2012), chapter 6.

8 (P.203)
Gilbert and Procter, "Compassionate Mind Training," 363.

9 (P.206)
John Makransky, *Awakening Through Love: Unveiling Your Deepest Goodness* (Boston: Wisdom Publications, 2007), 22. For those with theistic religious persuasions, the reflections offered in Desmond Tutu's book *God Has a Dream*, especially Chapter Three, "God Loves *You as You Are," can be adapted as a powerful personal practice on self-acceptance and self-kindness.*

10 (P.208)
シニアCCTインストラクター、マインドフルネス公認インストラクター、マーガレット・カレンとの個人的会話より。

11 (P.213)
パロアルト地域在住の退役軍人向けPTSD治療センターでリア・ワイズとの個人的会話より。

12 (P.213)
マーガレット・カレンとの個人的会話より。

第8章 「私と同じように」

1 (P.216)
Kristen Renwick Monroe, *The Heart of Altruism: Perceptions of a Common Humanity* (Princeton, NJ: Princeton University Press, 1996).

2 (P.217)
同上

3 (P.218)
同上

4 (P.218)
同上

5 (P.219)
ロバート・マクルーアとの個人的会話より。

6 (P.220)
Piercarlo Valdesolo and David DeSteno, "Synchrony and the Social Tuning of Compassion," *Emotion* 11, no. 2 (2011): 262–66.

7 (P.221)
David DeSteno, "Compassion Made Easy," New York Times, July 14, 2012.

8 (P.222)
Alexander Genevsky, Daniel V stfj ll, Paul Slovic, and Brian Knutson, "Neural Underpinnings of the Identifiable Victim Effect: Affect Shifts Preferences for Giving," *Journal of Neuroscience* 33, no. 43 (2013): 17188–96.

9 (P.227)
リア・ワイズとの個人的会話より。

10（P.228）
ロバート・マクルーアとの個人的会話より。

11（P.229）
チベットの精神修養とは、精神に関する書物とそれに伴う訓練法を指す。その趣旨は人の思考と感情を利他心によって機能するよう仕向けることにある。主要な書物に以下の二つがある。
Eight Verses for Training the Mind and The Seven-Point Mind Training.
主要な精神修養文献を抜粋し、トゥプテン・ジンパによって翻訳されたのが以下の書籍。
Essential Mind Training (Boston: Wisdom Publications, 2011).

12（P.230）
ライフサイクル分析の日常への生かし方や、それが社会や環境に与える影響については、以下のサイトを参照。
http://practicalaction.org/product-lifecycle-analysis.

13（P.233）
1950 年に見つかった書簡より、ニューヨークタイムズ（1972 年 3 月 29 日）が引用した。同じ引用の別バージョンは以下の文献にもある。
Alice Calaprice, *The New Quotable Einstein* (Princeton, NJ: Princeton University Press, 2005), 206.

14（P.238）
現代の西洋における仏教指導者によるトンレンの訓練に関する簡潔な解説は以下を参照。
Pema Chödrön, *The Places That Scare You: A Guide to Fearlessness in Difficult Times* (Boston: Shambhala, 2001), 70–78.

15（P.239）
ロバート・マクルーアとの個人的会話より。

16（P.241）
The Bodhicaryavatara, 8:104–6.

第 9 章　さらなる幸福へ

1（P.249）
Carol D. Ryff, "Happiness Is Everything, or Is It? Explorations on the Meaning of Psychological Well-being," *Journal of Personality and Social Psychology* 57, no. 6 (1989): 1069–81; and Carol D. Ryff and Burton Singer, "The Contours of Positive Human Health," *Psychological Inquiry* 9, no. 1 (1998): 1–28.

2（P.250）
Ryff, "Happiness Is Everything," 1072.

3（P.251）
エドワード・ハーピンとの個人的会話より。

4（P.252）
この研究の概要と結果は以下の文献で引用されている。
Daniel Gilbert, *Stumbling on Happiness* (New York: Alfred A. Knopf, 2006), Chapter 1. The findings of this study are formally presented by its authors, E. Langer and J. Rodin, in "The Effect of Choice and Enhanced Personal Responsibility for the Aged: A Field Experiment in an Institutional Setting," *Journal of Personality and Social Psychology* 34, no. 2 (1976): 191–98.

5（P.254）

Anthony D. Ong, C. S. Bergeman, and Steven M. Boker, "Resilience Comes of Age: Defining Features in Later Adulthood," *Journal of Personality* 77, no. 6 (2009): 1782.

6 (P.254)
B. L. Fredrickson, M. M. Tugade, C. E. Waugh, and G. R. Larkin, "What Good Are Positive Emotions in Crises? A Prospective Study of Resilience and Emotions Following Terrorist Attacks on the United States on September 11th, 2001," *Journal of Personality and Social Psychology* 84, no. 2 (2003): 365–76.

7 (P.256)
The Bodhicaryavatara, 6:10.

8 (P.259)
Hooria Jazaieri, Kelly Mc-Gonigal, Thupten Jinpa, James R. Doty, James J. Gross, and Philippe R. Goldin, "A Randomized Controlled Trial of Compassion Cultivation Training: Effects on Mindfulness, Affect, and Emotion Regulation," *Motivation and Emotion* 38, no. 1 (2014): 23–35. A study at Emory University of undergraduates participating in a six-week compassion training, similar to CCT, found reduction in subjective and physiological responses to psychosocial stress. See Thaddeus W. W. Pace, Lobsang Tenzin Negi, Charles L. Raison, Daniel D. Adame, Steven P. Cole, Teresa I. Sivilli, Timothy D. Brown, and Michael J. Issa, "Effect of Compassion Meditation on Neuroendocrine, Innate Immune and Behavioral Responses to Psychosocial Stress," *Psychoneuroendocrinology* 34, no. 1 (2009): 87–98.

9 (P.259)
James J. Gross, "The Emerging Field of Emotion Regulation: An Integrative Review," *Review of General Psychology* 2, no. 3 (1998): 275.

10 (P.259)
Jazaieri et al., "A Randomized Controlled Trial," 25.

11 (P.260)
同上

12 (P.263)
マーク・ハウザーによるいくつかの実験の整合性には深刻な疑義が提起されているが、私はこの本の議論に全体として魅力を感じる。
Marc Hauser, *Moral Minds: How Nature Designed Our Universal Sense of Right and Wrong* (New York: Ecco Press, 2006).

13 (P.264)
Dalai Lama, *Ethics for the New Millennium* (New York: Riverhead Books, 1999); and *Beyond Religion*. I had the privilege to assist the Dalai Lama in the writing of both of these important books.

第 10 章　勇気が増すほどストレスが減少し、自由が拡大する

1 (P.267)
Daniel Kahneman, *Thinking, Fast and Slow* (New York: Farrar, Straus and Giroux, 2011).

2 (P.268)
Charles H. Duhigg, *The Power of Habit: Why We Do What We Do in Life and Business* (New York: Random House, 2012), 12.

3 (P.268)
神経可塑性という重要な科学的発見と、それがヒーリングや個人変容にもたらす影響についての興味深い解説については以下を参照。

Norman Doidge, *The Brain That Changes Itself: Stories of Personal Triumph from the Frontiers of Brain Science* (New York: Penguin Books, 2007).

4 （P.277）
マーガレット・カレンとの個人的会話より。

5 （P.278）
感情が思考や生き方にどのように影響するかに関する現代科学の研究の洞察あふれる解説は、以下を参照。
Richard J. Davidson and Sharon Begley, *The Emotional Life of Your Brain: How Its Unique Patterns Affect How You Think, Feel, and Live—And How You Can Change Them* (New York: Hudson Street Press, 2012).

6 （P.282）
第 6 章に書かれたシャンティデーヴァの『入菩薩行論』には、辛抱の心理、そして育成法に関する卓越した文章がある。その重要な部分の詳説は以下を参照。
Dalai Lama, *Healing Anger: The Power of Patience from a Buddhist Perspective*, trans. Thupten Jinpa (Ithaca, NY: Snow Lion, 1997).

第 11 章　ひとつであることのパワー

1 （P.286）
ジョン・ダンの詩、Devotions upon Emergent Occasions の一部。元の文は以下の通り。"No man is an island, entire of itself."

2 （P.289）
マシュー・リカルドとの個人的会話より。リカルドは最近利他に関する大作をフランス語で出版した。タイトルは *Plaidoyer pour l'altruisme: La force de la bienveillance.*

3 （P.289）
ジャニーナ L. スカーレットとの個人的会話より。スカーレットはこの予備調査で、職務に対する満足度スケール（JSS）、人間関係のトラブルスケール、自分への思いやりスケールなどを使い、コンパッション・トレーニングの効果を測定した。これらのコースは CCT のシニアインストラクターとして訓練を受けたシャープヘルスケアの職員ロバート・マクルーアトエドワード・ハーピンが指導に当たった。

4 （P.291）
社会情緒教育（SEL）とその構成要素について、詳細は以下の URL を参照。（URL 省略）社会情緒教育プログラムの効果に関する最新情報は以下を参照。
J. A. Durlak, R. P. Weissberg, A. B. Dymnicki, R. D. Taylor, and K. B. Schellinger, "The Impact of Enhancing Students' Social and Emotional Learning: A Meta-analysis of School-Based Universal Interventions," *Child Development* 82, no. 1 (2011): 405–32.

5 （P.292）
L. Fook, S. B. Goldberg, L. Pinger, and R. J. Davidson, "Promoting Prosocial Behavior and Self-Regulatory Skills in Preschool Children Through a Mindfulness-Based Kindness Curriculum," *Development Psychology*, November 10, 2014.

6 （P.292）
このプログラムの参考資料として、仏教を元にした呼吸法や視覚化エクササイズをアレンジした他、スーラ・ハートとビクトリア・キンドル・ホドソンによる非暴力コミュニケーション（NVC）を元にした学校向けプログラムがある。詳細は（The No-Fault 以下 2008 まで省略）2010 年にタラ・ウィルク博士がプログラムに参加し、ソフィーとともにさらなる改良を進めた。

7 （P.294）

Rosenberg, *Nonviolent Communication*, 52.

8 (P.295)
Dalai Lama, *Beyond Religion*, Chapter 1.

9 (P.297)
組織を対象とした慈悲に関するこの研究の詳細は以下を参照。
www.thecompassionlab.com.

10 (P.299)
Lawrence Mishel and Alyssa Davis, "CEO Pay Continues to Rise as Typical Workers Are Paid Less," Economic Policy Institute, Issue Brief #380, June 12, 2014.

11 (P.299)
Thomas Piketty, *Capital in the Twenty-first Century* (Cambridge, MA: Harvard University Press, 2014). ピケティの著作の主要な論文の記載と評価に関する、ノーベル経済学賞受賞者による秀逸な解説は以下を参照。
Paul Krugman, "The Piketty Panic," *New York Times*, April 25, 2014; and "Is Piketty All Wrong?" New York Times, May 24, 2014.

12 (P.303)
マイケル・マントンからの引用。
Michael Manton, *Camellia: The Lawrie Inheritance* (Kent, UK: Camellia plc, 2000).

13 (P.303)
Charles Handy, *Camellia: A Very Different Company*. In-house publication of the Camellia Foundation, 2013.

14 (P.307)
The Bodhicaryavatara, 8:102.

著者について

トゥプテン・ジンパ博士
THUPTEN JINPA, PhD

元僧侶、トゥプテン・ジンパはケンブリッジ大学で博士号を取得し、約 30 年にわたりダライ・ラマの通訳を務めている。マクギール大学宗教学部非常勤教授、マインド&ライフ・インスティテュート（科学と仏教などの瞑想系叡智との対話とコラボレーションを推進する組織）の議長でもある。ジンパはモントリオールで妻と娘たちと暮らしている。

ccare.stanford.edu
tibetanclassics.org

訳者について

東川 恭子　Kyoko Cynthia Higashikawa

翻訳家。ヒプノセラピスト。

ハワイ大学卒業、ボストン大学大学院国際関係学部修了。メタフィジカル・スピリチュアル分野の研究を経て、2014 年東京、吉祥寺にヒプノヒーリングサロンを開設。最先端の脳科学をベースにしたヒプノセラピー & コーチングを行う傍ら、催眠による心身治療、疼痛コントロール、潜在意識活用法の普及に努めている。

翻訳書は『前世ソウルリーディング』『新月のソウルメイキング』『魂の目的：ソウルナビゲーション』(徳間書店)、『あなたという習慣を断つ』『超自然になる』『第４の水の相』（ナチュラルスピリット社、）『あなたはプラシーボ』（OEJ Books）など多数。

米国催眠士協会会員。米国催眠療法協会会員。

https://hypnoscience-lab.com

COMPASSION
A FEARLESS HEART

コンパッション
慈悲心を持つ勇気が人生を変える

2022年11月30日　初版 第1刷発行

著　者　トゥプテン・ジンパ 博士
訳　者　東川 恭子
協　力　コマラ・ローデ
（CCT公認インストラクター）
https://compassioneducation.jp/

装　幀　佐藤　純
発行者　江谷信壽
発行所　OEJ Books 株式会社
248-0014 神奈川県鎌倉市由比ガ浜 3-3-21
TEL : 0467-33-5975　FAX : 0467-33-5985
URL : www.oejbooks.com
E-mail : info@oejbooks.com

発売所　株式会社 めるくまーる
101-0051 東京都千代田区神田神保町 1-11 信ビルディング 4F
TEL : 03-3518-2003　FAX : 03-3518-2004

印刷・製本　株式会社シナノパブリッシングプレス

ISBN 978-4-8397-0182-6